THE WAY TO THE CITY OF WEALTH

# 부자도시로 가는 길

**첫판 1쇄 펴낸날** 2006년 11월 15일

**지은이** 조진만
**펴낸이** 강수걸
**펴낸곳** 산지니
**등록** 2005년 2월 7일 제14-49호
**주소** 부산광역시 연제구 거제1동 1493-2 효정빌딩 601호
**전화** 051-504-7070 | **팩스** 051-507-7543
sanzini@sanzinibook.com
www.sanzinibook.com
**편집** 김은경·권경옥 | **제작·디자인** 권문경
**인쇄** 대정인쇄

ISBN 89-92235-05-4 03320
값 13,000원

＊ 이 책은 지역신문 발전기금을 지원받아 출판되었습니다.

이 도서의 국립중앙도서관 출판시도서목록(CIP)은
e-CIP 홈페이지(http://www.nl.go.kr/cip.php)에서
이용하실 수 있습니다.(CIP 제어번호 : CIP 2006002401)

산지니

THE WAY TO THE CITY OF WEALTH

# 부자 도시로 가는 길

|조진만 지음|

THE WAY TO THE CITY OF WEALTH

산지니

# 현장에서 쓴 부산의 경제발전 비전과 실천전략

조진만 국제신문 해양전문기자가 다년간의 취재경험을 바탕으로 좋은 책을 썼다. 부산경제의 최대 관심사가 새로운 성장동력의 창출에 모아지고 있는 데 상응하여 부산경제가 나아가야 할 방향과 현실성 있는 정책대안을 제시한 것이다. 이 책은 부산경제의 장기 비전과 그 실천전략으로 불리어도 손색이 없다.

본인이 저자인 조 기자를 처음 만난 것은 우리 경제가 금융·외환위기에서 벗어나기 위해 전력을 다하고 있던 2000년경이었던 것으로 생각된다. 그 당시 본인은 부산은행장으로 갓 취임하여 부산은행과 부산경제의 활력을 되살리기 위해 동분서주하고 있었다. 부산지역 경제현장 곳곳을 찾아다니면서 어떻게 하면 식어버린 체감경기를 살려 낼 수 있을 것인가 노심초사했던 기억이 지금도 새롭다. 이 책에서 그때의 일화를 소개하고 있는 데 고마움을 느낀다.

본인이 부산은행장으로 일하였던 6년 동안 저자와 만남이 이어지면서 조 기자야말로 경제를 다루는 사람에게 요구되는 차가운 머리와 뜨거운 가슴을 지니고 있다는 인상을 받았다. 부산을 걱정하고 부산시민의 어려움을 안타까워하면서도 부산의 밝은 미래에 대한 굳은 희망을 잃지 않았다. 부산이 처한 현실을 냉철한 시각으로 분석하고 부산시정 방향을 거침없이 비판하면서도 대안을 내보이는 데 소홀함이 없었다.

이 책에는 부산에 대한 저자의 남다른 애정이 온전히 녹아 있다. 먼저 저자는 부산경제의 미래가 바다에 있다는 점을 분명히 하고 있다. 본인 개인적으로는 금융산업에 좀 더 비중을 두었으면 하는 아쉬움이 없지 않지만 부산이 서울 등 수도권과 경쟁하기 위해서는 해양도시로서 부산의 강점을 십분 살리는 것이 무엇보다 중요하다는 데 이견이 있을 수 없다. 저자는 바다의 중요성을 강조하는 데 그치지 않고 「신항은 북항을 닮아선 안 된다」, 「매립하지 않고 재개발한 시드니항」 등을 통해 정책의 오류 가능성을 경계하는 치밀함을 보이고 있다.

저자의 따뜻한 마음은 「재래시장이 생존하려면」에서 잘 나타나 있다. 저자는 재래시장을 "사람 냄새가 넘쳐나고 어머니 품 같은 느낌을 주는 곳이다"라고 평가하면서 재래시장의 활력을 되살리기 위해서는 흔히 이야기되는 시설 현대화로는 한계가 있을 수밖에 없는 만큼 "웃음 넘치는 구수한 입담과 인정 넘치는 말"로 고객을 편안하게 하는 것이 필요하다고 지적하고 있다. 시대가 바뀌어도 세상의 중심은 여전히 인간이라는 점에서 이성 못지않게 감성도 중요하다는 점을 보여주고 있다고 하겠다.

이 책은 경제문제가 어렵고 딱딱하게 느껴지지 않도록 일반 시민 눈높이에서 접근하면서 다양한 읽을거리를 제공하고 있다. 가전제품을 왜 백색가전으로 부르고 있는지, 인터넷은 어떻게 태어났는지 그리고 부산의 명소에는 어떠한 곳이 있는지부터 우리나라 조선산업이 세계 1위로 도약한 배경은 무엇인지 등을 쉽게 설명하고 있다. 부산 경제의 활력을 되살리기 위해서는 부산시민들의 합리적인 경제 마인드와 자발적인 참여가 긴요하다는 저자의 인식이 드러나는 부분이다.

미래학자 앨빈 토플러는 최근 출간된 『부의 미래』에서 21세기 부의 창출 기반은 시간, 공간, 지식이라고 하였다. IT(정보기술)산업 발달로 정보의 독점성이 크게 약화된 상황에서는 얼마나 빨리 정보를 지식으로 체계화하여 현실에 적용하느냐 하는 것이 경쟁력을 좌우한

다는 의미이다. 부산경제에 대한 갖가지 보고서가 양산되면서 어쩌
면 혼란스러운 상황에서 조 기자는 이 책을 통해 다양한 정보를 하나
의 지식체계로 구체화하고 있다. 부산경제의 밝은 미래를 열어가는
데 큰 도움이 될 것으로 믿어 의심치 않는다.

이러한 점에서 부산경제를 책임지는 전문가는 물론 일반 시민들
에게도 이 책을 꼭 읽어볼 것을 권유하고 싶다. 그리고 조 기자가 앞
으로도 좋은 기사와 함께 제2, 제3의 저서를 통해 부산경제 발전에
계속 이바지하여 줄 것을 기대해 본다.

2006년 11월
한국은행 금융통화위원회 위원
심 훈

# 가난한 도시에서 부자 도시로

다른 도시들의 시간은 쏜살같이 흘러도 부산의 시간은 멈춰진 것 같습니다. 많은 정보가 초고속 통신망을 통해 빠르게 움직이고 세상은 무수한 천재들에 의해 광속과 같이 변하고 있는데도 부산 경제의 발전 속도는 한없이 느리기만 합니다.

부산 서구 충무동 거리는 30년 전 모습을 그대로 간직하고 부산공동어시장의 위판은 1부두 시절과 변한 게 없습니다. 산업의 패러다임이 바뀌고 다른 도시들이 경제 사회 문화적으로 앞서 가지만 부산은 왠지 정지된 느낌만 듭니다. 가난한 도시 부산. 그 울타리 안에서 사는 우리는 누구입니까. 세계적인 항구치고 부산과 같은 경제력을 가진 도시는 드뭅니다. 대다수 도시들이 경제적인 풍요를 누리며 자기네 국가의 발전을 선도하고 있습니다.

서울과의 격차, 싱가포르와의 차이를 줄이려는 획기적인 시도가 있어야 하는 데 부산은 턱없이 부족합니다. 언젠가 우리나라 지도를 거꾸로 놓고 본 적이 있습니다. 부산은 드넓은 태평양을 바라보는 가장 첫머리에 있는 도시였죠. 해양의 시대가 왔습니다. 바다에는 육상보다 많은 무한한 자원이 숨어 있고 우리의 손길을 기다리고 있습니다. 해양 행정을 책임지는 해양수산부의 구호가 '바다로 세계로 미래로'입니다. 바다로 나가면 세계를 품을 수 있고 미래를 열 수 있습니다.

낙후된 산업을 일으키고 지역을 풍요롭게 만드는 일에 너와 내가 있을 수 없습니다. 이제부터 부산의 부를 획기적으로 창출할 수 있는 시스템을 만들어 갑시다. 작은 것에서 출발해 차근차근 진행하면 무엇이 어려운 일이겠습니까.

10여 년 동안 부산지역 경제계를 취재하면서 부자도시 부산을 만들려는 많은 기업인과 근로자, 연구원들을 만났고 그들에게서 열정을 배웠습니다. 수많은 세미나와 회의에 참석하고 산업현장을 구석구석 찾아 다녔습니다. 일방적인 주장이나 한탄과 참신한 발전 방안을 접했습니다. 이제 그들의 힘으로 부산을 국제적인 해양문화도시로 발전시켜 나가는 일에 매진할 때입니다. 여기에 공무원들이 동참하고 학자들이 참여하며 중앙정부가 조금만 지원하면 가능한 일입니다. 1인당 국민소득 3만 달러, 아니 4만, 5만 달러의 꿈을 현실화시켜 나가는 지혜를 찾아 실행에 옮기면 뭐 그리 어려운 일이겠습니까. 중앙정부에 기대고 여긴 탓만 해서는 부자도시 부산의 꿈은 이뤄지지 않습니다. 지역을 더 많이 사랑하고 부산 상품을 이용하는 시민들 자세도 필요합니다. 지역 대학과 병원, 업체들을 스스로 키워 나가는 마음가짐이 경제에 활력을 불어 넣습니다.

시민들이 안락한 보금자리에서 행복감을 느끼고 웃음소리가 넘쳐나며 두런두런 가족과 친구들이 나누는 대화소리가 정겨운 그런 부산을 상상해 봅니다. 부산을 상징하는 오륙도는 늘 부산을 지켜보고 있지요. 파도와 바람을 가녀린 몸으로 막아주며 부산이 잘 되도록 기원합니다. 오늘은 무슨 일이 있었는지 늘 궁금해 합니다.

이 책에 오륙도의 그런 마음을 담았습니다. 취재 과정에서 만나고 대화를 나눴던 사람들의 주장과 생각이 이 책에 그대로 담겨 있지요. 우리 모두가 할 수 있고 해야 하는 사항들이 수록됐습니다. 부산이 문화적으로 성숙하고 경제적으로 안정되며, 선진 의식수준을 가진 국제도시로 만드는 데 진력하면 부산은 누구나 부러워하는 21세기 선진 도시로 바뀔 것입니다.

이 책이 부산의 경제 사회 문화 수준을 한 단계 도약시킬 수 있다면 더없는 보람으로 여길 것입니다. 덧붙여 이 책을 내는 데 물심양면으로 도움을 준 많은 분들께 감사를 드립니다. 특히 이 책을 출간할 수 있었던 것은 열심히 기사를 쓰게 해준 가족들과 국제신문의 힘이 너무나 컸습니다. 국제신문 임직원들과 출간에 애써준 산지니 가족, 사랑하는 아내 그리고 문정 현호에게 고마움을 전합니다.

2006년 늦가을
조진만

# 차례

**제3부** ── 관광 컨벤션, 세계인을 감동시켜라　163

# 제 1 부

# 한국경제의 미래와 신성장엔진

THE WAY TO THE CITY OF WEALTH

# 경제는 어느 방향으로 가나

지구촌에 살고 있는 대다수 사람들은 매일 경제생활을 한다. 물건을 팔고 사고 중개도 한다. 상품을 만들어 국내외로 보내고 물품과 원자재를 수입한다. 미장원에서 머리 손질을 받고 음식점에서 돈을 주고 음식을 사먹기도 한다. 이 모든 활동이 경제생활이다. 우리의 일상적인 삶에서 경제를 떼놓고 이야기할 수 없다. 경제와 연관되지 않은 활동이 거의 없을 정도다.

## 경제는 어렵다

3대 경제주체인 개인 기업 국가 사이에 경제활동이 끊임없이 이어지고 국제 교역도 더욱 활발해지고 있다. 하지만 경제 이야기가 나오면 어렵게만 느껴진다. 복잡한 경제 원리나 원칙을 갖다 대면 금방 주눅들어 버리는 게 일반 사람들이다.

전문가들도 경제가 어느 방향으로 흘러가는지 가늠하기가 쉽지 않다. 과거에는 작은 집단 간 경제활동에 국한돼 단순한 측면이 있었다.

그러나 사회가 복잡다단해지고 경제규모가 커지면서 경제 메커니즘을 파악하는 게 대단히 힘들게 됐다. 현대 경제는 한 도시나 국가의 문제로 끝나지 않는다. 중국경제 성장세가 둔화되거나 호조를 보이면 우리나라와 세계 각국은 즉각 영향을 받는다. 미국이 연방금리를 0.25%포인트 올리거나 내리면 세계 경제에 파장이 일어난다. 주가 등락과 각국의 생산 활동에 상당한 영향을 미친다. 이렇듯 오늘날 경제는 지구촌 전체로 확대돼 경제현상을 쉽게 이해하고 향후 흐름을 예측하기가 그만큼 힘들어졌다.

그럼에도 전문가들은 때가 되면 경제 방향을 예측한다. 한국개발연구원(KDI) 등 정부 출연 연구기관이나 민간 연구소들은 매년 한국경제 성장률과 물가 상승률 등에 대한 보고서를 내놓는다. 세계 경기가 호황을 보일 지 불황에 진입할 지를 예상하고 그 이유까지 자세히 설명한다. 물론 예측이 맞기도 하지만 틀린 적도 허다하다. 크고 작은 변수들이 잇따라 생겨나 각국 경제활동에 영향을 미치기 때문이다. 경제 방향이나 특정산업의 미래를 정확히 알아맞힐 수 있다면 돈방석에 앉는 것은 시간문제다. 하지만 어느 누구도 이 같은 일을 하기는 어렵다.

경제 흐름을 파악하는 게 힘들지만 과거 경제역사를 연구하고 기술개발 과정이나 인간들의 관심사, 생활 패턴 등을 세밀히 조사하면 미래 경제를 예측하는 데 도움이 된다. 부산 경제의 성장 동력과 앞날을 얘기하기 전에 우리나라 경제의 미래와 방향을 먼저 살펴보자.

# 경제의 미래

세계 경제의 급속한 변화 속에 대한민국 호는 어디로 가고 있고 어디에 초점을 맞춰야 하나.

찢어지게 가난했던 1950년대. 헐벗고 굶주린 국민들이 넘쳐난 시절에 '잘살아 보세'로 힘을 모았다. 1961년 일본이 본 한국경제의 모습은 다음과 같이 묘사돼 있다.

"일본 정부는 1961년 7월 27일 만든 자료에서 한국 경제가 △인구과잉 △자원 부족 △공업의 미발달 △군비 압력 △정치의 졸렬 △민족자본의 약체 △행정능력 결여 등의 문제점을 안고 있어 경제성장과 자립을 이룩한다는 것은 절망적이라고 진단했다."[1]

당시 우리나라는 세계 최빈국에 가까운 모습이었다. 하지만 1962년부터 시작된 경제개발은 여러 가지 부작용도 낳았지만 산업화의 기틀을 닦았다. 정부는 간호사와 광부를 독일로 보내서 벌어들인 돈과 대일 청구권 자금을 경제개발 재원으로 사용했다. 뜨거운 사막에서 힘들여 번 오일달러, 베트남 전쟁에 참전해 피의 대가로 받은 외화는 경제

개발의 소중한 자금이 됐다. 정부는 이 자금과 차관으로 철강 조선 석유화학 전자 기계(자동차 포함) 등 중화학 공업을 집중 육성했고 부모들의 불타는 교육열은 뛰어난 인재를 배출하는 원동력으로 작용했다. 못 배운 게 한이 됐던 부모들은 허기진 배를 움켜쥐면서도 자녀 교육에는 한 푼도 아끼지 않았다.

한국인의 저력은 한강의 경제기적으로 나타났다. 값싼 노동력으로 경공업에 치중했던 1970년대를 거쳐 자동차를 생산하고 커다란 선박을 건조하는 중화학 공업이 개화했으며, 1990년대 이후에는 반도체와 휴대전화로 세계인들을 사로잡았다. 40여 년 간 달려온 한국인들이 받아든 경제성적표는 화려했다.

2005년 우리나라 교역규모는 5456억 달러(수출 2844억 달러, 수입 2612억 달러)로 세계 12위를 기록했다. 1960년 4억 달러에서 46년 만에 1364배나 불어났고 국내 총생산(GDP)은 7875억 달러로 세계 12위에 올랐다. 조선 세계 1위, 자동차 철강 전자가 세계 5위 이내에 들만큼 한국은 경제 강국으로 성장했다. 이 조그만 나라에서 이 같은 경제력을 가지리라고 누가 예상할 수 있었을까.[2]

# 성장엔진은 꺼지나

눈부신 발전을 거듭하고 있는 대한민국 경제가 성장엔진 부족으로 침체기에 접어들 것이라는 견해가 많아지고 있다. 이런 예상대로 가면 선진국 반열에 오르려는 우리나라는 경제 활동 둔화로 인해 빈부격차 심화와 복지비용 증가를 겪게 되고 사회불안은 더욱 커질 수밖에 없다.

GDP의 절반이 넘는 부동자금이 넘쳐나고 금융회사들은 쌓이는 자금을 주체할 수 없어 대출 세일에 나서고 있는 게 현실이다. 풍부한 자본이 적당한 투자처를 찾지 못하고 있다는 얘기다. 고급인력도 넘쳐난다. 전문대학 이상을 졸업한 고등학교 이수율이 세계 4위로 나타났다. 잠재성장률이 5%에서 4%대로 떨어지고 있다는 분석도 고개를 들고 있다.

게다가 세계 최저 수준의 출산율을 기록하고 있어 노동공급 부족에 따른 성장 둔화 가능성도 새로운 복병이다.

## 저출산 통일비용 그리고 에너지

우리나라 합계 출산율은 1.19명에 불과하다. 1960년대 6.0명에 비하면 현저한 감소가 아닐 수 없고 선진국 평균인 1.58명에도 미치지 못한다.[3] 현재 인구구조를 유지하기 위해서는 2.1명에 이르러야 함에도 출산율은 갈수록 낮아지고 있다. 이뿐만 아니라 통일 비용도 우리가 치러야 할 몫이다. 미래 한국경제는 저출산과 통일비용 그리고 에너지가 최대 복병으로 작용할 가능성이 커지고 있다.

2005년 한국의 국가 경쟁력 순위는 조사 대상 60개국 중에서 29위로 나타났지만 기술과 과학 경쟁력은 각각 2위와 15위를 기록했다.[4] 정부는 선택과 집중의 원칙 아래 향후 우리 경제를 이끌어 갈 성장동력 10대산업으로 차세대 반도체, 디스플레이, 컴퓨터, 로봇, 신소재, 바이오, 우주항공 등을 선정했다. 정부는 이들 산업의 진흥을 통해 오는 2015년까지 1인당 국민소득을 3만5000달러로 높여 한국을 세계 10위의 경제대국으로 부상시킨다는 '2015 산업발전 전략' 을 내놓았다.[5]

이 같은 비전을 달성하기 위해서는 예전 시대와는 다른 경제 패러다임을 구축해야 가능해진다. 고도의 지식을 바탕으로 첨단제품 개발에 혼신을 다하고 기업하기 좋은 도시를 만들어야 한다. 정치인들은 기업을 손볼 대상으로 여기는 구시대적 사고에서 벗어나 경쟁력을 높일 수 있는 방안을 마련해 지원책을 찾아 나가는 것이 급선무다. 무한경제 전쟁이 심화되고 있는 상황에서 첨단기술의 확보는 선진경제로 가는 지름길이다. 천재 한 명이 1000만 명을 먹여 살리는 예를 우리는 주변에서 흔히 봐왔다.

한국은 더 이상 경제 부문에서 '넛 크래커' 신세로 전락해서는 안된다. 우리나라는 중국 인도 등 저임금 국가들의 추격을 받고 있고 첨단기술로 무장한 미국 일본으로부터 견제를 받고 있다. 이웃 일본은 후발 국가들의 도전을 뿌리치고 향후 10년간 연 2%가 넘는 실질 경제 성장률을 달성하기 위해 기술혁신과 서비스 산업 생산성을 획기적으로 높이는 경제성장 전략을 마련했다. 일본은 제조업에 뒤지는 서비스 시장규모를 현재 380조 엔에서 2015년에는 450조 엔으로 늘리고 첨단 기술의 실용화를 위해 규제를 대폭 완화한다는 계획을 발표했다.[6] 서비스 산업 발전을 위해 영상 등 콘텐츠, 유통, 건강, 복지, 유아지원, 관광 등을 집중 육성하고 외국인 여행자에 대한 비자발급을 확대키로 했다. 잠재성장률이 1% 이하인 일본은 차세대 자동차와 로봇에 대한 투자 확대 등을 통해 2%대 성장률을 이어 가겠다는 전략이다.

중국과 인도의 부상도 21세기 경제의 주목거리다. '세계의 공장'으로 변한 중국은 벌써 세계 경제의 블랙홀로 변해 버렸다. 1978년 개혁개방 정책 이후 급속한 경제발전을 이룩한 중국은 2005년까지 연평균 경제 성장률 9.6%를 기록하며 2005년 기준 GDP 세계 4위, 교역액은 1조4221억 달러로 세계 3위에 오르는 경제대국으로 부상했다.[7] 저렴한 노동력과 거대한 소비시장 등의 이점으로 외국인 투자가 잇따르며 세계 경제의 중심으로 성장한 것이다. 중국은 경제규모가 2020년에 일본을 추월하기 시작해 2040년에는 미국과 대등해져 전 세계 GDP의 20%를 차지할 것이란 전망이 나오고 있다. 인도 경제규모도 2030년에 일본을 앞서기 시작하고 2050년에는 유럽 비중과 비슷한 세계 GDP의 12%에 달할 것으로 한국은행 금융경제연구원은 전망했다. 중국은 이미 미국을 제치고 우리나라 최대의 교역국가로 바뀌었다. 한국 경제는 중국의 경제 발전과 밀접한 연관을 맺고 있다고 해도 과언이 아니다.

중국과 인도 일본 대만 싱가포르 홍콩과 함께 우리나라는 아시아 경제를 이끄는 나라임에 틀림없으나 미래에 대한 지속적인 투자와 원천기술 확보 없이는 이들 나라와 경쟁하기가 점점 어려워지고 있다.

세계 5위의 컨테이너항으로 성장한 부산항.

# 초라한 부산경제 현주소

**1인당 소득 전국 꼴찌 수준**

한국은 40여 년 동안 비약적인 경제발전을 이뤘지만 부산은 오히려
퇴보했다. 우리나라 제2의 도시라고 하지만 부산 경제는 허약하기 짝

이 없다. 경제력을 나타내는 각종 지표에서 부산 경제 현주소가 그대로 드러난다. 2002년 기준 부산지역 총생산(GRDP)은 42조6150억 원으로 전국 대비 5.9%를 기록했다. 1995년에는 전국 비중이 6.4%(26조 1410억 원)인 것과 비교하면 오히려 낮아졌다. 1995년부터 2003년까지 연평균 성장률이 부산은 2.7%에 불과했으나 전국 평균은 4.3%에 달했다.[8] 부산의 주력산업이었던 신발 섬유 등 경공업을 중심으로 한 제조업체들이 개발도상국과의 가격경쟁 격화에 따른 채산성 악화와 땅값, 인건비 상승으로 생산기지를 인근 김해 양산이나 중국 베트남 등지로 옮겼기 때문이다.

부산 경제를 이끌 만한 대기업도 많지 않다. 부산 기업 대부분은 중소기업이다. 제조업 종사자 50인 미만 업체가 전체의 94.0%에 이른다. 이들 기업 중 상당수가 대기업 하청업체나 OEM(주문자 상표부착) 방식의 수출업체이고 경기변동에 대한 대응능력도 취약하다. 매출액 기준 국내 1000대 기업 중 부산에 본사를 두고 있는 기업은 1.4%에 불과하다. 지역 금융 산업의 기반도 취약하다. 2005년 기준 지역 금융기관 여수신의 전국 비중은 6.7%와 5%대에 머물고 있다.[9]

부산의 소득 수준도 전국 시도 가운데 하위권이다. 한국은행이 발표한 '지역 총생산으로 본 지역경제의 현황 및 주요 특징'에 따르면 지역별 1인당 소득(기준연도 1995년)은 2002년을 기준으로 울산광역시가 2687만 원으로 가장 높았고 부산은 전국 평균(1225만 원)에도 미치지 못하는 958만 원에 그쳤다.

부산 경제의 쇠락은 경제 변화에 능동적으로 대처하지 못한 채 기존 산업에 안주했기 때문이다. 이는 부산의 산업화 과정에서 잘 드러난다. 부산은 1960년대부터 천혜의 항만을 가진 지리적 이점과 저렴한 노동력으로 신발 합판 섬유산업을 중심으로 다른 도시들보다 상대적으로 빠른 경제발전을 이룩했다. 노동 집약 산업이 비약적으로 성장해 1970년대에는 동남 경제권의 중심으로 떠올랐다. 1975년 부산의 수출 비중은 전국의 25%를 넘을 정도로 한국 경제의 중심지 역할을 했다. 하지만 1970년 중반 이후 국내 산업은 경공업 중심에서 중화학 공업으로 전환됐다. 정부의 중화학 공업 육성정책에 따라 울산과 포항 창원 구미 온산에 조선 철강 기계 전자 제련산업단지가 잇따라 들어섰으나 부산은 이 같은 변화에 부응하지 못했다.

우리나라 기간산업이 중화학 업종으로 바뀌는 과정에서 부산은 소외된 차 경공업 중심의 산업체제에 머물렀다. 부산시 북구 사상공업지역과 사하구 신평공단에 집중적으로 들어선 신발산업은 자사 브랜드 개발에 소홀한 채 OEM 방식의 생산에만 의존했다. 국내 경제가 부흥기로 접어들자 노동자 임금이 상승하고 땅값이 오름에 따라 경공업 업체들은 해외로 생산기지를 이전해 부산은 산업의 공동화를 초래했다. 1980년과 1985년에는 신발류가 부산 수출에서 차지하는 비율이 21.1%와 29.4%를 기록했으며, 1990년에는 45%로 급증했으나 1995년에는 8.4%로 급감했다. 생산라인이 저임금 국가인 중국과 베트남으로 빠르게 이전한 데 따른 영향이다.[10]

특허 1980년대 이후 국내 산업의 구조변혁에 편승하지 못한데다 정부의 성장억제 정책으로 인해 제조업 기반은 급속히 약화됐다. 도시화의 진전에 따라 땅값은 상승하고 노동자 목소리가 커지는 등 기업 환경이 더욱 나빠졌다. 이는 일자리를 늘리지 못해 지역경제 활동이 침체를 보이는 악순환으로 이어지는 결과를 낳았다. 또 1990년대 후반부터 국내에 불어 닥친 벤처기업 열풍에도 편승하지 못했다. 경제 변혁기에 산업구조 고도화 기회를 잡지 못한 것이다. 산업 패턴이 경공업에서 중화학공업으로, 다시 고도 지식산업으로 변화하고 있는데도 이에 적절히 대처하지 못해 부산의 수출비중은 이제 전국 3%에도 미치지 못하는 소비도시로 전락했다. 그나마 항만 물류산업과 수산업이 지역경제를 떠받치고 있고 변변한 대기업이라고는 한진중공업과 르노삼성자동차 정도에 그친데다 영세한 중소기업으로 연명하는 경제구조를 갖게 됐다.

이 같은 경제구조가 지속되면 지역경제 활성화는 요원해지고 다른 도시와 경제력 격차는 갈수록 커지는 결과만 낳을 뿐만 아니라 앞으로 상당 기간 경제부흥 기반을 마련하지 못하게 된다.

# 부산 경기가 좋았기는 했나

### 경기는 순환하지만…

부산경기 상황에 대한 질문을 받게 되면 난감하기 이를 데 없다. 변변한 기업들이 없고 국제 경쟁력을 갖춘 업종도 많지 않다. 선도 기업이 적다 보니 시의 살림살이가 궁색해지고 일자리는 늘어나지 않아 소비 위축으로 이어진다. 경기는 언제나 불경기이고 언제쯤 풀리겠느냐는 아우성만 요란하다.

다양한 요인들이 얽히고설켜 나타나는 경제활동의 상태와 전망을 정확하게 진단하는 데 어려움이 많다. 갖가지 생각하지도 못한 사고나 요인 등으로 국내외 경제흐름이 바뀌고 경제를 바라보는 시각 차이로 정책 집행에 혼선이 나타날 때도 있기 때문이다.

경기변동을 실증적으로 분석한 경제학자 미첼은 경기가 확대, 후퇴 및 축소, 회복국면의 순환과정을 거친다고 주장했다. 경기는 항상 호황을 유지하지도 않고 불황만 계속되는 것이 아니라 파동을 그리며 바뀌어 간다.

순환의 제1국면인 호황(미첼의 확대)에선 투자와 소비가 증가하고 고용과 소득이 늘어나며 주식시장도 활기를 띤다. 호황이 지속되다 정점에 도달하면 후퇴국면으로 진입하고, 이 때가 되면 투자 고용 소비 소득이 감소하기 시작하고 판매도 줄어든다.

경기 후퇴에서 균형점에 도달하기까지는 불황이 아니라 평상시로의 회복이라는 주장이 강하다. 하지만 균형점을 넘어서면 불황(미첼의 축소)으로 들어가 소비 투자 지출이 감소하고 고용이나 소득도 줄어든다.[11]

경기는 분명 순환한다. 하지만 부산 시민들이 피부로 느끼는 경기는 언제나 불황이다. 신문 방송 등 언론매체에는 항상 불경기라는 단어가 오르내린다. 전문가들은 경기가 바닥을 지났다고 말하지만 그 말에 동의하는 시민들이 드물다. 경기 상태를 보여주는 거시경제 지표인 산업생산과 도소매 판매 및 수출실적은 좋게 나타나지만 체감경기는 더 안 좋다고 느낀다. 왜 그럴까.

부산에는 경제를 이끌어 갈만한 기업이 많지 않고 수출증가 이익도 크지 않다. 전국의 산업생산은 증가세를 보이지만 부산은 오히려 감소한 것으로 나타날 때가 많다. 수출도 마찬가지다. 부산 수출의 전국 비중은 3%에도 미치지 못한다. 대기업이 주도하고 있는 수출은 호황을 누리고 있으나 내수 경기는 침체에서 벗어나지 못하고 있다. 업종, 기업 간 격차(양극화)가 커지면서 부산은 항상 불경기에 시달리고 있다.

수출증가는 수익확대 고용창출 소비증가 생산증가 투자증대라는 경제의 선순환을 가져오지만 투자가 미진해 이런 선순환 구조가 단절된 채 소비부진이 매출감소 생산둔화 실업증가 투자감소로 이어지는 악순환(고용 정체형 성장)이 나타난다.

부산 경제의 선순환 구조를 확립하려면 미래 성장동력에 대한 기업들의 투자가 무엇보다 절실하다. 기업들이 투자를 활성화할 수 있는 중앙정부나 부산시의 환경 조성이 필요하다. 영국 경제학자 케인즈는 경기 변동의 가장 큰 변화요인을 투자에 있다고 보았다.

부산지역 제조업체들이 대거 입주해 있는 녹산 국가산업단지.

# 10대 전략산업으로 승부

### 제품은 경박단소 중후장대

낙후된 지역 경제를 되살리기 위해 부산은 21세기 동북아 해양수도의 비전을 실현할 수 있는 10대 전략산업을 선정해 집중적으로 육성하고 있다. 국내외 경제여건 변화와 선택과 집중의 원칙 아래 업종을 정한 것이다. 소득 2만 달러 조기 달성을 통한 선진경제 진입과 지역 중소기업 활성화 및 지식기반 사회에 부응하기 위해 이들 산업이 선정됐다.

부산지역 10대 전략산업 가운데 핵심 전략산업은 △항만물류 △기계 부품소재 △관광 컨벤션 △영상 IT(정보기술)이며, 지연 전략산업으로 △선물금융 △해양바이오 △실버 △신발 △수산가공 △섬유 패션이 포함됐다. 이들 산업은 21세기 부산경제를 이끌 성장 엔진이며, 장래에 지역 경제의 중추적인 역할을 담당하게 된다. 동북아시대 물류 비즈니스 중심도시, 동남 광역경제권 중추 관리도시, 동북아 해양문화 관광 거점도시로 표현되는 부산시 3대 도시목표를 달성할 수 있는 산업이다.

21세기 지식 경제시대에는 소품종 대량생산에서 다품종 소량생산으로 바뀌고 제품도 중후장대(重厚長大)에서 경박단소(輕薄短小)로 변하는 경향을 띠고 있다. 이 같은 상황에서 부산은 다른 도시보다 입지적으로 유리하고 잘할 수 있는 업종에 역량을 집중시켜 실천하는 자세가 필요하다. 시는 기업가 정신이 발휘될 수 있도록 최대한 지원을 펼치고 기업이 원하는 바를 찾아 나서는 서비스 행정이 요구되는 시점이다.

공무원이라는 권위적인 자세에서 탈피해 기업을 도와 일자리를 더 많이 만들자. 도시 재창조를 위한 원대한 목표 아래 형식에 그치는 기업행정은 21세기 정보화 사회에서는 통하지 않는다. 글로벌 경제가 심화되고 있는 상황에서 부산은 다른 도시들이 하지 못하는 일을 찾아 나서야 한다. 국제 무역항에 맞는 시민 의식 배양은 물론 서비스 행정과 대학의 높은 경쟁력을 키워 나가지 않으면 살아남을 수 없다. 언제까지 정부에만 도움을 요청할 것인가. 부산경제 부흥은 부산 사람들 손으로 일군다는 마음 자세와 실천이 필요한 때다.

부산이 발달시켜야 할 첫 번째는 항만 물류산업이다. 지리적 이점을 살리고 다른 어느 도시보다 잘할 수 있는 여건을 갖추고 있기 때문이다. 이 산업이 활성화되기 위해서는 선사와 화주들에게 불편이 없는 항만으로 거듭날 필요가 있다. 항만시설의 적기 개발과 편리하고 신속한 통관 서비스, 화물의 신속 정확한 수송체계 확립이 필수적이다. 정부와 부산시는 물류산업의 중요성을 거듭 강조하고 있지만 정책과 현실은 따로 놀고 있다.

물류 선진국을 지향하지만 컨테이너는 대부분 복잡한 육로로 운송된다. 세계 주요 국가들의 대표적인 항구들은 부산처럼 못살지 않는

신선대 컨테이너 터미널에서 화물이 하역되고 있다.

다. 네덜란드 로테르담, 싱가포르와 홍콩이 그렇고 벨기에 앤트워프, 독일 함부르크항도 유럽의 경제 중심지 역할을 하고 있다. 세계 5위 컨테이너항인 부산항만이 경제의 변방에 머물러 있다. 항만 물류산업의 부가가치는 사고의 전환을 통해 얼마든지 높일 수 있다.

부산시가 성장시켜 나갈 두 번째 산업은 관광 컨벤션이다. 이들 산업은 대규모 설비를 필요로 하지 않으면서도 현존하는 자원을 최대한 활용하면 커다란 경제효과를 거둘 수 있다. 고객들을 유인할 수 있는 시설과 이벤트 창출 능력이 관건이다. 세 번째로는 조선 및 조선기자재 산업, 자동차 부품, 수산업, 신발 섬유 패션산업을 조화롭게 발전시켜 나가는 정책이 필요하다. 수산업은 농업과 더불어 국민의 먹을거리를 책임지는 핵심 산업이어서 부산이 포기해서는 안 된다. 기본적인 잡는 어업을 유지하면서 기르는 어업을 원해나 해외 연안국가로 확대하고 수산가공 및 유통업을 발달시키면 고부가가치화가 가능하다.

또 세계 1위를 유지하고 있는 조선 및 조선기자재 산업은 외화가득률이 높고 고용효과도 크다. 울산과 거제를 잇는 우리나라 동남권 조선공업벨트의 가운데에 있는 부산에는 330여 개 조선기자재 업체들이 밀집돼 있다. 우리 업체들이 현재도 1등을 하고 있고 미래도 잘 할 수 있는 분야가 조선 및 조선기자재 분야다.

신발과 섬유 패션산업도 놓쳐서는 안 된다. 신발과 의류는 인류가 살아가는 데 없어서는 안 될 중요한 생활용품이다. 부산은 신발에 관한한 국내 어느 도시도 따라올 수 없는 노하우를 축적하고 있다. 이들 산업이 쇠퇴한 것은 임금 상승에 따른 업체들의 채산성 악화 때문이다. 섬유 패션산업은 고객을 놀라게 하는 뛰어난 디자인과 소재개발에 나서면 부산 경제의 성장 동력으로 자리 잡기에 충분하다. 고도 지식이 수반되는 경제 구조 아래서 부산 경제가 개화하기 위해서는 잘할 수 있는 산업을 집중적으로 지원하는 길밖에 달리 방안이 없다.

이들 외에 실버와 영상산업을 10대 전략산업에 포함시킨 것은 다분히 백화점식 나열에 지나지 않는다. 실버산업은 노인들을 대상으로 상품이나 서비스를 제공한다. 2000년 65세 이상 노인이 전체 인구의 7.1%(부산 6.0%)를 넘으면서 우리나라도 고령화 사회에 진입했다. 노인인구 비율은 2010년에는 10.7%(부산 10.9%), 2019년에는 14.4%(부산 17.0%)로 높아질 전망이다.[12]

노인인구 증가로 인해 시장규모는 당연히 커진다. 우리나라 실버산업 시장 규모는 2002년 기준 6조3820억 원이다. 이 가운데 의료기기가

33.8%로 가장 높고 다음으로 항노화 기능성 식품 등을 제조하는 한방 부문이 28.3%에 이른다.[13] 고령화 사회를 맞아 노인들을 위한 상품이나 서비스 강화는 불가피하다. 하지만 실버산업에서 의료기기 생산과 유통이 가장 큰 비중을 차지하고 있으나 의류기기 생산 중심지는 부산이 아니다. 이들 제품 생산에서 중소기업이 유리하다고 하지만 부산이 이 부문에 역량을 집중한다고 해도 시장을 선점하고 있는 수도권 업체들을 능가할 만한 기업들을 육성하기가 쉽지 않다.

실버산업 범위는 요양, 기기, 주택, 여가 등으로 다양하다. 노인복지 강화 차원에서 실버타운을 건립한다고 해서 부산이 실버산업 중심지로 될 수 없다. 노인복지 강화 노력은 필요하지만 이를 산업적으로 육성하기에는 한계가 있고 범위가 너무 넓다.

영상산업도 마찬가지다. 제11회 부산국제영화제(PIFF)가 2006년 10월 12일부터 20일까지 수영만과 해운대, 남포동에서 열렸다. PIFF가 부산을 아시아에서도 손꼽히는 '영화의 도시'로 바꿔 놓았다. 매년 10월이면 국내외에서 영화 종사자와 마니아들이 부산을 찾고 영화진흥위원회와 영상물 등급위원회가 부산으로 이전할 예정이다.

그러나 부산국제영화제가 끝나면 영화의 도시를 무색케 한다. 부산시는 영화촬영 스튜디오 설치 등을 통해 영화 만들기 좋은 도시를 목표로 하고 있다. 하지만 영화 촬영에 따른 경제적인 부가가치는 크지 않다. 영화 후반작업도 많은 인력을 필요로 하지 않는다. 영화제를 통해 관광산업을 진흥시키는 특단의 노력이 필요하다. PIFF는 부산이 만들어낸 아시아를 대표하는 영화제인 만큼 이 행사를 관광과 연계해 계속 발전시켜 나가면 더 큰 시너지 효과를 얻을 수 있다.

# 속도의 격차를 없애라

## 부산의 속도는 몇 마일

속도의 충돌은 미래학자 앨빈 토플러가 최근 출간한 『부의 미래(REVOLUTIONARY WEALTH)』라는 책에서 주장한 말이다. 사실 속도는 지식 정보화 사회에서 중요한 의미를 갖는다. 모든 경제 주체가 같은 속도로 움직일 때 부작용이 없으나 속도 차이가 심해질 때 비능률과 저효율이 발생한다.

토플러 이야기를 계속해보자. 그는 이 책에서 미국 사회를 구성하는 조직들의 움직임을 고속도로에서 달리는 자동차에 비유한 뒤 속도라는 구체적인 수치로 설명했다.

"기업은 시속 100마일(1마일은 1.6km)로 질주한다. 오늘날 미국에서 가장 빠르게 변화하는 기관을 대변한다. 그래서 기업은 사회 다른 부문의 변혁을 주도한다. 다음으로 집단적으로 형성된 시민단체(NGO)는 작고 탄력적인 조직으로 빠르게 변화하며 시속 90마일로 나아간다. 이들 집단은 환경, 정부 규제, 식품 안전, 인권 등을 요구하며 시간을 경제적인 무기로 사용한다.

가족은 시속 60마일로 달린다. 이혼, 가족형태, 성행위, 자녀 양육에서 가족은 급속하게 변화하고 있다. 기업, NGO, 가족이 초스피드로 변하고 있으나 느림보들도 있다. 노동조합의 속도는 시속 30마일에 불과하고 정부 관료조직과 규제기관들은 25마일이며, 학교는 10마일이다. 정부 간 국제기구는 5마일이고 정치조직은 3마일이다. 가장 느리게 변하는 것은 시속 1마일의 법이다."[14] 그는 미국을 기준으로 사회각 조직들의 변화 속도를 이같이 진단했다.

국가나 가정 개인에 이르기까지 속도 변화에 능동적으로 대처하지 못하면 경제는 활력을 잃게 될 뿐만 아니라 생존에도 위협을 받는다. 부산이 이 같은 속도 변화에 제대로 대처하지 못하면 항만물류 등 주력 산업 침체로 조만간 인천에 이어 우리나라 제3의 도시로 뒤쳐질지 모른다.

부산의 속도는 너무 느리다. 국내외 교역조건이나 산업 환경이 급변하면 이에 맞는 정책과 대응이 요구된다. 하지만 부산은 변화에 둔감하다. 부산은 대기업이 많지 않은 전형적인 중소기업 도시이다. 이런 점을 감안한 산업 정책이 필요하다. 부산에 맞는 업종을 선택해 집중적으로 육성하면 충분한 가능성이 있으나 이 도시에 맞지 않는 정책에 몰입하면 실패할 가능성이 더 높다. 중소기업을 위한 정책에 속도를 내야 한다.

부산시는 새로운 기업 유치와 공단 조성에 역량을 집중하고 있다. 제조업체들이 제품을 만들어 낼 공장용지를 많이 확보하면 고용창출과 생산능력 확대에 큰 도움이 된다. 넓은 땅이 있으면 가능한 일이지만 부산의 현실은 그렇지 못하다. 대도시인 부산의 땅값은 비싸고 평지가 부족하다. 산지를 개발하면 환경단체들의 반대가 거세지고 비용도 만만찮다.

기업들이 어느 지역에 들어서기 위해서는 지가와 인건비, 판매시장, 원자재 구입, 인력확보가 다른 곳에 비해 유리해야 가능하다. 기업들은 이윤을 추구하는 영리법인이다. 생산시설을 구축하려면 가장 우선적으로 가격이 싼 넓은 부지가 있어야 하지만 부산은 이 같은 조건을 충족시키지 못한다. 중국은 부지를 30~50년 동안 공짜로 제공하면서 외국기업들의 투자를 이끌어냈다. 중국에는 널려 있는 게 넓은 땅이요, 저임금 노동자들이다. 그들이 필요한 것은 생산설비요, 일할 수 있는 공장이다.

새로운 공단을 찾는 노력을 폄하할 수 없지만 가동 중인 기업에 대한 적극적인 관심과 기업하기 좋은 도시를 건설하기 위한 행정서비스 체제 구축이 더 절실하다. 지역 기업들의 애로사항을 면밀히 분석한 뒤 역외 이전을 막을 수 있는 최상의 행정 서비스를 제공하는 쪽에 정책 초점을 맞춰야 한다는 뜻이다. 부산에는 녹산 국가산업단지를 비롯해 모두 5개의 산업단지가 있고 부산과학 산업단지 등 2개가 조성되고 있다.[15] 이들 단지에 입주한 기업들이 최고의 생산성을 확보하고 경영에 어려움이 없도록 아낌없는 지원체제를 구축할 필요가 있다. 한진중공업 영도조선소 부지는 26만4000㎡에 불과하다. 현대중공업과 삼성중공업 거제조선소에 비하면 10분의 1에도 미치지 못한다. 배가 커지고 수주물량이 늘어나면서 조선소 부지가 턱없이 좁아 선박건조에 큰 어려움을 겪고 있다.

　　한진중공업은 부지난을 해소하기 위해 경남 하동으로, 부산 신항으로 달려가 공장용지 확보에 온 신경을 쏟았다. 이 과정에 부산시 역할은 미미했다. 부산시는 기업이 떠난다고 하면 달려가 이전하지 못하도록 유도했다. 기업경영이 만류로 해결될 수 있는가. 더 이상 부산에 있기 어렵다는 판단에 따라 이전결정을 내렸는데 행정기관이 잡는다고 그 기업이 결정을 번복할 수 있을 지 의문이다. 읍소보다는 사전에 기업의 역외 유출을 막을 수 있는 방안을 마련하는 게 더 효과적이다. 한진중공업이 부산을 떠나면 지역경제에 미치는 파급효과는 너무나 크다. 이들 기업을 잡아 놓고 더 많은 배를 짓게 하는 행정 서비스가 필요하다. 하지만 이런 행정서비스가 부산에서는 부족하다. 기업하기 좋은 도시를 만들겠다는 말만 난무하고 있다. 부산에 피곤해진 한진중공업은 결국 멀고먼 필리핀을 택해 제2조선소를 건설하고 있다.

　　녹산 국가산업단지에는 모두 1149개 업체가 입주해 있고 종사자 수만도 2만1900명에 이른다. 이들 업체의 최대 애로사항은 교통문제다. 근로자 출퇴근과 화물 운송이 기존 좁은 도로에만 의존하다 보니 기업들의 고통은 이만저만이 아니다. 하지만 부산시는 산업단지가 조성된 지 10년이 지난 지금까지 명지대교를 건립하지 못하고 있다. 1996년 다리 건립계획을 세웠으나 환경단체의 반대가 거세지자 4년을 허송세월로 보내다 2001년에서야 환경단체와 본격적인 논의를 벌였다. 부산시가 교각 건립계획 수립단계부터 환경단체와 끊임없는 논의와 토론을 벌여 환경 보호와 교통문제 해결이라는 두 마리 토끼를 잡았더라면 엄청난 시간과 비용 손실을 줄일 수 있었을 것이다. 다리건설 외에는 운송여건을 해결할 방법이 없는 상태에서 시간만 낭비한 꼴이다.

공무원들이 기업들에게 최상의 행정 서비스를 제공하면 기업하기 좋은 도시가 된다. 중앙정부와 지방정부 할 것 없이 기업하기 좋은 도시를 만들기 위해 노력하고 있으나 기업인들이 느끼는 규제완화는 이뤄지지 않고 있다.

행정 서비스 품질에서 앞서가는 도시는 경북 구미시를 들 수 있다. 공업도시인 구미시는 기업인들과 행정기관 대표들이 참석하는 조찬 간담회를 자주 열면서 생산적인 회의를 진행해 기업인들로부터 호평을 받았다. 구미시와 상공회의소는 공장들의 조업에 방해되는 문제를 해결하는 데 이 회의의 초점을 맞췄다. 회의에는 기업인들과 경찰서장 세무서장 세관장 등 유관 행정기관의 장들이 모두 참석하며 얼굴만 알리려는 국회의원은 찬밥신세다. 설렁탕 한 그릇을 먹으며 기관장들과 기업인들이 가슴을 터놓고 이야기하며 지역발전을 도모한다. 패인 도로 방치와 가로수 정비, 야간공사 시행 금지 등 업계의 애로사항이 빠짐없이 전달되고 행정기관은 최대한 빠른 시일 내에 시정한다. 이 회의에서 주인은 기업인들이며, 형식적으로 진행되는 예는 없다. 청문회장에 선 느낌을 갖는 기관장들은 시민들의 완전한 공복이다.

부산에서도 실질적이고 생산적인 회의가 정례적으로 열려 경제발전을 저해하는 애로사항 해결에 행정기관이 적극 나서야 한다. 부산시는 지역경제 활성화 관련 회의나 모임을 자주 열지만 대부분 형식적이다. 부산시는 시책을 설명하고 참가 기업인들은 차례대로 한마디씩 던지고는 돌아가는 행사가 많다. 그나마 몇몇 참석자들은 시간이 없어 한마디도 하지 못하고 회의장을 떠난다. 이 때문에 기업인들은 이런 행사에 참석하기를 꺼린다. 시간만 낭비하는 꼴이다. 회의의 주인이 시장이고 구청장이고 중앙정부 지방조직의 기관장들이다. 이런 마인드로는 고품질의 행정서비스를 제공할 수 없다.

중앙정부 소속 행정기관의 기관장들도 지역 발전을 위한 시책 발굴에 적극적으로 나서지 않는다. 주어진 업무를 조용히 처리하면서 발령만 나기를 기다린다. 소신을 갖고 부산 실정에 맞는 새로운 정책을 펼치거나 건의하는 기관장도 없지는 않지만 대부분 소극적인 행정에 급급하고 있다. 일을 벌이면 시행착오가 생기고 잘못된 부분만 부각돼 공무원 생활에 마이너스로 작용하기 때문이다.

레스터 서로는 『지식의 지배』에서 부를 창출하는 요소 중 기업가 정신을 최고로 꼽았다. 기업가 정신은 투자 활성화로 이어져 생산이 촉진되고 소득이 늘어나며 소비가 증가하는 경제의 선순환을 가져온다. 기업가 정신의 고양은 주민을 위하는 행정 서비스로도 가능하다. 기업의 애로사항을 적극적으로 해결하려는 공무원들의 자세와 의지가 산업정책으로 표출될 때 부산지역 중소기업들의 발전 속도가 빨라진다. 부산지역 공무원의 변화속도가 최소한 50마일은 넘어야 한다.

|제**2**부|

# 해양경제의 개화

# 부산의 미래는 바다에

"부산항에서 돈벌이가 괜찮나요?" "요즘 많이 힘들어요. 배가 들어와 봤자 선원을 구하기 힘들고 수리할 근로자가 없어요. 얼마 전에 수리조선 물량을 받았으나 채산성이 맞지 않아 포기했어요."

"나도 마찬가지입니다. 물동량이 눈에 띄게 줄어들고 있는데 다들 부산 신항 활성화에만 정신이 팔려 있으니 북항에서 일하고 있는 사람들은 죽으란 소린지 모르겠어요."

"동감입니다. 부산항을 싱가포르항처럼 기업하기 좋은 도시로 만들어야 한다는 얘기는 많지만 현실은 기업하기 불편한 도시예요. 수많은 사람들은 싱가포르항을 둘러보고 물류 시설이나 제도에 놀라움을 나타내지만 그 때뿐이어요. 개선이 미흡하니 부산항이 어떻게 동북아 중심항만이 될 수 있겠어요."

"중국 사람들을 보세요. 상하이항이 수심이 낮아 큰 배가 들어올 수 없게 되자 상하이항에서 32㎞나 떨어진 바다 한가운데의 대소양산도에 부두를 만들어 놓았어요. 2020년까지 모두 52개 선석을 건설한다는 야심찬 계획을 실행에 옮길 줄 누가 알았겠어요. 중국에선 이미 혁명적인 생각이 항만을 지배하고 있어요. 부산은 항만도시잖아요. 항만을 통해 상당한 돈벌이를 하고 일자리를 많이 만들어야 부산이 잘 사는 도시가 될 수 있는데 현실은 도통 따라가지 못해요. 부산도 하루 빨리 혁명적인 부의 창출 시스템을 구축해야 하는 데 20~30년 전에 머물러 있어 답답합니다."

항만 물류업계에서 20여 년 동안 몸담아 온 A기업 J사장과 B기업 L사장이 점심을 먹으면서 나눈 부산항에 관한 대화 내용이다.


### 부산서 돈벌이가 안 돼

21세기를 맞아 해양의 중요성이 더욱 커졌다. 국가의 흥망성쇠가 바다에 달려 있다고 해도 과언이 아니다. 그래서 바다의 지배를 통해 부강한 나라를 건설하기 위한 각국의 노력은 그 어느 때보다 치열하다. 삼면이 바다인 우리나라는 세계 10위권의 해양력(Sea Power)을 보유한 국가로 발돋움했다. 컨테이너 처리량 세계 5위, 수산물 생산 세계 12위, 선박 건조량과 수주량 세계 1위, 선복량 세계 8위가 이를 말해주고 있다.

이 모두가 해양으로 달려 나간 국민들이 이루어 낸 바다 사랑의 결실이라 더욱 값지다. 그 중심에는 항구도시이자 해양도시인 부산이 있다. 우리나라가 섬인지 반도인지 구별조차 어려운 17세기 중엽 해양으로 뻗어 나가는 길을 연 곳이 부산이다. 풍부한 해양자원을 가진 바다에 인접해 있어 일찍부터 바다와 밀접한 관계를 맺어왔다. 바다는 식량과 물자 수송, 생활의 지혜를 제공해 주는 경제활동의 중요한 무대다.

2006년 1월 개장한 부산 신항 북 컨테이너부두.

1차 산업으로 인식되었던 해운 항만 수산업이 기술 발전과 국제화에 따라 2, 3, 4차 산업으로 확산돼 부산을 중심으로 성장했다. 우수한 인적자원과 해양발전에 상대적으로 유리한 조건을 최대한 활용한 덕분이다. 바야흐로 해양은 부산 경제 발전의 중추 기능을 담당하고 있다.

아담 스미스는 일찍이 '해양능력이 국부의 동력'이라 했고 앨빈 토플러는 '해양을 제3의 물결을 주도할 핵심 산업의 하나'로 보았다. 많은 미려학자들은 21세기에는 정보화, 세계화, 해양화가 어우러진 '청색혁명(Blue Revolution)'의 해양시대가 도래할 것으로 전망했다. 신 해양시대를 맞이하여 육상에서 바다로 경제의 중심축이 변하는 해양화 징후는 도처에 나타났다.

　해상 물동량이 급증하고 인류주거 공간의 중심축이 바다로 이동하는 등 해양 중심의 산업체제로 빠르게 전환되고 있다. 그래서 21세기 마지막 프론티어로 해양의 가치가 부각되고 국제 경쟁이 더욱 심해졌다. 바다는 생명의 근원이고 문명을 창조하면서 인류에게 무한한 자원을 제공하는 자원의 보고이다. 하지만 바다는 스스로 보존하는 자에게만 창조적인 가치를 만들어 준다. 해양은 지구를 지탱하고 인간의 생태 환경적 존재를 가능케 하며, 나아가 산업 활동을 위한 자연의 버팀목이다.

　부산 경제의 미래를 위한 투자는 해양에 있다. 이는 육지자원이 빈약한 한국이 선진화된 산업사회를 이룩하기 위한 필수적 대안이다. 부산의 해양과학 기술과 해양문화 및 환경이 잘 조화된 도시기능을 촉진하고 해운 항만 수산 조선업의 진흥을 통해 지역 경제를 활성화시켜 나갈 수 있는 지혜를 짜내야 한다. 여기에 대륙과 대양을 잇는 지정학적 요충지에 있는 부산이 있다.

　21세기 부산의 해양력이 우리나라 미래를 밝게 해준다. 부산은 해양산업 본산이자 명실상부한 국제 해양도시다. 신 해양시대가 열리자 해양을 중심으로 펼쳐지는 경제 사회 문화적 활동이 활발한 도시로 변하고 있다. 해운 항만 수산과 같은 전통산업에 선진제도를 도입해 경쟁력을 강화하고 해양과학 기술을 발전시켜 미래 고부가가치 산업의 기틀을 다져 나가는 초기다. 해양경제가 꽃피는 시대가 오면 부산은 우리나라 해양수도가 된다.

# 항만의 부가가치를 높여라

## 짐꾼 항구는 이제 그만

부산이 국제 무역항으로 세계 속에 알려져 있지만 항만 관련산업의 부가가치는 해외 경쟁항구의 절반에도 미치지 못한다. 다양한 부가 서비스를 제공하지 못해 항만 생산성이 크게 떨어진 것이다. 부산지역 해운 항만 관련 사업체의 직·간접 총 매출액은 차이가 많다. 2000년 기준 19조 원에 달한다는 의견이 있고 14조 원이라는 분석결과도 있다.[16] 업체들의 분류가 명확하지 않고 정확한 매출액 산정이 어려워 이 같은 통계상 오류가 존재한다. 그러나 분명한 것은 부산항의 직·간접 매출액이 로테르담항(28조 원)에 비해 낮다는 것은 부인하기 어려운 일이다.

수산업도 전통적인 잡는 어업에만 치중한 나머지 수산 가공업과 양식업이 일본이나 유럽 국가들에 비해 훨씬 뒤쳐졌다. 조선업만이 잇단 기술개발로 지역경제 버팀목 역할을 하고 있을 뿐이다. 부산 경제가 살아나려면 바다를 매개로 한 해양경제가 활성화돼야 하지만 구호에 그친다.

부산항에는 북항 22개와 신항 3개 등 모두 25개 선석(배를 대는 자리)이 건설돼 가동되고 있다. 감천항과 북항내 양곡부두를 제외하면 대부분 부두에서 컨테이너를 취급한다. 부산 신항도 마찬가지다. 정부는 오는 2011년까지 신항에 30개 선석을 건설한다는 장기 계획 아래 부두를 건설하고 있다.

부산항은 전통적으로 컨테이너 전용부두로 발달해 왔다. 화물의 컨테이너화가 진전되면서 부두에서 대부분 컨테이너를 처리하는 바람에 생산성 저하의 한 요인이 됐다. 이제 컨테이너 물량 처리위주에서 부가가치가 높은 다기능 종합항만으로 바꿔야 할 시점이 됐다. 컨테이너와 함께 액체화물이나 벌크화물을 취급하는 시설도 확충하고 항만 부대산업을 적극 육성해야 하지 않을까.

항만 화물은 수출입(로컬)과 환적 화물로 나뉜다. 부산항은 2005년 1184만TEU(1TEU는 20피트 컨테이너 1개, 환적화물 517만TEU 포함)를 처리해 세계 5위의 컨테이너항에 올랐다. 하지만 경쟁항만인 싱가포르 홍콩 로테르담항에 비해 항만산업의 직접 매출액과 부가가치가 낮다. 컨테이너 화물 처리에만 치중한 채 항만 부대산업과 임해공단이 발달하지 못했기 때문이다. 이는 정부가 내실 있는 항만 운영보다는 부족한 부두시설 확충에만 매달린 점이 크게 작용했다.

해운선사가 컨테이너를 싣고 부산항에 입항하면 정부나 부산항만공사에 내는 화물 입출항료와 접안료, 정박료 외에 예ㆍ도선료, 하역료, 화물 취급비용 및 운송료 등이 발생한다. 모선이 부두 야적장에 내려놓았다가 다른 배가 싣고 가는 환적화물은 도심을 통과하지 않은 채

부두 너 야적장을 이용하기 때문에 부가가치가 큰 것으로 알려져 있다. 부산항에 환적화물 1TEU가 들어오면 약 200달러(19만 원)가 부산항에 떨어진다. 로컬화물은 선사와 화물 처리 계약에 따라 다르지만 컨테이너 전용 터미널에서 온 도크(On Dock) 계약을 할 경우 하역료 내륙운송료(수원 기준 편도), 통관 관련 제비용을 합쳐 TEU당 60만 원 정도다.

부산항이 컨테이너 화물 처리에 급급하는 바람에 '짐꾼 항구'로 전락해 버렸다. 반면 선박 운항에 필요한 물품 공급과 급유업 등 부대산업이 활성화되지 않았다. 대다수 외국적 선박들은 부산항에서 꼭 필요한 경우 외에는 기름을 넣지 않고 싱가포르항에서 공급받는다. 수리할 곳이 없어 선박 수리가 제대로 이뤄지지 않고 있으며, 부산항을 드나드는 외국적 선박들은 부산항에서 물도 공급받지 않는다. 항만에서 선사와 고객에 대한 토털 서비스가 이뤄지지 않고 오랜 기간 주로 짐을 나르는 항구에 안주해 왔다.

# 선점의 역사는 끝났다

### 개항 130주년

부산의 역사는 그리 오래되지 않았다. 가마솥을 거꾸로 놓은 형상이라는 뜻을 가진 부산은 조선시대에는 동래부 정도에 불과했다. 1876년 일제에 의해 강제 개항되면서 교역이 늘어나기 시작했다. 부두가 차례로 생겨 우리나라 대표 항만으로 발전한 부산항은 2006년에 개항 130주년을 맞았다.

일제는 우리나라를 지배하기 위해 지금의 중앙동과 옛 시청주변 바다를 매립해 육지를 확보하고 1, 2, 중앙, 3, 4부두를 축조했다. 1906년부터 부두 시설공사가 이뤄진 뒤 1940년께 완공됐다.

이들 부두는 한국과 부산을 대표하는 항만시설로 자리 잡으며 부산항 물류의 중심이 되었다. 외항선들은 대부분 이들 부두에서 출항하거나 입항했다. 해방 후부터 자성대 컨테이너 전용부두가 개장된 1978년까지 재래부두는 부산을 대표하는 항만시설이었다.

적어도 1970년 후반까지 부산항 모습은 그랬다. 그러다 1978년 부

산 동구 좌천동 일대 바다에 우리나라 최초의 컨테이너 전용부두가 완
공되면서 부산항 모습이 바뀌었다. 자성대부두는 5만t급 선박 4척이
접안할 수 있는 현대식 부두시설로 탈바꿈하면서 부산항이 명실상부
한 국제 무역항으로 변모했다. 화물의 컨테이너화가 급속하게 진행되
고 국내에서는 부산항 외에 별다른 항만이 개발되지 않아 부산항에는
늘 화둔선들로 넘쳐났다.

항만시설이 부족했기 때문에 부산항에서는 배를 부두에 붙이지 못
하는 치선과 화물을 제때 부리지 못하는 체화가 가장 큰 골칫거리였
다. 이 때문에 정부는 늘어나는 화물을 신속하게 처리하는 데에만 관
심을 갖고 1992년 6월 신선대 컨테이너 터미널, 1998년 5월에는 감만
컨테이너 터미널을 차례로 개장했다. 항만에서의 다양한 서비스는 중

1940년대에 완공된 부산항 재래부두.

요하게 생각하지 않은 채 컨테이너 화물의 신속한 하역에만 골몰했다. 항만과 도시의 조화로운 발전도 안중에 없었다. 항만 정책은 해양수산부가 맡고 도시 계획은 부산시가 하는 이원화된 정책이 지금까지 계속되고 있다. 두 기관 간 의견 교환은 있지만 정책은 따로 놀기 일쑤였다.

이제 부산항은 달라질 수 있을까. 선점의 역사가 더 이상 부산항의 강점이 될 수 없는 시대다. 다른 항구들이 개발되지 않았던 시절에 부산항은 한국을 대표하는 항구로 먼저 자리 잡았다. 그러나 부산항이 홀로 국내 항구에서 제왕 노릇하던 시대는 끝나가고 있다. 중국 항만들이 개발의 고삐를 당기고 국내 항만들도 부산항의 지위 탈환을 넘보고 있다. 항만 경쟁의 춘추전국시대가 도래한 것이다. 부산항에 위기와 기회가 함께 오고 있다.

부산은 국내 어느 도시와도 다른 특색을 가졌다. 부산은 해안선이 219km(부산항계 내에서는 202km)에 이르는 국내 최대 무역항이면서 연근해 수산업 전진기지다. 영도와 오륙도가 큰 파도와 강풍을 막아주는 북항을 비롯해 남항 감천항 다대포항 등 천혜의 항구가 많다.

북항은 재래부두를 위시해 한국허치슨터미널(옛 자성대부두), 우암·감만·신감만·신선대 컨테이너 터미널을 거느리고 있으나 배후부지가 좁은 단점을 갖고 있다. 도심과도 무척 가깝다. 그래서 컨테이너 수송차량이 도심을 통과해 시내 교통 흐름이 자주 방해를 받는다.

항만과 무관한 시민들은 이들 차량을 경원시하며 미워했다. 항만배후도로 건설비 확보를 목적으로 세계에서 유례가 없는 컨테이너세가 생겨났다. 1992년부터 TEU당 2만 원씩 징수돼 화주들로부터 반발을 샀을 뿐만 아니라 물류비 증가요인이 됐다.

### 북항 기능의 쇠퇴

북항의 연간 공칭 하역능력은 516만TEU(재래부두 제외)에 달하지만 2005년에 이보다 배 이상 많은 화물이 처리됐다. 북항이 개항이후 부산항 발전의 일등공신을 해왔으나 새로 개장한 신항에 밀려 기능이 점차 축소되고 있다. 신항 30개 선석이 개장되는 2011년까지 자연스런 화물 이동으로 북항 기능의 쇠퇴는 불가피하다. 신항 처리능력은 북항보다 훨씬 많은 804만TEU에 이르고 배후물류부지도 990만㎡가 넘는다. 북항의 주요 터미널들이 사라지지는 않겠지만 현재보다는 그 기능이 월등히 떨어질 가능성이 커지고 있다.

부산은 누가 뭐래도 국제 무역항이며 항만이 발달한 도시다. 서울 등 내륙도시가 따라올 수 없는 항만도시라는 강점을 갖고 있다. 도시가 가진 장점을 충분히 살려야 발전이 앞당겨진다. 항만도시는 내륙도시를 닮아서는 안 된다. 일찍이 바다를 개척하고 장악한 나라는 역사의 전면에 나서 세계를 경영하고 막강한 경제력을 확보했다. 로마와 영국이 그랬고 스페인 포르투갈 노르웨이도 예외는 아니다. 해상 패권을 둘러싼 분쟁은 참혹한 인명 살상과 도시 파괴를 부르는 전쟁으로 이어진 예가 적지 않다.

페니키아인이 BC 800년 지금의 아프리카 튀니지에 건설한 도시국가 카르타고. 이 나라는 뛰어난 항해술과 지중해를 무대로 한 해상무역을 발전시켜 BC 3세기 전반까지 서지중해에서 최대 세력을 떨쳤다. 에스파니아와 아프리카를 잇는 지중해 통상의 요충지에 자리 잡은 카르타고는 해상무역을 통해 빛나는 문명을 건설했다. 지중해를 차지하려는 로마에게 카르타고는 반드시 넘어야 할 산이었고 두 국가의 대립은 전쟁으로 번졌다. 군사 3만 명으로 로마군 15만 명을 물리친 명장 한니발의 분전에도 카르타고는 세 차례에 걸친 로마와의 전쟁(포에니 전쟁)에서 패한 뒤 역사의 뒤안길로 사라졌다. 대신 로마는 카르타고가 구축한 해상무역을 발판으로 세계를 지배하는 대국으로 성장했다.

해상무역에서 우리나라는 어느 나라에 뒤지지 않는다. 신라시대 장보고는 청해진(지금의 완도)을 무대로 해적을 소탕하고 중국 일본과 교역하며 해상왕국을 건설했다. 그가 꿈꿨던 해상제국은 오래가지 못했지만 바다를 이용한 부국의 꿈은 21세기 부산에 맡겨진 몫이다. 고대의 바다는 단순한 어로와 통상에만 이용됐으나 이제는 국력을 좌우하는 중요한 요소가 됐다. 그래서 바다와 가까이 있는 부산은 축복받은 도시라 아니할 수 없다. 지중해가 고대의 바다였다면 태평양은 미래의 바다다.

# 말로만 제2의 도시

### 성장동력은 바다에서

부산항은 태평양을 바라보며 미주와 유럽으로 가는 주 항로상에 있고 훌륭한 시설과 뛰어난 운영 능력을 갖고 있다. 항만과 수산 및 조선산업 등 해양경제가 발달할 수 있는 여건을 갖췄지만 현실은 척박하다. 2004년 기준 부산의 1인당 소득은 1만1027달러에 그쳐 국내 16개 시도 가운데 14위를 기록했다. 전국 시도 평균금액인 1만4314달러보다 적고 1위를 차지한 울산시(3만1166달러)의 절반에도 근접하지 못했다. 흔히들 부산을 우리나라 제2의 도시로 부르지만 경제력은 16개시도 가운데 꼴찌 수준이다.[17]

부산시는 지역경제 활성화를 외치고 있지만 결과는 공허한 메아리일 뿐이다. 부산은 내륙도시를 흉내만 낼 뿐 정작 강점을 제대로 살리지 못했다. 바다를 매개로 한 해양경제가 꽃피지 않아 소득 수준이 낮은 도시에 머물러 있다.

바다를 이용하고 가꾸며 그 속에서 성장 동력을 찾는 노력이 본격적으로 전개되면 신 해양경제의 개화는 멀지 않다. 세계적인 경쟁력을 갖춘 조선 및 조선기자재 산업을 더욱 발전시켜 중국과 일본의 추격을 멀찌감치 따돌리고 항만과 수산업의 부가가치를 높일 수 있는 발상의 대전환이 필요하다. 부산시는 민선 4기를 출범하면서 '세계 속의 선진도시'를 구호로 내세웠다. 선진도시가 나쁘지 않지만 부산 특성을 감안하면 국제적인 해양도시가 더 적합하다. 해양도시의 면모를 일신하고 관련 산업 부흥에 초점이 맞춰진 시정이 부산을 풍요롭게 만든다.

좋은 지리적 여건과 오랫동안 축적된 항만 수산업의 노하우를 바탕으로 신 해양경제를 최대로 발현시키면 부산 경제력은 일취월장할 수 있다. 부산항 미래를 책임질 신항이 개장해 도약의 채비를 하고 있고 부가가치를 높이기 위한 민간 부문의 노력도 배가되고 있다. 부산시와 정부는 해양경제 생산액과 부가가치를 현재보다 배 이상 확대할 수 있는 방안을 마련해 차근차근 실천에 옮긴다면 부산항은 멀지 않아 동북아 물류허브, 부유한 국제항구도시로 발돋움할 수 있다.

동북아는 고대시대 지중해와 닮았다. 다르다면 무기를 앞세운 전쟁이 아닌 자본을 통한 경제전쟁으로 바뀐 점뿐이다. 부산을 필두로 싱가포르 홍콩 가오슝 상하이 오사카 요코하마항이 동북아 물류허브를 차지하기 위한 치열한 경쟁에 들어간 지 오래다. 부산항이 지중해에서 로마에 패한 카르타고가 되어서는 안 된다.

# 북항 수심을 더 깊게

## 초대형선 시대 곧 온다

오늘의 부산항을 만든 북항을 부산 신항과 같이 발전시켜 나가는 정책이 필요하다. 북항은 신항 개장으로 위기를 맞고 있다. 감만터미널, 신선대터미널, 한국허치슨터미널에 기항하는 선사들이 인프라 시설을 갖추기 시작한 신항으로 이전했거나 옮겨갈 채비에 여념이 없다. 이 같은 흐름을 인위적으로 막을 순 없지만 부두시설을 정비하고 신항과 북항 시대에 맞는 다기능 종합항만으로 재편하면 북항은 충분한 경쟁력을 가질 수 있다.

우선 북항이 신항과 경쟁하려면 항로와 선박이 회전하는 선회장 및 안벽 수심이 최소한 16m를 유지해야 가능하다. 대형화되고 있는 컨테이너선에 대응하기 위한 최소한 시설투자인 셈이다. 북항내 컨테이너 전용부두 안벽과 항로의 수심은 대부분 14~15m에 불과하다. 신선대터미널 부근 해역에는 암반도 있어 자칫 선박 운항사고로 이어질 수 있다. 이런 수심으로는 화물을 가득 실은 1만TEU급 이상 초대형 컨테

2006년 6월 부산항 감만터미널에 입항한 9600TEU급 '신로스엔젤레스호'.

이너선이 입항하기 힘들다.

　1996년 머스크사(현 머스크 라인)가 7000TEU급 컨테이너선을 처음으로 항로에 투입한 이래 국내외 주요 선사들은 운항비용 절감을 위해 대형 컨테이너선 취항에 대거 뛰어들었다. 2006년 들어 부산항에는 9200~9600TEU급 컨테이너선이 감만터미널과 한국허치슨터미널에 입항한 데 이어 6월에는 삼성중공업 거제조선소에서 건조된 차이나 쉬핑 소속 9600TEU급 '신 로스엔젤레스호'가 감만터미널에 입항했다. 이 배는 개항 이후 부산항에 들어온 가장 큰 컨테이너선이었다. 4월에는 프랑스 선사인 CMA-CGM 소속 9400TEU급 '네바다호'가 한국허치슨터미널에 기항한 바 있다.

　초대형 선박의 운항을 예견할 수 있는 것은 해외 선사 동향과 국내 조선소의 선박 건조 상황을 보면 쉽게 알 수 있다. 세계 최대 해운선사인 머스크 라인은 2006년 9월 1만1000TEU급 '엠마 머스크호'를 유럽~극동항로에 투입했으나 부산항에는 기항시키지 않았다. 선사는 부산항을 기항지에서 제외한 이유를 정확하게 밝히지 않았으나 북항 수심도 크게 작용했을 것이라는 분석이 유력하다. 국내 대형 조선소들도 초대형 선박을 활발하게 짓고 있다. 현대중공업은 중국 선사인 코스코사로부터 1만TEU급 컨테이너선 3척을 주문받아 설계를 끝내고 2006년 12월부터 건조에 들어간다. 이 배는 2007년 9, 10월쯤에는 세계 주요항로에 투입될 예정이다. 코스코사는 1만TEU급 컨테이너선 4척을 자국 조선소에 주문해 2007년 중에 운항할 계획이며, 삼성중공업도 1만TEU급 5척을 수주해 2007년부터 건조를 시작한다.

선박의 대형화가 빠르게 진행되고 있어 북항의 깊은 수심 확보는 더 이상 미룰 일이 아니다. 바다 준설공사는 최소한 2~3년이 걸린다. 지금 시작해도 2009~2010년에야 수심 16m를 유지할 수 있다. 현재 북항 수심으로는 초대형 선박을 받아들이기가 쉽지 않다. 9600TEU급 선박이 북항에 입항했을 때는 화물을 많이 싣지 않았다. 모선이 들어올 수 없는 항만은 환적항 역할밖에 하지 못한다. 한시라도 빨리 예산을 확보해 깊은 수심을 유지해야 동북아 허브항만에서 탈락하지 않는다.

# 시민들이여, 항만을 사랑하자

## I Love Busan Port

부산항은 개항이후 국내 최대 무역항으로 성장했지만 물류중심도시에 맞는 도로 등 수송망을 제대로 구축하지 못했다. 금정산과 황령산 줄기가 도시의 남북으로 지나가고 동쪽으로는 김해평야가 가로막고 있다. 남쪽으로는 바다가 있어 주거지가 넓지 않는 지형적 특징을 보이고 있다. 부산에는 평평한 택지가 절대적으로 부족하다.

항만과 인접한 곳에 아파트 단지가 들어섰고 부두 주변 물류부지는 턱없이 좁았다. 과거 1세대 항만은 단순히 화물을 싣고 내리고 운반하는데 그쳤다. 넓은 물류부지가 필요하지 않아 도심과 가까이 있어도 운영에 애로가 없었다.

그러나 항만에서 제품의 포장 가공 등 부가가치 창출 활동이 활발하게 일어나는 3, 4세대 항만으로 발전함에 따라 과거 부두로는 급변하는 물류환경에 대처할 수 없게 됐다. 부두는 화물 하역뿐만 아니라 가공 생산기지와 정보 서비스 공급기지로 변모했다. 현대 항만에서는 앉아서 기다리면 많은 화물이 오지 않는다. 배후부지를 이용한 물동량 창출 시대로 바뀌었다. 화물의 컨테이너화와 선박의 대형화가 항만 기능을 이같이 변모시켰다. 화물운송을 담당하는 선사들은 더 넓은 물류 부지와 화물이 많은 항구만을 선택적으로 기항할 수 있게 됨에 따라 항구의 명암이 엇갈렸다.

물루 환경의 변화에 맞춰 북항 하역업체들은 시내 곳곳에 ODCY(부두 밖 야적장)를 확보, 컨테이너를 야적한 뒤 서울 등 수도권 등지로 이송했다. 항만과 가까운 시내에 산재한 이들 시설은 민원 대상일 뿐만 아니라 도시 미관에도 좋지 않은 영향을 미쳤다. 북항의 지형적인 한계 떠문에 완전히 사라지는 데는 시간이 필요한 만큼 도심에 있는 부두 밖 야적장이 이전될 때까지 참는 아량을 베풀어야 하지 않을까.

해운항만청(현 해양수산부)이 1993년 세계은행(IBRD) 차관을 어렵게 확보해 부산 사하구 다대포에 목재 전용부두를 건설하려고 했다. 하지만 이곳 주민들은 주거환경에 나쁜 영향을 미친다며 거세게 반대했다. 해운항만청 서기관은 부산에서 부두 건설 계획과 필요성을 설명하려 했으나 주민들의 결사적인 반대로 설명회 행사도 제대로 치르지 못한 채 서울로 돌아갔다. 해운항만청은 더 이상 부두를 건설할 수 없다는 판단에 따라 세계은행 차관을 반납했다. 이후 1995년 부두 건설이 완전 무산된 뒤 다대포는 지금까지 방치되고 있다.

이제 부산시는 철저하게 바다를 이용하는 정책을 펼치고 시민들 인식도 그런 쪽으로 바뀌어야 한다. 부산시와 시민들의 인식 변화가 일어나고 있지만 아직 많이 부족하다. 바다를 보존하고 가꾸고 이용하는 획기적인 자세 변화가 요구된다. 부산에서 컨테이너는 돈벌이 수단이다.

　부산은 해양도시이지만 바다를 산업 활동에 적극적으로 이용하지 못했다. 시민들 가슴마다 'I Love Busan Port'가 새겨진 리본을 달고 캠페인을 벌여 나가자. 항만을 사랑하고 부두를 가꾸며 바다를 보존하는 시민의식이 고양될 때 부산은 세계 속 아름다운 물류허브로 발돋움할 수 있다. 쓰레기가 없는 맑은 바닷물은 부의 원천이자 미래를 개척하는 훌륭한 원동력이다.

　부산항이 동북아 허브항의 지위를 유지 발전시켜 나가기 위한 과제 중 첫 번째가 차질 없는 시설투자다. 신항 건설 공사가 계획대로 시행되는 등 부산항 시설확충이 지속적으로 이뤄져야만 동북아 물류허브로 살아남는다. 정부는 부산과 광양항을 동시에 육성하는 투 포트(Two Port) 정책에서 서해안 항만까지 개발하는 항만 다극화 정책으로 전환하고 있지만 부산항을 대한민국 대표항만으로 발전시키는 일에 소홀해선 안 된다.

　중국과 교역이 늘어남에 따라 서해안 항만 개발에도 힘이 실렸다. 정부가 지리적인 이점을 들어 서해안 항만 개발에 집중 투자하면 부산항은 동북아 물류중심에서 탈락할 가능성이 높다. 다른 항만 개발에도 신경을 써야 하지만 우리나라에서 가장 중추적인 항만인 부산항에 정부가 최대의 노력을 쏟아야 하는 이유다.

　과거 일본의 항만 분산화 정책은 우리에게 시사하는 바가 크다. 일본에는 항만이 1084개가 산재해 있다. 지방자치제도가 발달한 영향으로 전국에 골고루 건설됐다. 이 가운데 국제 해상수송의 거점에 해당하는 특정 중요 항만은 도쿄 오사카를 비롯해 모두 23개에 불과하고 나머지 97%가 군소 항만으로 전락해 항만 경쟁력 약화로 이어졌다.

일본 5개 항만은 고베 요코하마 도쿄 나고야 오사카항이다. 이들 항의 컨테이너 처리능력은 2000년 기준으로 1526만TEU에 달하지만 일본 전체 컨테이너 취급 물동량(1362만TEU)보다 많은 시설을 보유하고 있다. 일본에선 컨테이너 화물 대부분을 이들 5대 항만에서 처리하는 등 항만 분산화 정책이 항만의 효율성을 떨어뜨렸다.

일본은 동북아 물류허브 경쟁이 가속화됨에 따라 유력 항만을 슈퍼 중추항만으로 묶어 육성하는 정책으로 바꾸었다. 일본 국토교통성은 2004년 7월 도쿄 요코하마항을 케힌항, 오사카 고베를 한신항, 나고야 요카이치시를 이세만항으로 지정했다. 이를 통해 항만비용을 30% 절감하고 입항에서 화물 반출시간을 3~4일에서 1일로 단축하는데 매진하고 있다. 일본은 과거 항만 분산화 정책에서 벗어나 슈퍼 중추항만을 적극 육성하고 있다.[18]

동북아 물류시장에서 중국은 막대한 자국 물량과 대규모 항만 개발을 통해 부산항을 환적항으로 떨어뜨리려 안간힘을 쏟고 있고 싱가포르와 홍콩항은 뛰어난 지리적 이점과 편리한 항만 서비스를 무기로 부산항을 따돌리고 있다. 한국의 슈퍼 중추항만인 부산항에 대한 정부의 지속적인 투자와 관심이 항만 다극화 정책보다 중요하다. 부산항을 대표 항만으로 키워야 대한민국 항만 물류산업이 발달한다. 지역 항만들을 개발할 때 화물 특화도 긴요한 과제다. 울산 목포 군산 마산항 모두가 컨테이너항으로 개발되고 있다. 대다수 항만이 컨테이너항으로 운영되면 일본의 항만 분산화 정책을 답습하게 되고 우리나라 항만 경쟁력은 더 하락한다. 벌크화물과 컨테이너 화물을 취급하는 항만으로 기능을 분산시켜 나가야 모두가 살 수 있다.

# 항만 서비스산업의 개화

## 자유무역지역 지정돼야

컨테이너 화물 하역과 보관 운송에만 매달려서는 항만의 부가가치 증대에 한계가 있다. 항만에서 선용품 판매와 급유, 선박수리 등 부대 서비스가 발달해야 더 많은 부를 창출할 수 있다. 부산에서 선용품 판매에 대한 정부 인식이 바뀌어 선용품 센터 건립 부지를 확보하기에 이르렀다. 해양수산부는 부산 영도구 남항동 한국해양수산연수원 영도캠퍼스와 어업무선국 부지 2만7720㎡를 국제선용품 유통센터 부지로 확정한 뒤 센터 건립에 박차를 가하고 있다. 정부가 예전과 달리 항만 서비스 산업의 중요성을 간파한 결과의 산물이다.

선용품은 주 부식을 비롯한 생활용품과 선박 기자재 등이 포함된다. 세계 선용품 시장규모는 2004년 기준 약 378억 달러에 이른다. 이 가운데 싱가포르항이 세계 시장의 13%를 점유하고 있으나 부산항은 0.4%(1억5100만 달러)에 그쳤다.[19]

해양부는 낙후된 항만 서비스 산업을 진흥시키기 위해 국유지를 민간업처에 임대해 중구 중앙동과 사상 영도 등지에 흩어져 있는 725개 선용품 업체들을 집적시켜 시너지 효과를 높일 계획이다. 180여 개 업체가 이 센터에 입주를 희망하고 있고 건립 작업이 속도를 내고 있으나 선용품 시장 활성화로 가는 길에는 걸림돌이 한두 가지가 아니다. 선용품 센터가 일자리 창출과 부가가치 확대라는 두 마리 토끼를 잡고서 제 자리를 잡으려면 센터 활성화 방안이 시급하다.

이 방안 가운데 가장 우선적인 것은 부지에 대한 자유무역지역 지정이다. 부지면적이 2만7720㎡에 그쳐 49만8300㎡ 이상이어야 한다는 지정 요건을 충족시키지 못하고 있어 해양수산부는 부산 남구 용당동 부지와 함께 산업자원부에 지정 신청을 할 방침이다. 이 부지가 자유무역지역으로 지정되면 임대료가 저렴해지고 관세 환급 절차 없이도

국제 선용품 유통센터가 들어설 부산 영도구 남항동 부지.

보세혜택을 누리는 등 행정절차가 간편해져 업체들 영업활동에 도움을 준다. 현 상태대로라면 임대료는 연간 11억 원에 달하지만 자유무역지역이 되면 1억 원 정도다.

센터 관리비와 화물 입출고에 따른 시설 투자비도 업체들에게는 큰 부담이다. 부산시와 부산지방해양수산청, 부산항만공사, 부산경남본부세관 등 유관 기관들의 유기적인 협조체제 아래 부산시는 업체들의 초기 영업기반 구축을 위해 지방세를 한시적으로 감면해주고 영도구청은 도로 및 환경정비에 나서야 센터가 활성화될 수 있다.

민간 업체들 노력도 필요하다. 선용품 센터 건물은 국제 해양도시 이미지를 부각시킬 수 있는 부산의 새로운 랜드마크가 되어야 한다. 또 다시 네모반듯한 건물이 들어서면 관광 기능은 기대할 수 없다. 후손들에게 자랑할 수 있는 건물은 상품 판매와 관광기능을 겸하게 된다.

선용품 다양화도 풀어야 할 과제다. 국제 선용품 구매협의회(IMPA) 카달로그에 등록된 선용품은 3만5000종에 이르지만 부산항에서 취급하는 품목은 3500종에 불과하다. 동북아 선용품 시장을 선점하고 있는 싱가포르는 2만5000종의 상품을 판매하거나 보유하고 있다. 또한 △통과선박 유치 △가격경쟁력 제고를 위한 공동구매 방식 도입 △선용품 전시 박람회 개최와 물류비 절감을 위한 공동창고 및 수 배송 체제 구축 △e-비즈니스 기반의 공동 사이트 개설 및 데이터베이스화도 풀어야 할 과제다.

# 08 신항은 북항을 닮아선 안 된다

## 물류부지 더 넓혀라

가덕도 너머 부산 신항 쪽으로 가면 부산항의 미래가 열려 있다.

1997년 대역사가 시작된 이래 2006년 1월 북 컨테이너부두 3개 선석이 가동에 들어갔고 2007년 초에는 3개 선석이 추가 개장한다. 부두가 단계적으로 개발돼 오는 2011년이면 총 30개 선석이 들어설 예정이지만 둘동량 증가율이 당초 예상에 미치지 못함에 따라 전체적인 개발 규모가 축소돼야 한다는 주장도 나왔다. 물동량 증가율은 해마다 5%가량 성장했으나 항만들의 물량 빼앗기 경쟁이 가속화됨에 따라 2006년 상반기에는 1%를 밑돌았다.

한국 대표항 지위에 의존한 물동량 증가는 미미해진 만큼 부산항은 자체적으로 물량을 만들어내야 하는 부담을 안게 됐다. 신항에는 북항과 달리 넓은 배후물류부지가 조성되며 이 부지를 어떻게 활용하느냐에 따라 성공여부가 결정된다. 가만히 앉아 있어도 화물은 오게 마련이라는 항만 물류정책은 구시대적이며, 물동량을 늘리기 위한 획기적인 노

부산 신항 조감도.

력이 없으면 동북아 물류허브는 고사하고 주변 항으로 떨어질 가능성이 높다.

정부와 물류업계는 편리한 통관과 신속한 하역 및 선박 접안에 따른 적시성 제고에 힘쓰고 있으나 화물은 목표했던 만큼 늘어나지 않고 있다. 과거의 항만 환경에서는 이런 노력만으로도 화물량 증가를 이끌어냈다. 그러나 동북아 주요 항만들이 시설을 계속 확충하고 편리한 물류시스템을 구축하고 있어 부산항 물동량 증가율이 갈수록 둔화되고 있다.

급변하는 환경에 빠르게 적응해가는 항만이 세계 일류 항구로 발전한다. 끊임없는 개선 없이는 아무 것도 기대할 수 없다. 물류부지에 화물을 창출할 수 있는 수많은 업체들이 들어설 때 신항은 제 기능을 다하게 된다.

북항은 배후부지가 없어 화물 증가는 국내 경제발전에 따른 수출입 및 환적화물에만 의존해왔다. 하지만 2008년 말이나 2009년 초부터 18개 선석이 가동되는 신항에는 배후부지가 북항과 비교할 수 없을 만큼 넓다. 북 컨테이너부두 306만9000㎡를 비롯해 남 컨테이너부두 141만9000㎡, 웅동 준설토 투기장 643만5000㎡ 등 모두 1092만3000㎡에 달한다.

이들 부지를 국내외 기업들에게 임대해 재가공 라벨링 포장 등 반제조 물류업을 활성화시키면 신항의 화물창출 능력은 크게 높아진다. 차세대 항만은 과거와 달리 적극적으로 화물을 창출할 수 있어야 물류 허브 기능을 담당할 수 있다. 로테르담항 배후부지 260만7000㎡에 4500여 개 업체가 입주해 있고 상하이항에는 보세구역 792만㎡에 5000여 개 업체가 들어섰다. 신항 배후부지에도 이들 항구에 버금가는 업체들이 입주해 항만 물동량을 창출할 수 있을까.

더 넓은 항만 배후부지는 항구 발전에 절대적인 요건이다. 신항 북 컨테이너부두 대부분을 물류부지로 사용해야 하는 이유다. 전체 부지 가운데 물류부지로 지정된 면적은 122만1000㎡뿐이며, 도로 등 기반시설을 빼고 나면 순수 물류용지는 82만5000㎡에 불과하다. 나머지는 주거(33만6600㎡)와 상업 업무용지(25만800㎡), 전시 교류(10만8900㎡), 교육문화(4만6200㎡), 공원 등 공공시설(110만5500㎡)로 계획돼 있다. 항만 인근에 주거 및 상업용지가 들어서면 항만 기능 저하는 물론 주민들의 거주 불편도 야기된다. 신항을 또 다시 북항의 재판으로 만들어선 안 되는 것이다. 정부는 미래 항만물류 시장의 추세를 감안,

하루 빨리 북 컨테이너부두 배후부지 대부분이 물류용지로 활용될 수 있도록 부지 매입비를 예산으로 확보해야 한다. 정부로 예산을 따내기 어려우면 부산항만공사라도 채권을 발행해서 이 부지를 사들여야 한다. 멀리 내다보는 항만 물류정책이 필요하다.

신항 북 컨테이너부두 바로 옆에 조성되고 있는 웅동 준설토 투기장의 쓰임새도 풀어야 할 과제 중 하나다. 부산·진해 경제자유구역청은 2006년 3월 이곳 부지 가운데 264만㎡에 18홀 규모 골프장을 포함한 관광 위락시설을 건설하는 내용의 용역결과를 발표했다. 시민단체와 항만 물류업계가 성명서까지 발표하며 거세게 반대했으나 투기장 전체가 아직까지 물류부지로 재 고시되지 않았다.

해안에 골프장 등을 설치하면 관광 진흥에는 큰 도움이 된다. 하지만 부산항에 시급한 것은 화물을 창출할 수 있는 기업들의 유치다. 부산·진해 경제자유구역청은 지반 약화 때문에 물류부지로 당장 사용하기에는 무리가 있는 만큼 골프장으로 먼저 사용하자는 방안을 제시했다. 틀린 말은 아니다. 싱가포르는 공항 확장을 위해 매립한 땅에 잔디를 심어 일정 기간 시민들에게 개방해 자연 침하를 유도한 뒤 활주로로 사용했다. 지반 안정화 기간 동안 골프장으로 사용한 뒤 이 부지를 물류부지로 돌려줄 수 있는 제도적 장치가 마련돼야 가능한 일이다. 그러나 한 번 확정된 부지 용도가 쉽게 바뀔 것인가에 대해서는 회의적인 시각이 대부분이다. 물류부지로 고시한 뒤 투자비가 많이 드는 골프장보다 일정 기간 축구장 등 시민 체육시설로 사용한 뒤 물류부지로 국내외 업체들에게 임대하는 방안이 최선이다.

# 두바이 물류부지는 133㎢

넓은 배후 물류부지를 통한 항만 물동량 창출은 중동의 물류허브인 두바이항이 부산항을 훨씬 앞서간다. 온통 모래사막인 두바이는 물류산업을 일으켜 2005년 760만TEU를 처리해 세계 9위 컨테이너항으로 부상했다. 변변한 제조업체가 없는 이 항구에서 이만한 물동량을 처리한 원동력은 제벨알리 자유무역지역(Jebel Ali Free Zone)이다. 두바이에는 구항인 라시드항과 신항인 제벨알리항이 있다. 라시드항은 도심에 있고 규모도 작아 국제항만으로 발전하기에는 한계를 갖고 있었다. 세계적인 물류도시 건설을 목표로 하고 있는 두바이 정부는 라시드항에서 제벨알리항으로 물류의 중심축을 옮긴 뒤 항만 바로 옆에 100㎢에 달하는 광대한 물류부지를 조성했다.

두바이 시내를 관통하는 왕복 8~10차선의 세이크 자이드 대로는 수도인 아부다비로 연결된다. 산이라고는 찾아볼 수 없는 평평한 지역에 건설된 제벨알리항으로 들어서면 거대한 안벽 크레인과 넓은 배후부지에서 컨테이너들이 쉴 새 없이 하역됐다. 자유무역지역으로 들어가는 입구에는 대형 트럭들이 길게 줄지어 있고 물류창고에선 화물을 가득 실은 트럭들이 바쁘게 움직였다.

아시아와 유럽을 잇는 중간지역에 위치한 두바이항은 천혜의 지리적 이점을 활용해 이란과 중동 인근 국가, 서남아, 아프리카, 동유럽을 아우르는 중동의 중계무역 중심지로 빠르게 발전했다. 두바이는 1985년 원유자원 고갈에 대비, 중동의 물류기지로 육성하기 위해 제벨알리항 뒤편에 자유무역지역을 조성한 뒤 저렴한 임대료와 세금 면제 등을 내세우며 세계 각국의 물류기업을 유치하는 데 성공했다. 소니, 노키아 등 입주 기업 4500여 개는 중개무역에 유리한 두바이항에 중동, 서남아 아프리카 지역을 담당하는 물류기지를 설치해 항만 물동량 증가를 주도했다.

제벨알리 자유무역지역공사(JAFZA)는 입주기업들의 경제활동을 지원하기 위한 시스템을 마련해 시행하고 있다. 이곳에서는 외국인에 의한 경영권이 100% 인정된다. 이외 지역에서 외국인이 경제활동을 할 때 스폰서(후원자) 제도가 있는 것과는 대조적이다. 스폰서 제도는 외국인들이 자유무역지역 외의 지역에서 경제활동을 할 때 두바이 현지인을 대표로 채용케 하고 이에 따른 비용을 지불하는 것이다. 자유무역지역에서는 무 스폰서 제도와 함께 관세 법인세 소득세 지방세 등 세금이 없고 외국인 노동자를 자유롭게 고용할 수 있다. 과실 송금에 대한 규제가 없으며, 사막지역인데도 자체 담수설비를 통해 충분한 용수를 공급한다. 세관 등 유관기관들은 빠른 물류 서비스를 제공하며 외국기업 유치에 총력을 기울이고 있다.

두바이항의 또 다른 강점은 전 세계 주요 항에 대한 투자를 늘려 글로벌 서비스를 제공하는 것이다. 항만 터미널 운영사인 DP WORLD는 중국 등 전 세계 24개국에 컨테이너 터미널 51개를 확보해 세계를 아우르는 물류 활동을 펼치며 세계 2위(물동량 기준)의 글로벌 항만 운영업체로 성장했다. DP WORLD는 부산 신항 북 컨테이너 부두 9개 선석 운영에도 참여해 전 세계 항만 터미널을 유기적으로 연계시키는 글로벌 서비스를 제공하고 있다.

제벨알리항 자유무역지역의 확장도 가속화되고 있다. DP WORLD는 자유무역지역을 현재보다 30%나 넓어진 133㎢로 넓히고 제벨알리항 처리능력을 오는 2010년까지 현재보다 배가량 많은 1300만TEU로 늘리는 계획을 차질 없이 시행하고 있다.

두바이항은 물류부지 100㎢도 모자라 33㎢를 더 확장하고 있고 중국 상하이항 인근에는 광대한 땅이 펼쳐져 있다. 부산항은 이에 비하면 넓지도 않은 643만5000㎡을 골프장으로 사용하려는 발상이 세계 주요 항만들과 너무나 대조적이다.

화물트럭들이 두바이 제벨알리 자유무역지역으로 들어가고 있다.

# 북항 재개발은 친해양 친환경적으로

## 육지처럼 개발해서는 안 된다

노무현 대통령이 2004년 9월 부산을 방문해 언급한 북항 재개발 문제는 부산항의 최대 과제로 떠올랐다. 개발 필요성은 공감하면서도 어떻게 얼마만큼 개발해야 할지를 두고 의견이 분분하다.

부산항만공사는 재래부두를 재개발해 시민 쉼터와 해양관광, 비즈니스 거점으로 만든다는 목표 아래 국제 마스터플랜 공모를 통해 밑그림을 그렸다. 부산항만공사는 2008년부터 2020년까지 총 9조2600억 원을 들여 단계적으로 개발하고 부산역과 데크(689m)로 연결한다는 구상안을 제시했다. 재개발 방안의 골격은 국제항만시설, 국제교류업무, 복합도심, 해양문화, IT영상전시 등 5개 지구로 나눠 크루즈, 국제여객, 연안여객 터미널, 유람선과 테마파크, 100층과 120층 규모 랜드마크 타워 등을 짓는 계획이다. 부두를 해상 신도시나 육지인 센텀시티처럼 개발하려는 발상인 셈이다.[20]

일본 업체가 참여한 삼안 컨소시엄사가 내놓은 재개발 구상이지만 쉽게 수긍하기 어려운 대목이 많다. 기능이 쇠퇴하고 있는 재래부두를 어떻게 이용하면 부산항의 부가가치를 높일 수 있는가에 재개발 초점이 맞춰져야 하지만 현실은 거꾸로 돌아가고 있다.

부산은 우리나라를 대표하는 국제 무역항이며, 바다를 통해 부를 창출할 수 있는 방안을 찾아야 한다. 해수면은 한번 매립하면 영원히 회복할 수 없다. 신중하지 않으면 소중한 자산인 북항을 망칠 수 있다. 이 방식대로 재개발되면 부산의 가장 소중한 자산인 해수면을 대폭 잃게 된다. 북항 해수면은 매립이 활발한 일본 도쿄만과 비교도 안 될 정도로 좁다. 현재의 해수면을 지키면서 재개발하는 방안을 찾아야 한다.

둘째, 사업비 9조2600억 원 가운데 민간자본 7조2000억 원이 투입될 예정이다. 이 같은 대규모 민간자본이 참여하면 상업용 건물이 판

부산항만공사가 발표한 북항 재개발 마스터 플랜 조감도.

을 치게 된다. 현재 안대로 재개발되면 부산에는 2020년까지 100층 이상 건물이 4개나 완공된다. 옛 시청부지에 건립되고 있는 부산롯데월드와 센텀시티에도 100층 이상의 초고층 건물이 들어선다. 이들 건물에 입주할 사무실을 채울 수 있는 방안 마련이 쉽지 않다.

셋째, 상업용 건물이 들어서면 서울 등 외지 자본의 투기가 판을 치고 건설업체들의 일감 확보로만 귀결될 가능성이 높다. 재개발 부두에는 콘도미니엄, 주거용 건물(Ocean Dwelling), 병원, 도서관, 수영장, 찜질방, 사우나, 쇼핑센터, 대형 할인매장, 외국인 전용학교, 해양문화관, 중앙공원, IT전시관, 게임센터, 대기업 홍보관, 컨벤션 센터 등이 들어설 예정이다. 육지에 있어도 되는 시설을 대거 건설하려는 의도가 궁금하다. 이런 시설은 재개발된 부두에 적합하지 않다. 부두를 매립해 해상 신도시를 만드는 재개발 방안을 백지화하지 않으면 부산항 발전은 기대할 수 없다. 부두를 부두답게 가꾸고 다듬는 지혜가 필요한 시점이다. 재개발 절차상 문제점도 수두룩하다. 노 대통령의 재개발 구상이 발표되자 부산항만공사는 서둘러 타당성 용역을 발주했다. 이 용역은 전문가들이 재개발을 할 필요가 있는지를 규명하는 일이다.

부산항 미래를 바꾸고 막대한 재원이 들어가는 만큼 당연한 순서이지만 용역이 끝나기도 전에 해양수산부는 1, 2부두는 2008년, 중앙부두와 3, 4부두는 2011년 이후 개발한다는 일정을 발표했다. 전문가들 최종 의견도 나오기 전에 정부가 미리 개발 구상을 밝힌 것이다. 전문가들 의견과 항만업계 종사자 및 시민들의 광범위한 생각을 토대로 계획안을 확정해도 늦지 않다. 어떻게 개발해야 하는지에 대한 심도 있는 의견수렴은 수없이 필요하다. 재개발에 반대하는 업계 목소리도 만만찮다. 업계는 미운 털이 박힐까 두려워 정부가 야심차게 하는 일에 드러내놓고 반대하지 못하고 있다.

마스터 플랜이 나온 지 두 달이 지나도록 제대로 된 공청회나 설명회가 열리지 않다가 2006년 10월 26일에서야 벡스코에서 시민 설명회가 개최됐다. 정부 관리와 전문가 몇 사람 의견만으로 북항 재개발이 이뤄져선 자칫 부산항을 망칠 수 있다. 더 많은 사람들 의견을 집약해 신중하게 개발하는 자세가 필요하다. 매립면적을 최대한 줄이고 부두에 최소한의 관광 위락시설을 설치하는 방법으로 북항을 리모델링하면 부산항은 세계의 미항으로 발돋움하고 더 많은 시민들과 관광객들을 불러 모을 수 있을 것이다. 현재 해안선을 살리면서 몇천억 원만을 들여 친환경 · 친해양적으로 개발하면 재래부두를 멋지게 가꿀 수 있다. 랜드마크는 반드시 커야만 좋고 훌륭한 것은 아니다. 작지만 특색 있고 아름다우면 세계에 내놓을 만한 부산항 상징물이 될 수 있다. 시드니항의 오페라 하우스가 대형 건축물이어서 세계인들로부터 사랑을 받고 있는가.

북항 재개발은 해양경제와 항만 물류도시로 발전하는 데 부합되도록 진행돼야 한다. 이런 점에서 호주 시드니항과 스페인 바르셀로나항 및 일본 요코하마항의 재개발 과정은 부산항에 반면교사가 될 만하다.

# 매립하지 않고 재개발한 시드니항

시드니항은 세계 3대 미항으로 꼽히지만 예전에는 그렇지 않았다. 옛 도심지역과 북쪽 주거지역을 연결하는 하버 브리지와 오페라 하우스가 매력적인 시드니항은 시드니만 월쉬만 등 많은 작은 만으로 이뤄졌다. 2004~2005 회계연도에 처리한 컨테이너 화물은 120만TEU에 불과했지만 세련되게 개발된 항만 친수공간에서 바다를 통해 여가를 즐기는 관광객들이 끊이지 않는다.

시드니항 재개발 사업은 1980년대에 시작됐다. 당시 항내에는 선박을 통해 들어온 화물을 실어 나르기 위해 철도가 건설돼 있었다. 이 철로를 통해 화물을 실은 기차가 항내에서 2㎞가량 떨어진 중앙역을 거쳐 내륙으로 운송됐다. 초기 항만에는 어디에나 철로가 연결돼 있었다. 런던항 등 세계 대다수 항구들은 상품을 대량으로 실어 나를 수 있는 철로를 통해 발달했다. 철도와 벌크화물로 북적이던 시드니항은 혼잡해 시민들이 바다를 제대로 이용하거나 즐길 수도 없었다.

항구는 단지 화물 하역과 운송기지로만 활용됐다. 하지만 화물 하역기지가 시드니항에서 30여㎞ 떨어진 보태니 만으로 점차 옮겨 가면서 시드니항 재개발 사업이 입안됐다. 시드니시가 속한 뉴 사우스 웨일즈 주정부는 도심과 인접한 지역의 개발가치를 보고 관련 법 정비를 거쳐 DHA(Darling Harbour Authority, 달링하버 공사)를 통해 개발에 나섰다. DHA는 현재 달링하버의 운영과 관리를 맡고 있는 SHFA(Sydney Harbour Foreshore Authority 시드니 항만 연안공사) 전신이다. DHA는 화물 처리 기능을 시드니 만에서 보태니 만으로 완전히 옮기고 철로를 말끔히 걷어냈다. 특히 DHA는 넓은 수역을 확보하기 위해 매립을 거의 하지 않았을 뿐만 아니라 오히려 바다에 설치된 일부 부두시설을 철거했다.

1984년 시드니 만에서 마지막 화물기차가 떠난 뒤 공사가 시작돼

시드니항을 상징하는 오페라 하우스.

호주 건국 200주년이 되던 해인 1988년에 달링하버가 시민에 공개됐다. 철도와 화물이 어지럽게 널려 있던 지역은 대형 수족관과 도심, 항구주변을 오가는 모노레일, 각종 식당 및 배들이 정박하는 항만 친수 공간으로 탈바꿈했다.

1984년 기준 10억 호주달러(약 8000억 원)와 수많은 사람들의 노력 덕택에 시드니만이 시민의 품으로 다가왔으며, 달링하버와 서큘라 키 지역은 내외국인들이 즐겨 찾는 시드니 관광명소로 새롭게 태어났다.[21]

죄수 700여 명을 포함해 식민지 개척단 1500여 명이 1788년 호주에 정착하면서 바위투성이였던 황무지가 문명의 땅으로 바뀌었다. 호주에는 볼거리가 많지만 시드니항도 첫 손가락에 꼽힐 만큼 많은 사람들로부터 사랑을 받았다. 시드니 관광의 시작은 달링하버라 할 만하다. 과거 조개가 많아 코클베이로 불렸던 이 지역은 부두 재개발을 통해 자연과 문명이 조화된 공간으로 거듭났다. 달링하버에는 갖가지 시설이 가득 들어차 있다. 시드니 시내와 달링하버를 연결하는 피어몬트 브리지는 차량이 다니지 않는 다리다. 수많은 관광객들이 다리 위를 오가며 항구 경치를 만끽한다. 해안을 따라 들어선 식당과 바에서 관광객들은 바다를 바라보면서 식사를 하고 대화를 나눈다.

이들 시설 옆에는 해양생물 1만여 종이 살아 움직이고 있는 시드니 아쿠아리움(수족관)이 설치됐고 달링하버와 서큘라 키 지역에 발전소박물관과 무료로 운영되는 해사박물관, 중국 정원, 컨벤션센터, 영화관도 들어섰다. 호주 돈으로 9달러(한화 7200원)만 주면 잠수함 체험을 할 수 있고 달링하버 위쪽의 육지에 들어선 카지노(스타시티)도

관광명소가 됐다.

달링하버와 시내를 도는 모노레일도 주요한 관광시설이다. 사람들이 걸어 다니는 피어몬트 다리 위와 빌딩 사이로 모노레일이 달린다. 모두 7량으로 이뤄진 모노레일은 종착역 없이 계속 운행하면서 승객들에게 시드니항과 시내 풍경을 가감 없이 보여준다. 시드니항은 부산항과 다른 모습을 가졌다. 화물 처리량에서 큰 차이가 난다. 부산 북항은 연간 1100만TEU 이상을 처리하고 재래부두도 250만TEU가 넘는 화물을 취급하는 세계적인 컨테이너항이다. 또 부산항에는 신항 외에 더 이상 부두를 개발할 장소가 없다고 해도 과언이 아니다. 이런 상황에서 중요한 기능을 하고 있는 부두를 매립해 각종 시설물로 가득 찬 육지 방식으로 개발하는 것은 바람직하지 않다.

재러부두와 해수면이 건설사들의 일감 확보에 사용되어선 안 된다. 부두를 부두답게 재개발하는 지혜를 짜내고 해수면을 지켜 내는 일이 부산항만공사의 책무다.

# 바르셀로나항은 배들의 천국

곧게 뻗은 지중해 해안선을 따라 형성된 스페인 최대 항구인 바르셀로나항. 운영을 맡고 있는 바르셀로나 항만공사(APB)는 바다와 맞닿은 곳에 위치해 있으며, 바로 앞 광장에는 콜럼버스가 신대륙이 있는 곳을 손가락으로 가리키는 동상이 웅장하게 서 있다. APB 인근 부두에는 요트 수백여 척이 질서 정연하게 정박, 시민들과 함께 호흡하는 항만 이미지를 잘 보여주었다.

중세 시대 때 처음으로 건설된 바르셀로나항은 18~19세기 식민지들과 활발하게 교역해 유럽 중심항으로 발전한 이후 2004년 기준 190만TEU를 처리한 남부 유럽의 관문으로 성장했다.

### 황영조 선수가 뛰었던 바르셀로나

컨테이너를 비롯해 자동차 화학제품 커피 벌크 등 다양한 화물을 취급하는 바르셀로나항은 화물하역 기능이 부두별로 잘 분산돼 있다. 중세시대 때 건설된 바르셀로나 구항(Port Vell)은 수역이 넓지 않은데다 늘어나는 물동량을 효과적으로 처리하기 위해 새로운 부두정비 계획이 필요했다. 1970년대 구항에서는 부두에서 양 하역된 화물이 철도를 통허 내륙으로 운반됐다. 이 때문에 시민들이 바다를 접할 수 있는 장소는 도심에서 다소 떨어진 해변뿐이었다. 부산항과 비슷한 모습을 띠고 있었다.

쇠퇴한 부두 기능을 회복하고 시민들에게 바다를 즐길 수 있는 공간을 제공하기 위해 APB와 시 및 개인회사들이 1990년부터 구항 재개발에 본격적으로 뛰어들었다. 1992년 올림픽이 시작되기 전 화물을 처리했던 너저분한 부두는 시민들이 바다를 바라보며 즐길 수 있는 새로운 공간으로 변모했다. 개발 이전의 기차 길이 인도로 바뀌었고 지하에는 차도가 설치돼 도시 교통난 완화에 기여했다. 식당, 영화관, 컨벤션 센터, 박물관, 요트 계류장이 들어선 부두에서 수많은 관광객들이 바다와 햇빛을 즐긴다. 항만과 시민 휴식공간이 일체화된 것이다.

시민들의 휴식공간이 된 바르셀로나 구항.

1992년 바르셀로나 올림픽 마라톤 경기에서 황영조 선수는 금메달을 따 일약 국민영웅으로 떠올랐다. 그는 바르셀로나항 뒤편에 있는 나지막한 몬주익(유대인의 무덤이라는 뜻)산을 올라가는 가파른 코스에서 마지막 투혼을 발휘해 세계 정상에 올랐다.

황 선수의 투지가 남아 있는 이 산에서 내려다보면 바르셀로나항은 물론 도시 전체가 한 눈에 보인다. 고풍스런 건물의 APB에서 시작된 항구는 수많은 요트와 여객선으로 가득 찬 구항과 컨테이너 및 일반 화물이 처리되고 있는 화물 부두로 나눠져 있다.

재개발을 통해 탄생한 구항은 요트와 여객선 전시장을 방불케 했다. 크고 작은 요트들이 정박해 있고 프랑스 이탈리아 그리스 등 지중해 연안으로 떠나는 여객선들의 출발지가 됐다. 사람들은 요트를 타고 지중해의 시원한 바람과 따사로운 햇볕을 즐긴다. 크루즈선(호화유람선)을 포함한 6개 여객선 터미널도 바르셀로나항의 자랑거리다. 대형 크루즈선 9척이 동시에 정박할 수 있어 마이애미와 싱가포르항 다음으로 많은 크루즈선 정박 능력을 보유하고 있다. 여기에다 요트 계류장 옆에 설치된 '월드 트레이드 센터 바르셀로나(WTCB)'도 관광과 비즈니스를 겸한 최고의 장소로 각광받았다.

돌제식 부두에 원형 형태로 건립된 이 센터는 1999년 처음 문을 연 이후 바르셀로나항의 상징적 건물로 자리 잡았다. 이곳에는 최고급 호텔(273개 객실)을 비롯해 4만㎡의 사무실, 회의시설, 식당, 바, 800대 주차 능력을 가진 주차장이 있고 전면과 양옆에는 크루즈선 터미널도 설치됐다. 지중해를 오가는 크고 작은 크루즈선들이 이 터미널에 기항하며 바르셀로나 관광 활성화에 한 몫을 하고 있다.

# 요코하마, 도심기능 강화 위해 재개발

일본은 시드니항이나 바르셀로나항과 다른 방식으로 재개발을 실시했다. 일본은 '매립의 나라'로 불릴 만큼 부두 재개발시 넓은 수역을 매립했다. 인구 350만 명으로 도쿄 오사카에 이어 일본 제3의 도시인 요코하마. 도쿄에서 자동차로 30분 거리에 있는 요코하마항은 재개발을 통해 과거의 지저분한 분위기에서 벗어나 산뜻한 모습으로 변모했다. 높게 치솟은 요코하마 랜드마크 타워(296m)가 항만과 도심을 굽어본다.

### 조선소 이전에만 18년

이 항의 재개발은 도심지 개발과 맥을 같이 한다. 물과 녹음 속에서 역사의 향기가 피어나는 개방적인 도시 환경조성에 초점이 맞춰졌다. 요코하마항은 1859년 개항한 이후 발달한 간나이 지구와 제2차 세계대전 이후 도심지로 발전한 요코하마 역 주변지구로 양분돼 있었다. 도시의 조화로운 발전을 위해서는 슬럼화된 항만과 도심지역을 일체화하자는 의견에 따라 '미나토 미라이 21계획'이 실행에 들어갔다.

이 계획이 처음 시작된 때는 고도성장으로 인구가 급격히 늘어난 1965년. 요코하마시는 도시 정비차원에서 6대 사업 중 먼저 도심부 기능강화 사업을 발표했다. 하지만 항내에 들어서 있던 미쯔비시 중공업(조선소) 이전 문제로 난항을 겪다 1983년 이 업체의 이전 완료로 사업이 본격화됐다.

요코하마시는 이들 지구를 비즈니스, 인터내셔널, 워터 프론트, 상업, 산책 등 5개로 나눠 개발에 들어갔다. 1983년 재개발 공사가 착수된 이래 1989년 린코 파크 일부가 오픈됐으며, 1994년에는 국제회의장이 건립됐다. 1997년 사쿠라기쵸 역에서 바다로 향하는 '퀸축' 주변의 시가지 개발이 완료됐고 1999년에는 그랑몰 공원 개방 등 신항 지구 개발이 이뤄졌다.

부두가 재개발되고 있는 요코하마항(작은 사진은 재개발전 모습).

　이 항의 재개발은 도심지 기능강화 차원에서 시작됐다. 도심지 중심부에 위치한 미쯔비시 중공업은 시의 발전을 저해하는 요인이었다. 도심지를 정비하기 위해서는 이 시설의 이전이 불가피했다. 시는 18년간의 끈질긴 협상과 이전 장소(요코하마항내 혼모쿠 부두의 가나자와)를 마련해주는 등 시민 의견을 적극 수렴했다.

　요코하마항이 있는 도쿄만은 부산항과 비교도 안 될 정도로 넓은 수역을 갖고 있다. 그래서 도쿄만에 위치한 고베항은 포트 아일랜드 로크 아일랜드라는 두 개의 인공섬을 건설해 부두로 사용하고 있다. 요코하마항은 조선소 이전 부지와 매립으로 생긴 부지를 활용, 도심 기능 강화와 친수공간 확보라는 두 가지 목적을 달성하기 위해 재개발에 나선 것이다. 일본이 부산항과 같은 좁은 수역을 가졌더라면 상업용 건물 등을 짓기 위해 대규모 매립 카드를 사용하지는 않았을 것이다.

　부산항보다 역사가 오래된 유럽과 일본 항구들은 낡은 물류 시설의 정비와 관광 진흥 차원에서 입지 조건에 맞는 재개발 방식을 선택해 항만을 비즈니스와 친수공간으로 탈바꿈시켰다.

# 초고속 화물선은 멀지 않았다

전 세계를 운항 중인 컨테이너선은 24~25노트의 속도를 내고 있지만 30~50노트 이상 선박이 상용화될 날도 멀지 않았다는 연구 보고가 잇따르고 있고 국내 주요 조선소들도 고속선 개발에 들어갔다. 이런 속도라면 세계 해운시장에 초고속선이 조만간 출현할 것으로 전망된다. 선박의 고속화에 대한 대응전략을 수립하고 이런 배들이 접안할 수 있는 터미널 건설 계획이 마련돼야 할 시점이다.

세계 최대 선사인 머스크 라인은 1700TEU급 고속선 취항에 큰 관심을 갖고 있다. 1만TEU급 초대형 컨테이너선이 모항을 중심으로 운항하고 이들 항구를 이어주는 작은 항구에 중형 초고속선을 투입한다는 방침을 세워놓고 있다.

### 30~50노트 선박의 시대

공항이 항구 화물을 빼앗아가 항만들은 물동량 확보에 어려움을 겪고 있다. 국내에서도 화물의 경박단소화가 진행되면서 인천국제공항

화물취급액이 부산항을 앞질렀다. 우리나라 주력 수출품인 반도체 등이 항공화물로 운송되면서 항구의 물류기지 기능이 약화되고 있다. 해운선사들은 이 같은 추세를 멍하니 지켜보고만 있지 않는다. 선사들은 세계 주요 항구를 이어주는 항로에 대량 화물을 실을 수 있는 초고속선 투입을 준비하는 등 다양한 방안 마련에 들어갔다. 여기에 항만들의 대응도 필요하다. 항만 효율성이 화물 유치능력을 결정하는 21세기에는 선박 속도와 함께 하역시간 단축이 필수적이다.

부산항이 동북아 물류허브로 되기 위해서는 초고속선에 대비한 준비가 필요하며, 재래부두는 이런 기능을 하기에 충분하다. 화물량이 감소한다고 부두를 무조건 폐쇄해서는 항만 관련산업이 발전하기 어렵다. 다른 항구들보다 한발 앞서는 지혜를 짜내야 할 시점이다.

북항 재개발은 부산항 발전에 중요한 일이다. 이를 위해 1, 2부두와 중앙부두를 리모델링한 뒤 국제여객이나 연안여객 부두로 활용하고 뒤편에는 바다를 조망하면서 식사를 하고 공연을 볼 수 있는 각종 편의시설을 설치하면 된다. 해안가에는 산책로와 쉼터를 조성하고 부산역과 데크로 연결하면 훌륭한 친수공간으로 탄생할 수 있다. 이렇게 하면 재개발에 따른 거액의 자본이 필요하지 않고 기간도 단축된다. 시민들과 관광객들은 여객부두에서 바다를 바라보며 여가를 즐길 수 있다. 이어 3~4부두 정도는 초고속선이 정박할 수 있는 굴입식 부두로 개편하는 방안을 모색할 필요가 있다. 우리나라 항만들은 대부분 ―자형 부두로 건설돼 있어 하역시간 단축은 오직 하역장비 현대화에만 의존하고 있다. 굴입식 항만에서는 선박에 화물을 양 하역할 수 있는 이점이 있다.

## 신항과 북항은 한 지붕 두 가족

부산항 경쟁력을 강화하기 위한 방법은 여러 가지가 거론되지만 신항~북항의 연계 수송망 구축만큼 시급한 과제도 없을 것이다. 신항이 개장되면서 부산항에는 사실상 투 포트 체제가 형성됐다. 신항~북항의 거리는 육로에 따라 28~38㎞이며, 트럭 운송시간은 평균 1시간 30분이 걸린다.

30개 선석 규모의 거대 항만을 건설하면서 신항~북항 연계도로 구축을 소홀히 해 신항이 외톨이 신세다. 부산항계 내에 있는 신항과 북항을 연결하는데 기존 도로 외에는 수송수단이 전무하다. 항만 건설에 앞서 화물수송망 구축이 먼저 이뤄져야 하지만 우리나라에서는 이런 문제가 항상 뒷전이다. 주택단지를 짓고 나서 도로 등 인프라 구축에 나서는 것과 같다. 북항과 신항이 육상과 해상으로 쉽고 빠르게 연결되지 않으면 화주들이 부산항을 찾지 않는다. 화주들의 항만 선택요인 가운데 배후경제 규모와 화물 연계수송망을 가장 중요시하고 있는 게 현대 항만물류시장의 큰 흐름이다.

신항과 북항을 이어주려면 해상 바지선과 피더선 운항을 포함한 새로운 대체 운송수단이 시급히 마련돼야 두 항의 발전을 도모할 수 있다. 부산항만공사가 운항손실 보전과 안전성을 높이면서 화물을 대량으로 나를 수 있는 방안을 지금부터 찾아 나서야 한다.

부산시가 추진하고 있는 북항대교도 부산항의 화물 수송난 완화에 효자 역할을 하게 된다. 부산시는 민간 투자사업으로 영도구 청학동과 남구 감만동을 잇는 길이 3331m 너비 19~25.6m(4~6차로)의 북항대교를 건설하기 위해 정부에 국비 지원을 요청했다. 하지만 기획예산처는 항만 물동량이 다리를 이용하는 차량의 25%를 넘어야만 지원할 수 있다는 지침을 들어 난색을 표했다. 정부가 예산을 투입할 때 경제적 타당성을 검토해야 하지만 북항대교가 놓이지 않으면 부산의 해안순환 도로망은 제 역할을 하지 못한다. 명지대교와 남항대교를 건넌 뒤 끊어진다. 정부의 차량 이용비율 산정도 현실에 맞지 않다. 화물 트레일러만이 항만 이용차량인가. 부두에 근무하는 직원들 승용차와 선용품 구매 차량 등 항만에 관계되는 모든 차량이 항만 물동량과 밀접한 관계가 있다.

컨테이너 차량 외에 선용품 구입 등 부두지원 및 운영차량을 포함하면 항만 물동량과 관련된 차량비율이 29%에 이른다는 부산발전연구원의 주장은 국비지원 요건에 부합된다고 할 수 있다.

북항대교가 건설되면 부산지역 해안순환도로 구축 사업이 끝나 물동량 수송뿐만 아니라 관광 진흥에도 기여한다. 신항에서 출발한 차량은 명지대교~남항대교~북항대교~광안대교를 거쳐 경부고속도로로 바로 연결된다. 해안순환도로망은 부산항 물류 수송을 원활하게 하고 도심교통 흐름에도 큰 도움이 될 것이다.

북항은 배후부지 중요성이 부각되기 전에 건설된 데다 도심과 인접해 있어 부두 내 부지가 넓지 않다. 일제 때 축조된 재래부두에는 화물을 보관할 수 있는 화물 야적장이 협소하다. 한국허치슨과 감만 등 주요 컨테이너 터미널에도 신항에 비해서는 부두 내 화물 보관시설이 상당히 좁다. 이로 인해 도심지에 대규모 화물 장치장이 들어서면서 컨테이너 운반차량으로 교통 불편이 가중돼 왔다.

정부는 신항 개장으로 북항 부근에 있는 부두 밖 컨테이너 야드

(ODCY) 24개소가 필요 없을 것으로 예상하고 신항 개장 시기에 맞춰 2006년 말까지 폐쇄하기로 했다. 하지만 신항 3개 선석이 가동되고 있으나 여전히 대부분 화물은 북항에서 처리되고 있다.

이런 상황에서 ODCY를 일시에 없애면 북항 기능저하가 불가피하다. 특히 북항 부두에 들어온 화물이 대거 이곳으로 옮겨져 조작된 뒤 내륙으로 운반되고 있는 현실을 감안할 때 이 시설이 없으면 북항의 정상적인 운영에 큰 차질을 빚는다. 이 때문에 컨테이너 터미널이나 하역회사들은 ODCY가 도심 교통에 방해되지만 정상적인 부두기능 수행을 위해서는 상당 기간 남아 있어야 한다는 입장을 나타냈다. 해양수산부와 관세청이 이 문제를 협의해 기간 연장을 결정했지만 근본적인 문제는 해결되지 않고 있다. 북항 물동량을 감안한 단계적인 ODCY 폐쇄가 필요하다.

# 선박수리가 돈벌이다

수리 조선업이 부산항 부가가치를 높이는 데 크게 기여한다는 주장이 끊임없이 제기되고 있으나 기반정비는 이뤄지지 않고 있다. 부산은 세계 1위의 조선대국과 발달한 조선기자재 산업 및 연간 9만여 척에 이르는 입출항 선박 등 수리조선 시장을 활성화시킬 수 있는 여건을 갖췄다. 수리조선의 잠재적 성장 가능성도 점차 높아지고 있다.

하지만 고임금과 적당한 장소가 없어 상당 부분을 중국이나 싱가포르에 내주고 있다. 수리조선 부지나 부두를 확충하고 고부가가치선을 정비할 수 있는 기술인력 양성에 적극 나서야 할 시점이다. 선박수리업 활성화는 선용품 시장은 물론 전략산업인 조선기자재산업의 지속적인 발전으로 이어진다.

수리조선업은 선박 개조나 보수, 정비 등을 수행하는 기술 및 노동 집약 산업이다. 각종 선박부품이 필요하기 때문에 기계 철강 전기전자 화학 등 연관 산업에 대한 생산 유발과 고용효과가 매우 크고 부가가치 창출도 일반 하역보다 높다. 해상 물동량 증가에 따라 대형 컨테

감천항에 설치된 플로팅 도크에서 선박이 수리되고 있다.

이너선이나 LNG 운반선 등 고부가가치 선박의 수주 호황이 지속되고 있고 선박에 의한 환경오염 방지와 장비 안전기준 강화는 선박 유지나 보수 수요량 증가를 유발한다.

부산항은 세계 기간항로인 북태평양과 유럽 통상 항로상에 위치해 선박 수리 수요를 늘릴 수 있는 좋은 조건을 갖고 있다. 값싼 노동력을 바탕으로 한 중국이 수리조선 시장을 급속히 잠식하고 있지만 연간 1100만TEU가 넘는 항만 물동량과 국내 수산업 중심지임을 감안하면 앞으로 수요는 계속 증가할 것이다.

부산에는 감천항 수리조선단지를 비롯해 영도 등지에 360여 개 업체들이 원양어선이나 일반 화물선 등 재래선을 수리하고 있다. 이 가운데 감천항 수리조선단지를 중심으로 한국선박기관 수리공업 협동조합(선기조합)에 가입된 업체가 120여 개 사에 달한다. 영도 등지에 산재한 등록 안 된 업체만도 240여 곳에 이르고 경남지역에도 관련 기업들이 밀집해 있다.

이들 업체는 감천항 수리조선단지나 영도 청학부두 등지에서 영업하고 있으나 대형선을 수용할 만한 공간을 확보하지 못했다. 부산지역 수리조선업은 규모가 영세하고 신규 영업 능력과 전산화 수준이 낮아 수주 활동은 기존 거래 고객과 대리점을 통해 이뤄진다. 업체들 가운데 90%가량이 주로 3000t 이하 선박을 수리하고 있고 전용부두 부족으로 인해 정박수리 비율이 높다.

부산항을 드나드는 선박들이 정비와 개조 서비스를 받기 위해서는 신규 수리조선단지가 건설되는 것이 바람직하다. 부산항 화물 증가율이 둔화되고 있는 시점에 신항 선박수리 전용부두 건설을 적극 고려해야 한다는 것이다. 신항에서 수리조선 적합지로는 남 컨테이너부두 지역이 거론되고 있다.

신조선 물량이 늘어남에 따라 국내 조선소들이 수리조선을 중단하는 바람에 중소형 업체들이 이 일을 맡고 있다. 선주들은 인건비가 비싼 부산항보다는 중국에서 배를 수리하고 있으나 품질에 불만이 많다.

다더포도 수리조선의 적지로 꼽힌다. 이곳의 부두시설을 확충, 여러 업체들에게 배정한 뒤 주변 주택가에 미치는 영향을 고려해 수리 방법과 범위를 정하면 주민들과 마찰을 최소화할 수 있다. 부산시가 어민들과 어장 협상을 끝낸 뒤 선박개조보다는 소규모 수리를 위한 단지를 조성해 공용으로 사용하면 부산항의 부가가치 증대에 큰 도움이 될 수 있다.

LNG선 등 특수선 수리도 부산이 맡아야 할 일이다. 우리나라에서 대부분 건조되는 이들 선박의 수리 수요는 갈수록 늘어날 전망이지만 국내에는 이들 선박을 수리할 기술 인력이 부족하고 근로자들의 고령화로 인해 생산성도 떨어진다. 에너지원 다변화에 따라 LNG선은 오는 2009년에는 전 세계적으로 257척이 운항될 예정이다. LNG선 수리선박 중 절반가량을 부산에 유치하면 연간 이익은 1500억 원에 이를 것으로 학계는 전망하고 있다.

특수선 물량을 부산이 수용하기 위해서는 LNG선 군함 등 특수선 수리와 정비에 필요한 전문인력 양성 시스템을 구축하고 동남아와 북한 인력 활용을 통해 국내 업체의 경쟁력을 높여야 중국 싱가포르 등 동남아 국가와의 경쟁에서 우위를 확보할 수 있다.

# 화주를 즐겁게 하라

## 수송수단 다양화

오랜 역사를 간직한 런던항은 오늘날 세계 주요 항만대열에서 탈락했다. 대신 싱가포르, 홍콩, 상하이, 부산, 로테르담항이 중심항으로 부상했다. 짧은 시간 안에 최첨단 항만으로 발전한 것을 '후진성의 이점'이라고 부른다. 이들 항만이 세계 주요 항으로 도약할 수 있었던 것은 물동량 증가에 맞춰 시설을 지속적으로 현대화했기 때문이다. 현대 항만은 무역 패턴과 내륙 수송시설의 변화에 맞춰 종래의 하역 중심에서 종합물류기지로 변하고 있다.[22]

부산항은 지속적으로 부두와 하역 시설을 현대화하고 선사 유치에 전력을 쏟았다. 하지만 화물 수송은 낙제점 수준이다. 수송수단이 다양하게 발달해야 하지만 부산항은 그렇지 못하다. 항만물류에서 육로와 철도 및 해상 수송이 적절한 비율로 조화롭게 이뤄져야 물류비 절감을 통한 국제 경쟁력을 확보할 수 있다. 그러나 부산항에서는 컨테이너 화물이 육상 운송에만 집중돼 있는데다 그나마 명맥을 유지해왔던 연안 해송마저 2006년 5월 중단된 이후 재개되지 않고 있다.

화주들에게 적은 비용으로 다양한 운송 서비스를 제공해야 하는 점에서 부산항은 경쟁항만에 뒤쳐져 있다. 내륙 화물 운송체계가 다른 선진항만과 비교할 수 없을 정도로 낙후돼 있는 것이다. 복합운송은 수출국에서 수입국까지 물품을 운송하는 도중 적어도 2가지 이상의 수단으로 운송되는 형태를 말한다. 전 세계 주요 항만들은 효율적인 복합운송체계를 갖추는데 힘을 쏟고 있다. 물류비용을 낮춰 더 많은 배들을 유치하기 위함이다.

2006년 상반기 부산항에서 처리된 컨테이너는 596만TEU. 이 가운데 90%가 육로로 운송되고 나머지는 철도가 담당했다. 그동안 연간 10만TEU가량을 연안으로 운송했으나 2006년 5월 (주)한진이 운항 지속에 따른 적자를 이유로 사업을 중단했다. 바다를 통한 운송수단이 사라져 버렸다. 육로로 화물이 집중되면 부산시내 교통난이 가중되고 대기오염도 심해진다. 화주들은 급하지 않은 화물을 저렴하게 수도권 등지로 운반할 수 있는 기회마저 박탈당했다. 이는 정부가 물류정책을 펴면서 육상과 철도를 중요시하고 연안운송을 소외했기 때문이다.

외항 화물선에는 유류 교통세와 유류 부가가치세에 대한 영세율이 적용되지만 내항화물 운송선은 제외됐다. 연안 해송을 담당했던 회사는 선박에 면세유라도 공급되면 물량을 적극적으로 유치해 이 사업을 할 수 있다는 입장을 보였다.

부산항과 달리 선진 물류도시로 평가받고 있는 로테르담항은 육로와 철도, 강을 이용한 화물 수송을 적절히 안배해 물류 효율을 높이고 있다. 도로 운송이 58%로 가장 높고 이어 운하를 통한 바지선 운송이

32%에 이르며, 철도는 10%를 유지하고 있다.[23] 로테르담항에서 80km 떨어진 곳에는 암스테르담 스키폴 공항도 들어서 있어 유럽의 각지로 통하는 도로, 철도, 연안, 운하 및 항공 운송망이 거미줄처럼 잘 구축됐다.

특히 암스테르담에서 출발하는 화물전용 고속열차가 건설돼 2006년 말 완공을 눈앞에 두고 있다. 이 철도가 개통되면 철도 운송비율이 더욱 높아질 것으로 기대된다. 로테르담항은 발달한 내륙수로를 적극 활용하고 화물 수송망을 끊임없이 확충해 세계 최고의 항만 물류도시로 발전하고 있다.

화물 수송이 도로에만 집중되면 물류비 증가는 물론 화물연대 파업 등 물류대란에 효과적으로 대응할 수 없어 부산항 마비상태로 이어진다. 수출입 화물의 상당 부분이 수도권에 위치하고 있다는 사실에 비추어 볼 때 철도운송이 비교적 경제적임에도 불구하고 도로운송 의존율이 높다는 것은 효율적인 운송을 영위하지 못하고 있음을 반증해주고 있다.

물류비는 화주들이 항만을 선택할 때 고려하는 주요 요인이다. 항만 이용도를 높이려면 복합연계 물류수송망 구축은 필수적이다. 정부는 전향적인 사고를 통해 연안해송이 재개될 수 있도록 유류 교통세와 유류 부가가치세에 대한 영세율 적용을 검토할 필요가 있다. 재정경제부는 화물트럭과의 형평성을 들어 영세율 적용에 반대하고 있으나 항만의 특수성을 감안한 정책을 펼칠 때다. 또 연안해송 선박을 위한 전용부두 건설과 화물 증대 방안도 필요하다. 연안해송이 재개되지 않는데는 충분한 물량을 확보하지 못한 이유가 작용하고 있기 때문이다.

부산항에서 출발하는 연안해송이 활성화되기 위해서는 최소한 척당 평균 180TEU를 확보해야 하지만 2005년에는 150TEU에 그쳤다.

수출입 화주들은 여러 항만 가운데 내륙 운송비가 적게 드는 항만을 선택한다. 이런 점을 고려하면 이단적 열차(double stack train) 운행을 추진하고 연안해송을 재개하는 등 해상과 항공을 비롯한 다양한 복합 운송체계 구축이 절실한 시점이다.

# 동북아 급유시장이 되려면

　　항만을 통해 돈벌이를 해야 하는 부산항으로서는 급유시장 활성화
는 포기할 수 없는 서비스 분야다. 부산항의 연간 급유량은 2004년 기준
414만4000t(외항선)으로 싱가포르의 2356만7000t(2003년 기준) 17.5%에
불과하다. 해양수산부는 급유물량 증대를 위해 통과선박 제도를 실시하
고 있으나 선사들은 상대적으로 비싼 기름 가격과 독과점 상태인 정유
사들로 인해 부산항에서는 필요한 양만큼의 기름만 넣고 있다. 통과선
박 제도는 부산항을 지나는 선박들에게 급유 수리 선용품 공급 및 선원
교대 등을 지원하기 위해 48시간 이내에 출항하면 선박 입출항료와 정
박료를 면제해주는 제도다. 하지만 통과선박 입항의 주목적이 급유인데
비해 기름 값은 상대적으로 비싸 큰 효과를 거두지 못하고 있다.

　　선박에 공급되는 기름가격을 낮추려면 우선 저유기지 확충이 필수
적이다. 부산 북항에는 부산 영도구 청학동과 남구 감만동 용당동 등 4
곳에 저유기지가 있으나 저장용량은 턱없이 부족하다. 충분한 용량의
저유기지가 설치되면 여름철 남아도는 선박용 기름과 외국에서 싼 기

름을 구입해 저장할 수 있다. 이들 저유소의 저장 능력은 9000여t에 그쳐 여름철에는 정유사들이 많은 양의 벙커C유를 수요가 많은 중국에 판매하고 있다.

저유기지 확충이 추진되고 있는 것은 여간 다행한 일이 아니다. 부산항만공사는 오는 2011년까지 신항 내 16만5000㎡에 북항 저유용량보다 20배가량 많은 20만t 규모의 저유시설 건립을 검토하고 있다. 이 시설이 들어설 위치는 한국해양수산개발원의 타당성 및 기본계획 수립 용역결과가 나오면 확정될 예정이지만 신항 남 컨테이너부두 인근 백옥포가 유력하게 거론되고 있다.

급유시장 활성화를 위한 또 하나의 과제는 기름 값 인하다. 선박용 유류는 대부분 벙커C유와 경유다. 벙커C유의 경우 2005년 12월 기준 부산항 t당 가격은 293달러이지만 싱가포르항은 291달러에 그쳤다. 경유는 싱가포르가 t당 465달러이지만 부산항은 497달러로 7%가량 비싸다. 싱가포르는 원유 생산지인 중동과 가까워 부산항보다 t당 4달러

수리와 선용품 공급을 위해 부산 남 외항에 정박한 선박.

싼 기름을 공급받는 이점이 있으나 부산항은 울산 여수 인천 등지의 정유공장과 멀리 떨어져 있어 t당 3~6달러의 이송비용이 추가로 발생하고 있다. 부산항이 가격 면에서 싱가포르항에 비해 불리하다.

이를 해결하기 위해서는 연간 수조 원대 이익을 남기고 있는 5대 정유회사들의 공급가격 인하뿐이다. 싱가포르에는 유류 공급업체가 많아 수요자에게 유리하지만 국내에서는 LG, 현대 등 5대 정유사가 독점하며 기름 값을 좌지우지하고 있다. 국내 정유회사들이 독과점식 영업을 하면서 유류 공급가를 사실상 결정하고 있기 때문에 유류 공급업체들이 외항선에 저렴한 가격으로 급유하는 것은 원천적으로 불가능하다.

급유시장 활성화 방안으로 대형 유조선을 이용한 저유기지 설치도 검토해볼 만하다. 싱가포르항에는 30만t 규모 선박 4척이 해상 저유기지로 이용된다. 이 같은 시설이 설치되면 저유 시설비가 저렴하고 기름 혼합에 유리하며, 선박에 대한 급유가 빨라질 수 있다는 장점이 있다. 부산항을 통과하는 선박 80%가량이 급유를 받기 위해 부산항에 들어오는 만큼 남 외항에서 선박을 통해 기름을 직접 공급하면 그만큼 가격 인하로 이어질 수 있다.

싱가포르는 우리나라와 같이 대형 태풍이 내습하지 않아 유조선을 통한 저유 기지가 가능하지만 부산항은 기상악화에 따른 위험성을 내포하고 있다. 따라서 기상악화를 대비한 선박 안전과 기름 유출 방지 대책을 마련해야 할 것이다. 선박운항 비용 가운데 가장 많이 드는 유류비가 싸지면 부산항을 찾는 선박도 자연스럽게 늘어나고 선박수리와 선용품 공급 및 선원교대도 덩달아 활성화된다.

# 크루즈 승객의 승하선장

　부산항에는 외국의 크루즈선(호화유람선)이 자주 입항한다. 2006년 말까지 모두 38척의 크루즈선이 들어온다. 누구나 한번쯤 타보고 싶은 선박들이 부산항에 모습을 드러내면 성대한 환영행사도 열린다. 더 많은 배들이 부산항으로 들어오도록 하기 위한 항만 운영기관의 유치 노력이다.

　항만 운영기관들은 이들 배를 유치하기 위해 인프라 시설을 구축하는 데 여념이 없다. 부산항만공사는 부산 영도구 동삼동에서 부산항 국제 크루즈 터미널 건립을 위한 기공식을 갖고 건립에 들어가 2006년 말까지 완공할 계획이다. 53억 원이 투입되는 이 시설은 지상 2층 연면적 2211㎡ 규모이며, 터미널 지붕은 파도치는 형상을 띠고 있다. 이곳에는 입출국 대합실 등 여객 및 편의시설과 다목적 홀, 선사 사무실, 주차장, 친수공간이 설치된다.

　크루즈선이 접안하는 부두공사는 끝났다. 부산지방해양수산청 부산항 건설사무소는 길이 360m 너비 50m의 초대형 크루즈선 전용부두

를 이미 완공했다. 2007년에는 부산항에도 크루즈선 전용부두와 터미
널이 생긴다. 동삼동 부두 안벽 수심이 11.5m에 이르고 배가 접안하는
안벽 길이도 360m에 달해 부산항에 들어오는 대형 크루즈선 대부분
이 이 부두를 이용할 수 있게 된다.

　크루즈선이 입항하는 데 필요한 시설은 완비됐다. 이제는 크루즈선
을 통해 경제적인 부가가치를 높이는 일만 남았다. 2006년 10월 20일
10만t급 '다이아몬드 프린세스호'가 화려한 외관을 뽐내며 부산항 2
부두에 입항했다. 이 배에는 승무원 1100명과 승객 2600명이 승선했
다. 승객들은 오전 8시 부산항에 도착해 버스를 이용, 시내 관광을 한
뒤 당일 오후 4시 부산항을 떠났다. 부산항에 들어오는 대다수 크루즈
선 승객들은 부산항에서 5~10시간 머무른 뒤 다음 항구로 떠난다. 이

부산 영도구 동삼동에 들어설 부산항 국제 크루즈 터미널 조감도.

로 인해 부산항에 떨어지는 외화는 미미하다. 선박 입출항료와 접안료 (50% 할인), 입출항 서비스를 대행하는 대리점 수수료, 예 도선료 및 승객들의 기념품 구매 비용 등이다. 승객들이 부산을 관광하면서 쓰는 돈은 열쇠고리나 소형 보석상자 구매 등에 필요한 50~100달러에 이르는 것으로 업계는 추정하고 있다.

그러나 부산항이 승객들의 승 하선장으로 탈바꿈하게 되면 부가가치는 엄청나게 늘어난다. 다이아몬드 프린세스호의 경우 부산항에서 승객들을 태우게 되면 우선 승무원 1100명이 부산에서 숙박해야 한다. 이로 인해 승무원들과 승객들의 숙식은 물론 비행기 이용이 불가피하다. 이 선박 한 척만으로도 부산지역 호텔과 관광업계에 떨어지는 외화는 1인당 최소 1000달러 이상으로 급증한다. 부산항이 크루즈선 홈포트(승 하선항)로 변모하기 위해서는 부산항만공사의 노력만으로는 불가능하다. 부산시와 업계 및 중앙정부 차원의 크루즈산업 진흥책이 뒤따라야 가능하다.

동남아에서 크루즈선 홈포트로 이용되는 항구는 싱가포르 홍콩 오사카 톈진 상하이항이다. 이들 항구는 편리한 항공 서비스와 풍부한 볼거리, 호텔을 갖고 있다. 크루즈선 홈포트로 각광받고 있는 싱가포르는 훌륭한 기반시설을 갖춰 놓고 크루즈 산업을 지속적으로 발전시켜 나가고 있다. 싱가포르항에 들어선 싱가포르 크루즈센터. 지상 13층 규모의 이 센터에는 크고 작은 배 3척이 동시에 접안할 수 있는 3개 선석과 대형 쇼핑센터, 주차장, 선사 사무실 등의 편의시설이 잘 갖춰져 있다.

크루즈 센터와 지하철이 바로 연결되고 인근 창이 국제공항에는 세계 각국 주요 도시를 왕래할 수 있는 수많은 항공편이 개설돼 있다. 이에 따라 말레이시아 포트클랑에 본사를 둔 세계 유수의 크루즈 선사인 스타크루즈사도 대부분 싱가포르와 홍콩을 홈포트로 이용하고 있다. 부산항이 싱가포르와 같이 동북아 크루즈선 홈포트로 거듭나기 위해서는 호텔과 국제 항공노선 확대 및 전용부두와 터미널을 시내와 편리하게 연결하는 도로망 정비가 필수적이다. 또 육상의 볼거리 확충은 물론 육상과 크루즈선 승객의 연계 관광 프로그램도 마련돼야 한다.

# 18 남부권 신공항이 필요한 이유

화주들에 대한 물류 서비스 강화는 세계적인 흐름이며, 생존 수단
이다. 그래서 세계적인 항구들은 항만과 공항을 동시에 육성한다. 네
덜란드는 로테르담항과 스키폴 공항을 연계해 유럽의 물류허브 역할
을 하고 있으며, 싱가포르도 항만과 창이 공항을 이용해 물동량 증대
에 적극 나서고 있다.

홍콩은 첵랍콕 공항과 항만을 연계시키고 중동의 물류허브인 두바
이는 항만과 공항 확장을 최대 과제로 삼았다. 중국 최대의 상업도시
인 상하이에는 푸동 공항이 건설돼 있는 등 세계적인 항만에는 대규모
공항이 함께 들어섰다.

종합 물류기지인 항만과 공항은 상호 보완적인 역할을 가져야 물류
연계성을 높일 수 있는 게 세계적인 추세다. 우리나라 각지에는 수많은
공항이 있다. 하지만 이용률 저조로 제 역할을 하지 못한다. 인천국제공
항은 한국의 관문 역할을 하고 있으나 남부지역에는 제대로 된 공항이
없다. 정부는 김해공항 확장 공사로 2020년까지 승객 수요를 감당할 수

있다고 주장하며 남부권 신공항 건설 계획에는 냉담한 반응을 보였다.

부산 울산 대구 지역 주민들을 위한 새로운 공항이 필요하지만 정부는 김해공항 확장으로 가능하다고 주장하고 있다. 신항이 오는 2011년 완공되고 물류패턴도 빠르게 변하고 있다. 항만과 공항을 연계한 Sea & Air 복합수송이 가능해야 부산항 기능을 더 높일 수 있다.

경제의 글로벌화도 신공항을 건설해야 되는 이유다. 국내외 경제인들의 왕래가 잦지만 남부지역으로 오려면 대부분 인천공항을 경유하는 불편을 겪고 있다. 부산 울산 거제에는 세계 최대 조선공업벨트가 조성돼 있고 부산은 관광과 전시 컨벤션 산업을 성장 동력으로 삼고 있다.

이들 산업은 편리한 교통시설이 기본적으로 갖춰져야 발달할 수 있다. 일본인과 중국인들의 부산 방문을 늘리려면 신공항은 반드시 필요하다. 김해공항에는 24개 도시 주 304편의 국제노선이 개설됐으나 대부분 일본 태국 필리핀 중국의 일부 도시에 집중돼 있다. 부산발전연구원이 조사한 결과에 따르면 연간 180만 명이 인천공항을 거쳐 해외로 나가고 있어 남부권 주민들의 비용부담과 시간 낭비가 만만찮다.

남부지역 주민들의 불편을 해소하고 부산항 물동량 창출 및 동남권 지역 산업발전을 위해서는 신공항 건설은 더 이상 미룰 일이 아니다. 일본은 민간자본과 정부 예산을 투입, 국제공항을 건설했다. 2005년 6월 나고야에서 35㎞ 떨어진 인공섬에 건설된 주부공항이 문을 열었다. 나리타, 간사이에 이은 세 번째 허브공항이다. 이 공항의 특징은 도요타 자동차 등 민간 자본이 50% 이상 투입됐고 24시간 이착륙이 가능하다는 점이다. 남부권 신공항 건설에 따른 막대한 정부예산을 마련하기 어렵다면 민간자본을 유치하는 방안도 가능한 대안이다.

# 경제자유구역과 신항

부산과 경상남도를 경계로 하는 지역에 드넓은 땅이 펼쳐져 있다. 경제특구 중 하나인 경제자유구역이다. 신항, 명지, 지사, 두동, 웅동 등 5개 지역에 104.8㎢가 지정돼 있다. 정부가 신항 배후지역을 중심으로 서부산권과 경남지역을 동북아 물류 및 국제 비즈니스 중심지로 개발하기 위해 2003년 10월 이곳을 부산·진해 경제자유구역으로 지정 고시했다. 2004년에는 이곳의 개발을 담당할 경제자유구역청도 개청했다. 경제자유구역으로 고시된 지 3년이 지난 지금 경제자유구역에는 무슨 변화가 있었나.

경제자유구역청은 오는 2020년

부산·진해 경제자유구역 위치도.

까지 7조6000억 원을 투입해 국제 업무, 물류, 유통, 첨단산업 중심의 동남권 경제거점으로 개발하는 청사진을 발표하고 외자 유치에 힘쓰고 있다. 신항의 성공여부는 경제자유구역의 원활한 외국기업 유치에 달려 있다고 해도 과언이 아니지만 구역 내 개발은 더디게 진행되고 있어 안타깝다.

경제자유구역청의 노력에도 불구하고 경제자유구역에는 큰 변화가 없다. 부산시가 10년 넘게 공을 들인 부산과학 산업단지와 2006년에 선박이 기항하기 시작한 신항만 지역에서만 소기의 성과를 거두고 있다. 경제자유구역 외에도 우리나라에는 외국인 투자를 적극 유도하기 위한 다양한 경제특구가 존재한다. 자유무역지역과 외국인 투자지역도 있고 제주도는 제주 국제자유도시로 지정돼 운영되고 있다. 국토가 좁은 나라에서 다양한 경제특구가 존재해 경쟁을 벌이는 국면이다. 또 국내에는 인천 송도와 광양항에도 경제자유구역이 지정돼 있으나 부산 진해와 이들 지역 간 차별성이 없다. 모두가 첨단산업과 물류 유통 관광기능 육성에 초점이 맞춰져 있다.

외국인들의 자유로운 기업 활동을 위해 지정된 경제자유구역에서 정부의 지원 부족과 타 지역과 같은 규제를 받는다면 경제자유구역의 성공은 담보할 수 없다. 부산·진해 경제자유구역이 성공하려면 인천 송도와의 차별성을 부각시키고 항만 물동량을 창출할 수 있는 기업 유치에 힘을 기울여야 한다.

외국인 학교 하나 세우기도 힘든 지역에서 외국인 자본을 집중 유치하기는 힘들다. 게다가 개발이 늦춰지면 땅값은 더 뛰게 마련이다. 공장이나 시설 설치에 필요한 모든 인허가 절차가 경제자유구역청 내

에서 이뤄지고 인천 송도, 광양항과 차별화 되어야 부산·진해 경제자
유구역이 성공할 수 있다.

중국 경제 심장부인 상하이는 하루가 다르게 발전하고 있다. 발전
의 핵은 푸동 경제특구다. 총 533㎢에 이르는 넓은 부지를 조성한 뒤
조세감면과 세제지원 등 인센티브를 제공해 GE, 필립스 등 세계적인
기업들이 입주했다. 상하이와 부산이 도시나 전체 시장 규모면에서 다
르지만 부산·진해 경제자유구역은 신항과 인접해 있는 이점을 활용,
항만 물류와 관련된 기업들을 데려오면 인천 송도와 경쟁할 수 있다.
경제자유구역 활성화가 항만 물동량에 어떤 영향을 미치는 지는 두바
이항에서 이미 입증됐다. 부산·진해 경제자유구역청은 항만 물동량을
증대시킬 수 있는 기업 유치에 힘을 기울여야 할 때다.

경제자유구역의 또 다른 성공 요인으로 언어 문제를 들 수 있다. 외
국인들에게 기업하기 좋은 환경을 제공하려면 무엇보다 영어 공용화
가 필요하다. 영어는 싫든 좋든 국제 표준어가 됐다. 글로벌 사회에서
영어는 비즈니스에 필수적인 도구임에 틀림없다.

우리나라 영어산업 규모는 학원 학습지 등을 포함해 한 해 5조 원
이 넘는다. 여기에 해외어학 연수비용까지 합치면 6조 원에 이른다.
유치원 초등학교부터 영어를 배우는 나라에서 실력은 어느 정도일까.
2006년 10월 토익점수가 900점이 넘어도 외국인들과 의사소통에 장애
가 많다는 보도를 접했다. 우리의 영어 구사능력을 높이고 경제자유구
역의 성공을 앞당기기 위해서는 외국인들이 넘쳐나는 경제자유구역에
서 영어를 공용어로 사용할 필요가 있다.

# 선원교대는 외화벌이

　많은 선원들이 부산항에서 배를 타고 내리게 되면 그에 따른 경제적인 부가가치가 상당하다. 부산항에 입출항하는 외항선은 한 해 5만여 척에 이르지만 이들 배에서 일하는 선원들 가운데 상당수가 부산에서 승선이나 하선을 하지 않는다. 선원교대 시장은 분명 항만 부대업종으로 부산항의 외화벌이에 큰 도움이 된다.

　하지만 선사나 선박관리 업체들은 부산항에서 승선이나 하선을 가능하면 꺼린다. 선원 교대는 불가피한 사정이 있을 때만 부산항에서 이뤄지고 대부분은 싱가포르나 일본 항만에서 행해진다. 항만 산업에서 가장 중추적인 역할을 담당하는 선원들이 활발하게 타고 내려야 부산항이 국제적인 선원교대 시장으로 성장하고 더 많은 돈을 벌어들일 수 있다. 선원교대가 활발해지면 부산항에 떨어지는 외화는 기대 이상으로 많다. 부산항을 드나드는 선박 5만 척을 기준으로 선원교대 인원을 평균 2~3명으로 가정할 때 연간 10만~15만 명의 선원이 부산항에 일시 체류하게 된다.

2005년 부산항에서 배를 타거나 내린 외국인 선원은 2만7999명(감천항 1만8266명)에 불과했다.[24] 부산항에서 교대하는 외국선원으로 인한 외화획득 금액은 1인당 대리점 수수료와 교통비 식사비 등을 합쳐 500달러 선이며, 10만 명을 기준으로 할 때 연간 5000만 달러(한화 약 485억 원)에 달한다. 또 선원숙소 등 편의시설 등을 감안하면 연간 3000억 원 이상의 생산유발 효과가 있을 뿐만 아니라 선박수리와 정비 및 선용품 공급, 관광 등 부수적인 부가가치도 창출될 수 있다.

선원교대가 부산항에서 제대로 이뤄지지 않고 있는 것은 정부가 불법 체류를 막기 위해 비자(VISA) 발급을 까다롭게 하고 있기 때문이다. 해외 선원들이 입국할 때 비자발급으로 인한 지체 기간 및 복잡한 절차가 선원교대를 위한 입항을 감소시키는 원인이 되고 있다. 법무부는 하선할 때는 비자 없이 5일 동안 국내에 머무를 수 있도록 하고 있으나 승하선 인원 확대에는 큰 도움이 되지 않는다.

법무부는 무비자 입국 대상국이 100개 나라나 되고, 선사의 신원보증과 필요서류만으로 입국이 가능하기 때문에 이 제도의 도입은 필요하지 않다는 주장을 펴고 있다. 그러나 선원 공급국인 필리핀 등 31개국 선원들은 비자를 발급받아야 입국할 수 있으므로 선원 교대시장 활성화에는 별다른 기여를 하지 못한다.

반면 일본은 20여 년 전부터 'OK On Board 제도'를 시행해 외국인 선원들의 승선이나 하선이 자연스럽게 이뤄지고 요코하마 고베항이 선박 승무원 교대지로 인기를 끌고 있다. 이 제도는 항공사가 발부한 탑승승인 통지서로, 선원수첩이나 여권만 가지고 있어도 외국선박 승무원이 사증(VISA) 없이 해당국에 입국할 수 있는 제도다. 선박승무원의 출입국을 간편하게 하면서도 비자와 같은 신분보증서인 이 제도를 대부분 국가에서 도입하고 있다. 일본은 불법 체류자와 도망자가 늘어나도 승하선 선원들에게는 한국은 물론 필리핀 등 어느 나라에도 비자를 요구하지 않는다.

제도적인 미비점으로 외화벌이 시장이 사장되고 있으나 당국의 적극적인 해결 노력은 뒤따르지 않고 있다. 법무부 출입국 관리사무소는 선원 교대시장 활성화에는 공감하고 있으나 도주 선원이 나올 경우 선원 알선업체에 대한 마땅한 제재수단이 없어 신원 보장각서, 출국 보장각서 등 서류 심사를 강화하고 있을 뿐이다.

부산보다 소득이 훨씬 높은 싱가포르에는 인근 말레이시아 인도네시아 태국 등 저임국 국가들이 많아도 불법 체류자가 많지 않다. 싱가포르 정부는 해외 선원들의 입국을 최대한 자유롭게 하되 불법 체류자가 적발되면 숙소 제공인이나 고용업주에게 고액을 벌금으로 부과하고 있기 때문이다.

# 선박 관리시장과 부산

　빌딩들이 늘어나면서 부동산 관리회사들이 속속 생겨나듯이 선주를 대신해 배를 전문적으로 관리해주는 선박 관리업도 부산이 발달시켜야 할 분야다. 부산은 선박 관리업이 발달할 수 있는 좋은 조건을 두루 갖췄다. 선박 입출항 척수가 많고 선원 확보가 용이하다. 조선기자재 등 선용품을 구하기 쉽고 선복량 기준 세계 8위 해운국이다.

　선박 관리업은 선원 배송과 선박의 유지 보수 및 선용품과 윤활유 공급, 보험 등 금융기능까지 제공하는 해운분야의 틈새시장이다. 선주는 선박 구입에 따른 투자만 하고 운항에 대한 모든 업무를 전문업체가 대행해 주는 것으로, 고용창출 효과도 크다. 선박 관리업은 1984년 국내에 도입됐으나 여전히 성숙되지 않았다. 우리 업체들은 몇몇 메이저 회사를 제외하고는 선원 관리에만 치중하고 있다. 외국 업체들이 선원뿐만 아니라 선박금융까지 담당하는 종합적인 선박 관리업을 제공하는 것과는 대조적이다.

　국내에는 2005년 말 기준 한국선무 동진상운 등 모두 339개사가 영

업하고 있으나 해외 업체들에 비해서는 영세하고 전문화되어 있지 않
다. 선박 관리업체로 등록해 영업하려면 자본금 1억 원만 있으면 된
다. 많은 업체들이 선원 관리업무에 치중해 척당 월 2000달러 내외의
대리점 수수료만 받고 있다.

모나코에 본사를 둔 세계 최대 선박 관리업체인 V-ship 그룹은 직
원 1000여 명을 고용, 전 세계 선박 900여 척과 선원 2만2000여 명을
관리하고 있다. The Schutle사의 관리 선박척수도 430여 척에 이른다.
국내 최대의 선박 관리회사와 비교하면 관리 선박척수에서 10배가 넘
는다.[25)]

부산에서 선박 관리업이 활성화되려면 우선 상업관리를 위한 법제
화가 필요하다. 선주는 투자만 하고 나머지 선박 운항에 대한 모든 업
무를 할 수 있는 기반을 마련해야 한다는 것이다. 또 고객들에게 신뢰
감을 줄 수 있는 대 선주 마케팅을 강화하고 유능한 공무 해무감독(SI)
들을 양성해 질 높은 서비스를 제공하며, 선원 선박관리에서 금융 및
화물중개, 용선 등 상업적인 서비스로 업무를 확대해야 세계 시장을
공략할 수 있다.

선주들은 세계적으로 표준화된 서비스 품질을 요구하는 만큼 고도
의 관리능력과 영어 구사능력을 가진 인력을 앞세워 세계 시장을 적극
적으로 개척하고 국내 선박을 외국회사에 맡기는 것을 막아내야 부산
항이 창출하는 부가가치는 더욱 커진다.

## 22 부산은 수산업 메카

　수산업은 인류 역사와 함께 성장해왔다. 부산 영도구 동삼동 패총 등 선사시대 유적지에서 보듯 원시인들은 조개를 채취하고 물고기를 잡아 생활했던 흔적이 남아 있다. 수산업은 인류에게 단백질을 공급하면서 농업과 더불어 인류 생존에 없어서는 안 될 중요한 산업이다. 바다에 사는 수산 동식물로 인해 인류는 유구한 역사를 이어올 수 있었다.

　삼면이 바다로 둘러싸인 우리나라는 일찍부터 항구와 포구가 발달하면서 수산물을 잡아 매매하는 시장이 형성됐다. 특히 따뜻한 물과 얕은 바다로 인해 남해안에는 사철 고기들이 넘쳐나는 황금어장이었다.

　남해안 여러 도시에는 수산업을 생업으로 삼는 어업인들이 많다. 부산을 비롯한 마산 통영 거제 남해는 연근해 어선들이 항시 드나들고 대대로 수산업에 종사하는 어업인들의 고장이었다. 남해 연안과 맞닿아 있는 부산은 우리나라 수산업 발달과 밀접한 관계를 맺고 있다. 1973년 부산항 1부두에서 이전해온 부산공동어시장은 근해에서 잡아온 생선을 판매하는 우리나라 최대의 연근해 어업 전진기지이다. 바다에서 잡힌 생선들은 이곳으로 들어와 경매를 거쳐 전국 각지로 유통된다.

수산업이 부산 경제에서 중요한 몫을 하고 있다는 사실은 각종 통계에 잘 나타나 있다. 부산의 어업인구는 2005년 말 기준 9471명으로 전국의 4.5%에 불과하지만 어선세력은 5225척(35만3838t)으로 전국의 52%를 차지했다. 수산물 유통물량은 173만7000t으로 전국 대비 41%, 냉동 냉장능력은 111만1000t으로 전국 대비 51.3%를 기록했다.[26]

부산지역 수산업 및 관련 산업의 부가가치액은 2002년 기준 2조 6699억 원으로 부산 전체 지역내 총생산(GRDP)의 6.64%에 달했다. 이 가운데 수산물 무역업, 도 소매업 등 전방 관련산업이 1조6798억

부산공동어시장에서 갓 잡아온 고등어가 경매되고 있다.

원으로 가장 높은 비중을 차지했고 이어 어업이 5700억 원, 선용품 판매와 낚시용품 제조업 등 후방 관련사업이 4201억 원으로 조사됐다. 어업 가운데 원양어업은 2970억 원, 근해어업은 1191억 원, 연안어업 397억 원, 해면 양식업이 292억 원 순이었다. 수산업 종사자수는 3만 9989명으로 전체의 3.48%, 어가를 포함한 사업체 수는 부산 전체의 4.23%인 1만1486개로 집계됐다.[27]

수산업에 관한 주요 통계 수치를 봐도 수산업이 부산의 주력 산업임을 한눈에 알 수 있다. 연안어업과 근해어업 원양어업 양식업 수산가공업 수산유통업 등 모든 종류의 수산관련 산업이 부산에서 일괄적으로 발달했다. 부산은 분명 우리나라를 대표하는 수산도시다. 부산이 수산업을 집중적으로 육성해야 할 이유다.

# 23 수산업 패러다임 바꾸어야

## 어자원을 보호하자

수산업은 선원과 어장, 어선, 가공시설을 토대로 발달한다. 잡는 어업은 바다에 수산자원이 많을 때는 큰 문제가 되지 않았다. 연근해 어선들은 출어하면 만선의 깃발을 매단 채 부산항으로 돌아왔다.

연근해 어업 생산량은 1962년부터 1980년대 초까지 가파르게 늘어났다. 정어리가 1970년대 풍어를 이루면서 부산공동어시장은 파시를 형성할 정도로 번창했다. 하지만 1980년대 이후부터 성장이 둔화됐다. 연근해 어업 생산비중은 1960년대 80% 이상에서 1970년대에 60~80%로 떨어졌으며, 1980년대에는 50% 이하로 감소했다.[28] 이유는 어선은 날로 많아지고 어획 강도는 높아졌으나 남획에 따른 어자원 고갈이 가속화됐기 때문이다. 21세기 바다는 더 이상 과거와 같은 잡는 어업 위주의 관행이 통하지 않는다. 어자원 부족과 고유가 및 선원 구하기가 쉽지 않은 시대에 수십 년 동안 내려온 잡는 어업이 한계에 이른 만큼 수산업 패러다임이 바뀌어야 성장을 담보할 수 있다.

연근해 어선을 대표하는 대형선망과 대형기선저인망 어선들은 어획강도가 꾸준히 높아져 왔다. 대형선망어선은 모두 30통(통당 보통 6척, 허가는 32통)이 주로 제주도 근해에서 고등어 삼치를  어획한다. 부산에 있는 외끌이, 쌍끌이, 대형트롤 등 대형기선저인망 어선들도 175척에 이른다. 한중일 EEZ 협상이후 이들 어선이 많이 줄었으나 어자원량에 비해 어획 강도가 너무 세다. 대형트롤 어선들은 바다 밑바닥을 끌면서 고기를 잡는다. 이러다 보니 온갖 바다 생물이 어획돼 자원 남획의 주범으로 지목됐다. 육지 주변 바다의 어린고기를 잡는 불법 소형기선저인망(일명 고데구리) 어선들은 정부의 강력한 의지로 어느 정도 근절됐다. 어업인들은 스스로 바다자원을 보호하면서 지속적인 어업이 가능하도록 하는 사고의 전환과 정부 지원으로 대형선망과 대형기선저인망 어선에 대한 제2의 감척이 실시되어야 할 시점이다.

동중국해는 이제 우리 어선들만의 어장이 아니다. 중국 어선들이 대거 조업에 나서면서 치어까지 마구 잡아들이고 있다. 근해어업을

부산 남항에 조업을 마친 연근해어선들이 정박해 있다.

대표하는 대형선망과 대형기선저인망 수협은 어선세력을 줄이고 바다 자원을 스스로 보호하는 방식으로 어업 관행을 시급히 바꿀 것을 정부에 요구하고 있다. 어선을 감척하고 법에 규정된 그물코를 지키는 어업인들이 늘어나면 바다는 풍요를 선사한다.

민간 업계뿐만 아니라 정부와 부산시 역할도 중요하다. 근해어업 선사들은 고유가와 어획량 감소로 위기를 맞고 있다. 부산은 말할 것도 없이 수산업 중심도시다. 내륙도시에는 없는 수산업을 집중적으로 육성해야만 부산은 지속적인 성장이 가능하다. 부산시는 수산업에 대한 예산을 확보해 어업인들에게 고유가를 보전해줄 수 있는 방안을 찾아 나갈 필요가 있다. 각종 시설 건립에 필요한 예산을 줄이고 어획실적 증대에 힘을 실어주는 정책을 펼칠 때다.

정부도 중국의 마구잡이식 조업에 적극적으로 대처하는 외교력을 강화해야 한다. 한국과 중국 어선들이 조업하는 동중국해에는 낡은 중국 어선들이 수없이 많다. 당국의 단속이 이뤄져도 중국 어선들은 우리 어장에 자주 들어온다. 중국은 정부 통제가 강한 나라이기 때문에 중국 정부의 강한 단속의지만 있으면 치어 남획 근절과 어장 침범사례를 최소한으로 유지할 수 있다. 우리 정부가 서해와 제주도 근해 자원을 보호하기 위한 실효적인 조치를 취해야 풍요로운 어촌이 한층 빨라진다.

농민들은 생활 터전인 논과 밭을 황폐화시키지 않는다. 생산량 증대를 위해 비료를 주고 수확량이 떨어지면 지력회복을 위해 휴경도 실시한다. 어민들의 논과 밭은 바다다. 어업인들이 먼저 깨끗한 바다를 유지하고 어자원 고갈을 막는 일에 나서면 바다는 더 많은 풍요를 가져다 준다.

## 연안국과 유대 강화

부산지역 수산업에서 1960년대부터 본격적으로 발달하기 시작한 원양어업도 주요한 몫을 하고 있다. 우리나라 원양어선은 1957년 인도양에서 제동삼업 소속 '지남 1호'가 참치 연승어선으로 시험 조업에 나선 이후 이듬해부터 태평양 사모아를 기지로 본격적인 상업 어업이 시작됐다. 드넓은 바다에서 파도와 싸우며 각종 어류를 잡아 수출증대에 큰 몫을 했으나 원양어업도 한계에 부닥치고 있다.

원양어업은 1977년 미국 옛 소련 등의 200해리 배타적 경제수역(EEZ) 선포와 이에 따른 세계 해양질서 변화를 제도화한 국제해양법조약의 발효(1994년)로 어장축소와 조업규제가 강화되면서 조업부진 위기가 왔다. 1976년 우리나라 원양어업 총 생산량은 72만4000t이었으나 1977년에는 48만3000t으로 격감했다.[29] 국제규제가 원양어업 생산량 감소에 얼마나 큰 영향을 미치는지를 보여주는 대표적인 통계다. 세계 주요 연안국들은 바다 자원의 중요성을 깨닫고 1994년 이후 200해리 배타적 경제수역을 잇달아 선포해 대가 없이 고기를 잡을 수 있는 공해 개념이 많이 사라졌다.

우리나라는 북태평양과 인도양 대서양 등지에서 다랑어 명태 가자미 꽁치 오징어를 어획하며 최대 전성기를 구가했다. 부산 중구 중앙동에는 해외 송출선원을 공급하는 회사들이 늘어났고 동원산업 대림산업 사조산업 등은 거대 선단을 구축해 원양선사로서 확고한 입지를 굳혔다. 하지만 원양어업은 국제 해양법이 발효되면서 된서리를 맞아 침체기에 들어갔다. 1993년부터 연어 송어 물개 보호를 위해 북태평양에서 오징어 유자망 어업이 전면 금지됐고 어획 쿼터로 인해 잡는 물량이 예전보다 크게 줄어들었다. 1992년 원양어업 어획량은 102만 3926t으로 사상 최대를 기록했으나 2004년에는 50만t으로 격감했다.

원양어업이 우리 국민들에게 단백질을 지속적으로 공급하기 위해서는 유능하고 임금이 저렴한 선원 확보와 더 많은 쿼터물량 확보를 위한 정부와 민간 업계의 노력이 배가돼야 가능하다. 선원들은 어업을 영위하는데 가장 중요한 요소다. 우리나라는 과거에는 배를 타려는 사람들이 많은 선원 공급국이었다. 그러나 이제는 외국인 선원을 고용하지 않으면 조업이 불가능한 선원수입국으로 변했다. 동남아와 서남아 국가들의 선원들을 쉽게 승선시킬 수 있는 제도적인 장치 마련이 필요하다. 어선원 없이는 수산업 발전을 기대하기 어렵다. 정부와 민간 기업들도 넓은 어장을 갖고 있는 국가들과 협상을 통해 쿼터물량을 늘릴 수 있는 역량을 결집시켜 나가야 한다.

또 원양어업이 원양산업으로 발전해야 할 시점에 와 있다. 우리 업체들이 과거와 같이 연안국 어장에서 고기만 잡는 데서 탈피해 연안국의 산업 활동에 적극 참여하는 쪽으로 방향을 바꾸어야 한다. 연안국에 수산 가공 유통시설을 설치해 고용을 창출하고 양식장을 통해 현지 어업인들과 유대를 강화해 나가야 한다. 이는 조업 쿼터 물량을 안정적으로 확보하고 조업국과 연안국이 동반 발전할 수 있는 지름길이다.

원양어업은 우리나라를 연안국에 알리는 중요한 산업이다. 이들 국가와 일체화되면 국내 원양어업은 부가가치 증대는 물론 대한민국을 수많은 도서국가에 알리는 민간 외교사절 역할을 충분히 수행할 수 있다.

## 24 양식업의 미래는 밝다

### 복합사료 보급이 관건

수산업을 부흥시키기 위한 대안으로 양식어업 활성화가 거론되고 있다. 우리나라에서 양식업 시초는 서기 28년으로 거슬러 올라간다. 고구려 대무신왕 11년 때 작은 연못에서 잉어를 양식했다는 기록이 전하고 있다. 하지만 양식업은 크게 각광받지 못하다가 수산자원이 부족해짐에 따라 주목을 받았다. 양식업 중요성은 더욱 커졌고 관련 기술도 발달하기 시작했다.

우리나라 수산업이 급성장한 것은 1962년부터 시작된 경제개발계획에 힘입은 바 크다. 이 시기에 연근해 어업과 원양어업 및 양식어업이 발전의 닻을 올리며 국민들의 단백질 공급과 외화 획득원으로 자리잡았다.

김 미역 굴 피조개 바지락 전복 톳 다시마 넙치 등 이제는 양식되지 않는 어패류가 더 적을 정도로 양식기술은 하루가 다르게 발전하고 있다. 양식업은 수산생물을 안정적으로 확보할 수 있는 보고다. 부산에는 낙동강 하구 부근 김 양식장을 비롯해 육상 양식장과 미역 양식장이 밀집해 있다. 기장지역에 있는 육상 양식장에서는 넙치와 조피볼락(우럭) 350여만 마리가 사육돼 전국에 판매된다.

양식업 발전을 가로막고 있는 가장 큰 문제점은 사료다. 우리나라 양식 어업인들은 대부분 갈고등어(어린 고등어) 까나리 전갱이 등의 생사료를 쓴다. 배합사료와 습사료 사용 비중이 선진 양식국가들에 비해 턱없이 낮다. 생사료 의존도가 높으면 영양 불균형에 따라 양식어류에서 질병이 발생할 우려가 높고 수질오염이 증가하며, 수급의 불안정과 어족자원 고갈을 초래한다. 해양수산부가 실시한 기르는 어업의 잠재력 조사 및 발전방안 연구 보고서에는 배합사료 기대효과와 장점이 다음과 같이 기술돼 있다.

한 어업인이 양식장에서 어류를 관리하고 있다.

"우선 사료 유실률이 낮다. 생사료와 습사료를 먹이로 투입할 때 유실률은 30~40%와 15~20%이지만 배합사료는 5% 내외다. 그 만큼 어장 환경 악화를 방지하는데 도움이 된다. 배합사료는 어족자원 감소를 초래하지 않고 사료비도 생사료에 비해 20~30% 절감할 수 있다."[30]

우리나라 양식장에서는 생사료 비중이 여전히 높다. 이유가 뭘까. 값싼 생사료 공급이 가능하고 양식장 주변 수질오염 규제가 미흡하며, 배합사료에 대한 품질 불신이 주된 요인이다. 어업인들에게 배합사료를 권장할 수 있는 토대를 구축해줄 필요가 있다. 생사료는 무엇보다 어족자원 감소로 이어져 전체 수산업 발전에 부정적으로 작용한다. 사료생산 전문업체들이 저렴한 가격으로 품질 좋고 환경 친화적인 제품을 서둘러 보급하면 국내 양식업 발전을 도모할 수 있다.

양식 선진국인 노르웨이는 배합사료만을 사용해 연어를 연간 50만t 생산하며 세계 1위의 연어 송어 생산국으로 발전했다. 사료량 규제를 통해 생산량을 조절하고 환경오염 방지에 적극 나서고 있는 점을 우리나라가 배워야 한다. 일본도 전략품종인 참돔을 연간 10만t 생산하면서 전량 배합사료를 사용한다.[31]

### 러시아 일본과 가까운 부산

수산업 활성화에 빼놓을 수 없는 것은 수산물 유통업의 진작이다. 부산에는 100만여t 보관능력을 가진 냉동 냉장창고를 비롯해 가공회사 117개소와 부산공동어시장이 영업하고 있다.

부산은 수산물 생산량이 많은 중국 러시아와 가깝고 수산물 소비대국인 일본과 인접해 있다. 공급지와 소비지를 빠른 시간에 연결하는 좋은 지정학적 위치와 어류를 신선하게 보관할 수 있는 냉동창고업이 발달해 있다. 부산이 국제 수산물 유통기지로 성장할 수 있는 조건을 두루 갖춘 셈이다.

매년 초부터 5월 말까지 부산에서는 국제 명란거래가 활발하다. 거래금액은 연간 3500억 원 규모다. 러시아인들이 명란을 공급하고 일본인들이 구입해 간다. 부산에 국제 명란시장이 형성된 것은 관세를 물지 않아도 되고 인건비가 일본보다 저렴하기 때문이다. 부산지역 냉동창고와 업체들은 국제 명란거래로 보관료와 거래 수수료를 챙긴다. 명란 외에 킹크랩 연어 새우 대구 등 다른 BWT(보세창고 인도 조건) 수산물을 거래하면 수산업 발전을 앞당길 수 있다. 부산을 통해 러시아산 연어와 대구를 유럽으로, 인도네시아와 태국산 새우를 일본으로 보내는 것이다. 중국이 이들 물량을 유치하기 위해 안간힘을 쓰고 있고 일본도 BWT 물량 잡기에 다시 뛰어들었다. 부산이 중국과 일본보다 월등히 앞선 경쟁력을 갖추기 위해서는 최상의 신선도를 유지하면서 금융지원 방안과 공신력 있는 검품 및 규격화가 뒤따라야 한다.

국제 수산물거래소는 BWT 수산물에 대한 검품과 규격화, 거래에 따른 안전도를 높일 수 있다. 킹크랩 물량이 5000억~6000억 원에 이르는 등 국제 수산물 거래금액이 2조 원을 넘을 것으로 예상되는 만큼 수산물 거래소 설립을 적극 검토해 봄직하다.

# 25 부산공동어시장의 변신

　수산업 1번지인 부산시 서구 충무동은 어자원이 풍부한 시절에 뱃사람들과 유통업체들로 활기가 넘쳤다. 부산공동어시장을 중심으로 수많은 수산물 유통업체와 어구 판매업체들이 모여 수산업 중심지로 발돋움했다. 그러나 어자원 고갈이 가속화되고 수입 수산물이 넘쳐나면서 이곳은 활기를 잃어가고 있다.

　국내에서 생산되는 수산물은 2005년 기준 271만4000t에 불과하지만 소비량은 420만2000t에 달해 부족물량을 수입으로 충당하고 있다. 부산지역 주력산업인 수산업은 옛 영화는 고사하고 어획량 감소에 대응할 만한 돌파구를 찾지 못하고 있는 게 현실이다. 더욱이 1995억 원을 들여 건립 중인 감천항 공영 수산물 도매시장(연면적 12만5400㎡)이 2008년 가동되면 공동어시장과 감천 수산물 도매시장의 양립에 따른 물량 부족이 불가피하다.[32] 부산공동어시장은 연근해 어획물을 취급하고 감천 공영 도매시장은 원양어획물과 수입 수산물을 상장할 계획이지만 두 시장이 성공적으로 운영될 수 있을지는 불투명하다.

연근해 수산물을 위판하는 부산공동어시장.

수산업 환경이 크게 바뀐 만큼 부산공동어시장과 감천 도매시장의 전향적인 통합이 필요하다. 부산공동어시장은 건립된 지 30년이 지나 시설이 낡았다. 10여 년 전부터 시설 현대화 얘기가 나왔지만 아직도 실현되지 않았다. 공동어시장을 운영하는 대형선망, 대형기선저인망, 부산시, 경남정치망, 서남구 등 5개 수협과 어시장 노동조합은 이 문제를 적극 검토할 시점이 됐다. 공동어시장이 감천 도매시장에 입주해 연근해, 원양어획물, 수입 수산물이 동시에 거래되면 양 시장의 발전 가능성이 훨씬 높아진다.

감천 도매시장을 활성화하기 위한 부산시 노력도 필요하다. 감천 공영 도매시장 부두는 원양어선 높이에 맞게 건설됐기 때문에 연근해 어선들이 접안하기 힘들다. 이 부두 인근에 연근해 어선들을 위한 새로운 시설 확보에 나서는 한편 기상 악화시 감천항 내로 들어오는 너울을 방지할 수 있는 새로운 방파제도 필요하다. 부산지방해양수산청 부산항 건설사무소는 감천항 너울 방지를 위한 용역을 실시해 기존 방파제 바깥 해역에 새로운 방파제를 건설해야 한다는 연구결과를 내놓았다. 그러나 한진해운의 반대로 지금까지 건설되지 않고 있다. 한진해운은 감천항에 컨테이너 터미널을 운영하고 있는 만큼 새로운 방파제가 기존 방파제 근처에 설치되면 대형 컨테이너선 입출항에 큰 장애가 된다는 주장을 폈다.

감천항 이용 고객들의 상반된 의견으로 방파제 건설은 지지부진하다. 하지만 감천 공영도매시장이 들어서면 이 문제가 또다시 불거질 가능성이 높다. 특히 한진해운은 신항 2-1단계 운영선사로 결정돼 감천항 컨테이너 터미널 이전이 불가피하다. 원양이나 연근해 어선들이 안전하게 입출항하고 정박할 수 있는 시설보강이 이뤄져야 감천항 공영 도매시장이 제 역할을 다하게 된다. 과제는 이 뿐만이 아니다. 대형 선망 어선들이 감천항에서 위판하려면 어창수 처리가 문제로 작용한다. 어창수는 잡은 고기를 얼음과 함께 저장한 뒤 녹은 물이다. 이 물에는 물고기에서 떨어진 이물질이 혼합돼 있다. 대형선망 어선들은 공동어시장에서 위판할 때 어창수를 남항에 버려도 해수 유통이 원활하게 이뤄져 큰 문제가 되지 않았다. 그러나 감천항은 내만과 같아 해수 흐름이 원활하지 못하다. 어창수 처리시설이 들어서지 않으면 감천항 오염문제가 제기된다. 선망어선들이 감천항을 이용하기 위해서는 어창수 처리시설을 설치하지 않으면 안 된다.

부산공동어시장이 떠난 자리는 리모델링을 통해 부산의 명소로 태어날 수 있다. 자갈치시장과 공동어시장을 연결하는 해안도로를 국내 최대의 수산물 판매 센터로 개발하면 지역경제 활성화에 기여하게 된다. 이 일대는 부산의 맛과 멋을 느낄 수 있는 상징적인 곳이지만 30~40년 전 모습을 그대로 간직하고 있다. 남항에 정박해 있는 낡은 어선들을 정리하는 등 바다를 정비하면 남항 일대 리모델링은 가능하다.

해안도로가 시민에게 돌아오고 바다 가까운 곳에서 회를 먹고 즐길 수 있으면 남항 일대는 동양 최대의 수산물 거리로 탈바꿈할 수 있다. 남항과 가까운 옛 시청부지에는 100층이 넘는 부산롯데월드가 건립 중이다. 부산롯데월드와 아름다운 남항 및 수산물 거리가 입체적으로 연결되면 충무동 일대는 새로운 모습으로 태어날 수 있다.

자갈치시장 거리는 수산물 거래 중심지이지만 노점상이 너무 많아 무질서 천국으로 변했다. 바닥에는 수산물을 취급하면서 나온 물이 항시 고여 있어 쇼핑객 통행에 지장을 준다. 외국인들은 이 거리에 자주 오지 않는다. 노점상들이 거리를 장악한데다 도로가 너무 질퍽하고 더럽기 때문이다. 자갈치시장은 부산 최대의 관광명소로 발전시킬 수 있는 충분한 여건을 갖췄다. 깨끗한 해안도로를 확보하고 남항에 어류 위판을 위한 화물트럭 출입을 제한하며, 노점상을 일정 지역에 최소한도로 유지시키면 동양에서 가장 아름다운 수산물 센터로 거듭날 수 있다.

관광명소 자갈치시장이 되려면 이 거리에 외국인들의 다양한 입맛을 공략할 수 있는 식당도 필요하다. 일본인들은 음식 맛 못지않게 장식을 중요시한다. 일본 시코쿠 가미카츠 지방. 도쿠시마 공항에서 버스로 약 2시간 거리에 있는 산골마을이다. 이곳 주민들은 귤 농사가 위기를 맞자 주변에 널린 나뭇잎으로 연간 20억 원의 소득을 올리고 있다.[33] 주민들은 처음에는 나뭇잎이 돈이 될 것이라는 주장을 허투루 들었다. 하지만 한번 해보자는 주민들 의지가 결집돼 싱싱한 나뭇잎으로 회 등 음식을 장식하는데 사용해 대단한 인기를 모았다.

일본인들은 깨끗하고 정갈하며 보기 좋은 음식을 선호한다. 이런 점을 공략해 일본인들이 즐겨 찾을 수 있는 식당을 유치하자. 중국인들도 마찬가지다. 풍성한 먹을거리를 좋아하는 중국인 입맛을 사로잡고 자신들 나라에서 먹었던 그런 음식을 내놓으면 된다. 유럽이나 미국인들은 와인을 곁들인 음식을 선호한다. 미국 라스베이거스에서는 한 업소가 공중에서 내려온 직원이 와인을 내놓는 마케팅을 선보였다. 외국인 입맛에 맞는 음식과 우리나라 대표 음식들이 경연을 벌이는 식당가를 이곳에 설치하면 부산에 오는 국내외 관광객 수는 크게 늘어날 것이다. 일본인들은 오전에 부산에 와서 식사를 하고 오후에 돌아갈 수 있을 만큼 경제적인 여유를 가졌다. 자갈치시장 일대 거리가 국내외 관광객들에게 먹을거리와 볼거리를 제공하면 부산은 분명 달라진다.

아름답게 건립된 자갈치시장 건물이 남항과 조화를 이루고 있다.

# 부산은 세계 조선산업의 중심

세계 1위의 한국 조선업계가 힘찬 항해를 계속하고 있다.

유럽 국가들이 장악했던 조선산업은 일본을 거쳐 한국으로 넘어왔다. 일본은 40년 동안 세계시장을 지배했으나 우리나라가 수주잔량 기준 시장 점유율에서 일본을 누르고 2003년 이후 확고한 수위 자리를 지키고 있다. 국내 산업 가운데 세계시장 1위 산업은 드물다. 조선은 외화가득률이 90% 이상일 뿐만 아니라 고용효과도 매우 큰 우리 경제의 효자 산업이다.

2006년 상반기 세계 조선시장에서 한국은 건조량 38.5%, 수주잔량 37.9%, 수주량 40%를 점유하며 2005년에 이어 세계 1위를 굳건히 지켜 냈다. 2006년 수출액(선박인도 기준)도 220억 달러에 달할 것으로 전망되는 등 이 산업의 호황이 지속되고 있다. 세계 1위부터 9위까지 조선소 순위 안에 현대중공업 삼성중공업 대우조선해양 현대미포조선 현대삼호중공업 한진중공업 STX조선 7개사가 포진해 있다.[34]

부산은 국내 조선산업의 중심지에 있다. 울산과 진해 거제 목포로

한진중공업 영도조선소에서 댐(DAM) 공법으로 컨테이너선이 건조되고 있다.

이어지는 동남권 조선공업 벨트의 중간에 위치에 있으면서 우수한 설계인력을 배출하고 조선기자재 생산에 주도적인 역할을 하고 있다. 부산 영도구 봉래동에 터전을 잡고 있는 한진중공업은 국내 조선산업의 발원지다.

재래부두에서 영도 쪽으로 바라보면 부산항에서 자주 볼 수 있는 컨테이너선들과 거대한 해상 크레인이 한눈에 들어온다. 뒤쪽으로 봉래산을 이고 앞쪽으로는 짙푸른 바다를 벗 삼고 있는 한진중공업. 이 회사는 70년 역사와 뛰어난 기술력을 바탕으로 대형 컨테이너선과 LNG(액화천연가스) 운반선 및 각종 군용선을 생산하며 한국 조선업 개척자에서 세계 조선산업의 견인차로 성장했다.

영도조선소 정문에서 좌우측으로 1독(Dock)과 가공공장이 배치돼 있고 앞쪽으로는 3, 4독과 안벽이 들어섰다. 정문 왼쪽에는 1독이 있었으나 이제는 메워져 야외 조립장소로 변했다. 부지가 좁고 선박에 탑재되는 블록이 커진 때문이다.

회사 곳곳에는 블록과 기자재가 즐비하다. 도로도 소형 화물차가 겨우 지나갈 정도로 협소하다. 앞쪽 바다에는 부산항을 드나드는 선박 통항로가 있고 뒤쪽에는 주거지와 맞닿아 있어 부지를 확장할 수 없는 지리적 한계를 갖고 있다. 그래서 오래 전에 조성된 좁은 부지(26만 4000㎡)에서 공장 활용도를 높여 더 많은 선박과 더 커진 선박을 만들기 위하 신공법으로 고품질 선박을 만드는데 사활을 건다.

세계적인 철강회사인 포스코 등지에서 들여온 철판을 설계대로 자르고 붙이는 선각공장과 배관공장이 잇따라 들어섰고 길이 301m 너비 50m의 3, 4독에선 대형 컨테이너선이 쉴 새 없이 건조된다. 한진중공업은 200여 척에 달하는 컨테이너선 건조실적과 축적된 기술 및 노하우로 세계 최강의 경쟁력을 자랑한다. 다대포 울산 마산 및 인천 율도에 블록공장을 거느리고 있는 한진중공업은 3000t 규모 해상 크레인을 활용해 연간 15척, 총 100만DWT(재화중량톤)의 선박을 만들며 한국 조선 1번지에서 세계 조선산업 센터로 성장하고 있다.

필리핀 수빅만에서는 제2 도약이 시작됐다. 이 회사는 건조능력 향상을 위해 7000억 원을 투입, 수빅만에 대규모 조선소를 건립하기에 여념이 없다. 미 해군기지가 철수한 수빅만 231만㎡의 넓은 부지에 길이 400m 너비 100m 깊이 12.5m에 이르는 대형 독을 건설해 2007년 5월부터 3000~4000TEU급 중형 컨테이너선을 집중적으로 지을 예정이다.

울산 현대중공업은 1972년 설립 이후 세계 1위 조선업체로 성장하며 조선역사를 새로 써 나가고 있다. 연간 70여 척을 짓고 있는 현대중공업은 대형 컨테이너선에서 초대형 유조선과 해양구조물 등 고부가가치 선박을 건조하며 조선 한국의 위상을 세계 속에 드높였다. 현대중공업은 429만㎡에 이르는 넓은 공장에서 선박뿐만 아니라 엔진과 중장비를 생산하며 조선대국 한국을 세계인들에게 각인시켰다.

우리 조선소들의 신기술 개발은 가히 눈부실 정도다. 배는 전통적으로 독에서만 만들어졌다. 독은 배를 지은 뒤 바다에 띄울 수 있도록 해주는 일종의 대규모 웅덩이로, 독의 규모와 수는 조선소 건조능력을 가늠하는 잣대가 될 만큼 선박 건조에 있어서 필수적인 시설이었다. 하지만 독이 아닌 맨땅에서 배를 제작해 바다로 내보내고 협소한 부지의 한계를 뛰어넘기 위해 물 속(?)에서 용접하는 공법이 잇따라 개발됐다.

신기술 개발 사례는 여기에서 끝나지 않는다. 과거에는 블록 100여 개로 선박을 조립했으나 이제는 거대블록 8~15개만으로 배를 지을 수 있는 수준에 올라섰다. 예전에는 불가능했던 일들이 첨단공법 덕분에 우리 조선소에서 현실로 나타났다. 블록은 선수에서부터 선미까지 선박을 구성하는 개별 선체다. 국내 조선소들은 이 같은 신공법을 적용해 건조 기간 단축과 생산효율 극대화를 달성하며 우리나라를 세계 조선강국 반열에 올려놓았다.

대형 조선소들이 지역경제에서 차지하는 비중은 단연 독보적이다. 이들 기업을 빼놓고 지역 경제를 이야기할 수 없을 정도로 막강한 영향력을 미친다. 한진중공업 매출액은 2005년 조선 부문에서만 1조382

억 원이며, 2006년에는 1조3000억 원을 목표로 하고 있다. 여기에 건설 부문을 합치면 2006년 목표 매출액은 2조5000억 원으로 늘어난다. 부산지역 상장기업 가운데 매출액 1위 기업일 뿐만 아니라 국내 100대 기업에 포함돼 있다.

고용과 수출 및 세금 납부에서도 언제나 수위다. 이 업체의 직접 종사자수는 7000명(조선 2700명, 건설 300명, 외주업체 상시인력 4000명)으로 부산지역 제조업 종사자의 2~3%를 차지한다. 수출액은 연간 10억 달러로 부산 전체 수출액의 10~15%에 이르고 정부에 내는 법인세 및 제세공과금만도 연간 250억 원에 달한다.

## 국내 조선소들이 개발한 신기술

한진중공업은 1999년 세계 최초로 초대형 블록(GPE 블록)을 스키드(Skid) 탑재 공법으로 선박을 건조한 데 이어 2004년에는 수중에서 용접(?)하는 댐(DAM, 수중 용접을 위한 물막이 구조물) 공법을 선보여 세계를 놀라게 했다. 이 업체는 독보다 큰 선박을 지을 수 없다는 생각에서 벗어나 독에서 1차 진수한 미완성 선박을 댐을 이용해 수중에서 연결한 뒤 물을 빼고 용접하는 공법으로 길이 301m의 독에서 325m에 달하는 8100TEU급 컨테이너선을 제작하는데 성공했다. 부지 한계를 극복한 댐 공법은 한진중공업이 자랑하는 혁신적인 생산기법이다. 한진중공업은 끊임없는 기술개발 노력으로 10개가 넘는 세계 최초 및 최대의 선박 건조 사례를 갖고 있다. 이 업체는 1938년 국내 처음으로 390t급 철강화물선 건조를 시작으로 어선과 냉동선 석유시추선을 만들어 조선산업의 터전을 닦은데 이어 1995년에는 동양 최초로 멤브레인형 LNG선을 건조해 '기술 한진중공업'을 세계에 과시했다.

현대중공업이 육상에서 대형 선박을 짓겠다고 했을 때 전 세계 조선업계에서는 불가능한 일이라고 단언했다. 하지만 이 업체는 2004년 6월 세계에서 처음으로 독 없이 육상에서 선박을 건조한 뒤 레일을 이용해 가로로 밀어 진수시키는데 성공했다. 이 업체는 육상 총조립 공법을 적용, 2004년 10월 러시아 노보쉽(Novoship)사의 10만5000t급 원유운반선을 진수해 조선업계를 놀라게 했다. 이 업체는 독 없이 맨땅에서 선박을 만든 지 2년 만에 총 10척, 100만DWT 건조 기록을 수립했다. 독 없이 배를 만들면서 처음에는 선체 제작에 85일이 걸렸으나 최근에는 독에서 제작하는 수준인 55일로 단축됐다. 현대중공업은 매년 선박 16척을 독 없이 건조하기 위해 작업장 추가 건설과 크레인 레일 연장 등 생산시설을 확충하고 있다.

삼성중공업은 세계 최초로 해상 크레인을 이용해 메가블록(Mega Block)을 탑재하는 신공법을 선보였다. 과거에는 독으로 옮길 수 있는 크레인 능력이 최대 500t 정도밖에 되지 않아 선박 1척을 건조하는데 많은 블록을 독으로 이동시켜 작업해야 했다. 그러나 삼성중공업은 기존 블록보다 5~6배나 큰 2500t 이상 초대형 블록으로 조립한 뒤 해상 크레인을 이용해 독 안으로 이동시키는 메가블록 공법을 도입해 건조기간을 획기적으로 단축했다. 10만t급 유조선 1척을 짓는데 들어가는 블록이 이전에는 약 90여 개였으나 메가블록 공법으로는 단지 10개만이 필요하다. 3개월 정도 걸리던 독 내 건조기간이 1.5개월로 줄었고 지상에서 배관 배선은 물론 의장과 도장작업까지 완벽하게 끝낸 후 다음 공정으로 넘겨주기 때문에 전체적인 공정효율이 크게 개선됐다.

대우조선해양은 세계에서 처음으로 차세대 선박인 20만㎥급 라지 LNG(LLNG)선을 제작중이다. 이 선박은 일반 LNG선(13만8000~15만㎥급)과는 달리 가스를 싣는 화물창이 5개(기존 4개)다. 화물창 공사는

LNG선 작업 중 가장 어려운 공정이다. 이전에는 독에서 선체 조립과 함께 화물창 공사를 함께 했다. 하지만 대우조선해양은 용량이 커진 LLNG선 건조 효율을 높이기 위해 높이 10층짜리 화물창 전용 시스템 발판을 육상에서 조립해 용골(하부의 이중선체로 된 대형블록) 배치 때 함께 얹어 해상 크레인으로 탑재하는 화물창 총조립 공법을 적용했다. 대우조선해양은 이 공법을 적용하면서 드라이 독이 아닌 플로팅 독에서 시도하고 있다. 고정된 독이 아니라 물 위에 떠있는 독에서 배를 만드는 데는 용접에 의한 변형이나 블록 간 단차를 고려한 세심한 작업관리와 기술이 요구된다. 이 방법을 사용하면 대규모 시설 투자비가 들어가는 전용 드라이 독을 건설하지 않고 다른 선종과의 간섭을 피하면서 배를 지을 수 있는 장점이 있다.

STX조선은 세미탠덤(Semi Tandem) 방식과 SLS(Skid Launching System) 공법을 개발해 한정된 공간에서 더 많은 배를 만들었다. 이 업체는 생산성과 공간 활용도를 최대화하기 위해 독 하나에서 배 4척을 건조한 뒤 먼저 만들어진 2척을 진수하는 방식으로 독 회전율을 높였다. 이 같은 공법을 적용, STX조선은 2006년 하나의 독에서 전년보다 3척이 늘어난 27척을 건조할 계획이다.

# 왜 세계 1등이 됐나

## 조선입국 이후 30여 년만의 성과

1970년대 '조선입국'의 기치를 내걸고 출발한 우리나라 조선업이 30여 년 이후 세계 1위에 오른 비법은 무엇일까.

조선대국 반열에 오른 데는 여러 요인이 있으나 유능한 인력과 정부의 지속적인 전후방산업 육성 및 신공법 개발이 성장 동력이다. 철강과 엔진 등 전방산업이 30여 년 동안 잘 발달했기 때문에 오늘의 조선산업 개화로 이어졌다. 부산 울산 거제에 있는 대형 조선소를 중심으로 제철 기계 화학 산업이 앞쪽에서 이끌고 각종 부품을 생산하는 기자재 업체들이 뒤를 밀고 있다. 이른바 조선소와 전후방 산업이 삼각 편대를 구축했다.

전방산업 업체들은 주로 울산 창원 등지에 들어서 부산 울산 거제 지역 조선산업을 지원하고 있다. '모든 산업의 쌀'로 불리는 철강. 포스코가 한국 철강산업을 개척하고 선도하며 다른 산업 발전에 크게 기여했다. 특히 조선에는 절대적이다. 선박 1척을 건조하는데 강재 비용은 전체 비용에서 45~55%를 차지한다. 1968년 설립된 포스코는 1973년 포항 영일만에서 국내 최초로 조강 생산능력 130만t 규모 1기 고로설비를 준공하면서 철강강국 시대를 활짝 열었다. 이어 1985년에는 광양만에 제철소를 건립한 뒤 친환경적이고 경제적인 제선공법인 파이넥스 공법과 생산 공정을 대폭 단축하는 스트립 캐스팅 기술을 개발, 2001년 세계 1위 철강회사로 발돋움했다. 주요 업체들의 합병으로 2006년에는 4위에 머물렀지만 인도에 일관제철소 건설을 추진하며 세계 1위 탈환에 전력을 기울이고 있다.

조선소들은 선박 건조에 들어가는 후판을 대부분 포스코와 포항 동국제강에서 공급받고 있으며, 부족 물량을 해외에서 수입한다. 포스코와 동국제강이 안정적인 조강생산 능력을 갖췄기 때문에 국내 조선소들이 이들 업체로부터 적기에 원재료를 확보할 수 있게 된 것이다.

선박을 운항하는 주 기관으로 꼽히는 엔진. 정밀한 설계와 뛰어난 생산기술로만 제작할 수 있는 핵심 부품이다. 엔진 국산화에 나선 업체는 현대중공업과 두산엔진. 국내 조선소들은 대부분 이들 업체에서 엔진을 납품받아 선박건조에 나선다. 현대중공업은 엔진기계 사업본부를 설치한 뒤 1978년 선박용과 발전용 엔진 제작에 성공한 이래 단일 공장으로는 세계 최대 메이커로 성장했다. 이 회사는 엔진 1호기 생산 이후 26년 만에 80~100년 역사를 가진 유럽과 일본 엔진업체를 앞서게 됐다. 꾸준한 기술개발을 통해 현대중공업은 연간 대형엔진 200여 대, 중형엔진 800여 대, 크랭크 샤프트, 프로펠러를 생산하며 세계 엔진 생산물량의 40%를 점유했다.

엔진은 선박 건조가격의 10%에 이르는 고가이며, 제작 기간만도

현대중공업이 육상건조공법으로 대형선박을 짓고 있다.

10~12개월이 소요된다. 현대중공업은 세계 최대 10만4000 마력 엔진을 제작하는 등 연간 1000만 마력 생산체제를 갖췄다. 두산엔진도 시장 점유율 20~25%를 유지하며 조선산업 발전을 이끌고 있다. 현대중공업은 2007년에는 14기통짜리 11만6000마력 엔진을 생산한다는 계획 아래 기술개발과 품질개선에 힘쓰고 있다.

도료의 중요성도 선박 건조에 빼놓을 수 없다. 선박용 도료 생산업체로는 KCC와 IPK 및 주고꾸 삼화페인트가 대표적이다. 30만t급 유조선를 건조할 때 도료를 5~7번 칠해야 하며, 도료 가격은 선가의 2%를 차지한다. 특히 도료는 선박의 운항속도 향상과 손상 방지 기능을 한다. 선박은 물과 닿는 부분에 미생물 등이 붙으면 속도가 떨어져 기름 소비 증가로 이어진다. 이 때문에 미생물이 붙지 못하면서 자연 생태계에 영향을 미치지 않는 첨단 도료 개발이 가속화되고 있다.

후방산업은 단연 조선기자재 제조업체들이다. 조선기자재는 선박 건조와 수리에 사용되는 모든 기계와 원자재를 지칭한다. 기자재 업체들은 항해 조타장치 하역장비 어로장비 등을 생산해 조선소에 공급한다. 선박에는 약 10만 개 부품이 들어간다. 자동차의 3만 개보다 3배가량 많다. 블록 대형화로 무거운 제품이 늘어나고 선박의 첨단화에 따라 고도 기술을 요하는 부품들도 많아졌다.

### 조선기자재가 부산경제 효자

부산은 조선기자재 산업이 발달한 도시다. 이들 업체는 대형 조선소 주변인 부산과 울산 거제에 밀집해 있다. 부산지역 조선기자재 업체는 2005년 말 기준 330여 개 사에 이른다. 이 가운데 160여 개 사가 녹산 국가산업단지에 입주해 있고 나머지는 신평 장림공단 등지에서 부품을 생산하고 있다. 이들 회사는 조선 전업률 30~50%, 연 매출액이 30억 원 이상 되는 업체들이다. 경남에도 100여 개 사가 공장을 가동하고 있어 부산 경남지역에는 전국(540여 개 사)의 80%에 해당하는 업체가 집중돼 있다. 또 부산에는 선박 수리부품 생산업체까지 포함하면 500~600여 개 사에 이를 것으로 추정된다.

부산지역 조선기자재 업체들의 총 매출액과 종사자수는 2005년 말 기준 각각 1조8320억 원과 3만3000명으로 전국 매출액(4조5980억 원)과 종사자(6만6000명)의 40%와 50%를 차지했다. 조선기자재 산업은 부산지역 고용과 생산액에서 큰 비중을 차지하며 지역경제 활성화를 견인하고 있다.[35]

부산에는 내로라하는 조선기자재 업체들이 즐비하다. 데크 하우스(선원 거주공간)를 생산하는 오리엔탈 정공을 비롯해 동화엔텍(열 교환기) 동남정공(배관설비) 해덕산기(조타기) 성일SIM(파이프) BIP(내장재) 스타코(내장재) NK(소방설비) 현진소재(선박용 엔진부품)는 조선소와 선주들로부터 품질을 인정받은 기업들이다.

선박 부품은 다품종 소량 주문방식으로 생산되고 선박이라는 특수한 여건에서 작동되는 부품인 만큼 내구성 내식성 안전성에서 국제적으로 엄격한 품질인증을 받아야 한다. IMO(국제해사기구)가 제정한 국제협약인 SOLAS(해상인명 안전협정)와 MARPOL(해양오염 방지협약)이 요구하는 품질을 갖춰야 할 뿐만 아니라 각국 선급협회 검사를 통과한 합격품만이 기자재로 사용될 수 있다. 조선기자재 국산화율에서도 우리 업체들의 기술력은 입증되고 있다. 조선기자재 국산화율은 90%를 넘는다. 중국이 50%선에 불과한 것을 감안하면 국제적으로 확고한 기술 경쟁력을 보유하고 있다. 선주들이 지정한 품목을 제외하면 탱커 컨테이너선에 필요한 기자재 대부분이 국산화된 셈이다.

생산 인력도 단연 세계 최고 수준이다. 국내 조선소들은 1980년대 초반 설계 건조에 필요한 기술을 해외에서 도입했다. 하지만 일본 프랑스가 핵심기술 이전에 난색을 표하자 조선소들은 선진기술 모방에서 벗어나 독자적인 설계와 생산기술을 확보하는데 주력했으며, 부설 연구소를 설립해 연구개발에 나섰다.

배 만들기에서 가장 중요한 일은 선체 설계와 현장 생산이다. 능력이 뛰어난 설계와 현장인력들이 이 일을 맡으며 신선종 및 신공법 개발을 주도하고 있다. 국내 조선소 설계인력은 2005년 기준 조선과 해

삼성중공업이 해상크레인으로 메가블록을 탑재하고 있다.

양 및 연구소를 포함해 모두 8058명에 달하고 순수 조선부문 설계인력만도 5140명으로 집계됐다. 일본은 국내 단일 회사 수준에도 못 미치는 2000명 선에 불과하고 중국은 일부 조선소를 제외하고는 독자적인 설계능력을 갖추지 못했다.

현대중공업이 1470명으로 가장 많고 삼성중공업 1290명, 대우조선해양 1200명 선이다. 해양 부문에서는 대우조선해양이 780명으로 최대를 기록했고 현대중공업 650명, 삼성중공업 400명이다. 연구소 인력의 경우 현대중공업 542명, 대우조선해양 293명, 삼성중공업 212명, 한진중공업 41명 순이다. 이들은 선체 기본설계를 비롯해 선장 선각 의장 전기 등 각 부문 상세설계를 독자적으로 수행하며 완벽한 제품을 생산한다.[36)]

현장 인력의 기술력도 선주와 각국 선급협회가 인정해주고 있다. 선박 건조에서 가장 큰 비중을 차지하는 용접의 경우 국내 많은 조선소에서 무검사 인도가 이뤄지고 국내 조선소에서 용접 불량률은 0.5%

미만에 이를 정도로 미미한 수준이다.

생산경험이 풍부한 인력들이 건조기간 단축과 품질 향상에 매진하고 있는 것이다. 2005년 기준 생산인력의 평균 근속연수는 15년. 현대중공업이 18.5년, 한진중공업 18년, 대우조선해양 15.9년이고 삼성중공업이 11년으로 가장 낮다. 이 때문에 국내에는 여러 가지 일을 할 수 있는 다기능 보유인력이 많아 생산성 향상에 도움이 된다. 조선소에서 가장 왕성하게 일할 수 있는 나이는 30대 후반에서 40대 초반이다. 국내 조선소 생산인력은 기술력에서 세계 최고 수준에 이르렀다.

대우조선해양이 LNG 화물창을 탑재하고 있다.

# 28 계속 세계 1위를 하려면

### 조선산업은 기적

1972년 울산에 세계에서 가장 큰 현대중공업이 들어서기 전까지 수출은 거의 없고 세계시장 점유율이 1% 미만이었던 것을 감안할 때 기적 같은 일이 현실화됐다. 우리나라는 척당 2억 달러가 넘는 LNG선을 비롯해 1만TEU급 초대형 컨테이너선, FPSO(부유식 원유생산 저장설비)와 같은 고부가가치 선박 부문에서 세계 시장 점유율 70% 이상을 달성했다. 하지만 일본과 중국의 추격이 만만찮다. 일본은 세계 1위를 탈환하기 위해 신기술 개발에 전력하고 있으며, 중국은 2015년 세계 1위를 목표로 시설 확장과 우수인력 양성에 힘쓰고 있다. 한중일 3국이 조선산업 부문에서 쫓고 쫓기는 경쟁을 벌이고 있는 것이다.

국내 조선산업이 세계 1등을 계속 유지할 수 있는 전략 가운데 부가가치가 높은 미래형 선박 개발과 건조가 0순위로 꼽힌다. 국내 조선소들은 고부가가치 선박을 건조하는데 총력을 기울이고 있으나 이 부문에 대한 투자와 연구개발 노력을 더욱 심화시켜야 경쟁국들을 멀찌

감치 따돌릴 수 있다.

미래 신개념 고부가가치 선박으로는 조선과 해양 개념이 혼합된 제품들이 주를 이룬다. 국내 조선소에서 건조되고 있는 FPSO는 척당 가격이 8억 달러에 달하는 고가선박이다. 국내 업체들은 에너지가 원유에서 청정에너지인 천연가스로 옮겨짐에 따라 원유가 아닌 액화천연가스를 운반하고 공급할 수 있는 선박 건조에 주력하고 있다.

대우조선해양은 LNG-RV(재기화 설비를 갖춘 LNG선)를 만들어 선가를 높이고 있으며, 삼성중공업도 이와 비슷한 SRV LNG선을 노르웨이 레이프 호그사로부터 2척을 주문받았다. LNG선 척당 가격이 2억 달러에 이르지만 LNG-RV선은 2억5000만~2억8000만 달러에 달한다. LNG-RV선은 천연가스를 액화된 상태로 운반하는 일반 LNG선과 달리 목적지 근처 해상에 정박해 천연가스를 직접 공급하는 신개념 선박이다. 이 선박은 육상에 LNG 터미널을 건설할 때 부담해야 하는 막대한 비용을 줄일 수 있으며, 테러 위협에서 벗어날 수 있고 폭발 사고 때에도 위험을 최소화할 수 있는 장점이 있어 미국에서 수요가 늘고 있다.

최첨단 가스선박도 국내 조선소들의 공략 대상이다. 조선소들은 LNG-FPSO와 LNG-FSRU(Floating Storage & Regasification Unit) 및 CNG(압축 천연가스) 운반선에도 눈을 돌렸다. LNG-FSRU는 가스 공급 지역의 해상에 있으면서 가스를 기화시켜 육상으로 공급하는 해양플랜트 설비이다. 일종의 해상가스 공급기지 역할을 하는 선박이다. 현대중공업은 CNG선에 대한 기본 설계를 마치고 주문을 기다리고 있다. 이 선박은 기존 LNG와 달리 기체 상태로 운송해 소비처에서 곧바로 공급할 수 있는 차세대 해상설비이다.

조선소들은 단순히 화물을 운송하는 선박 건조에서 벗어나 해양으로 사업영역을 넓혀 나가고 있다. 해양 설비 가운데 대표적인 것은 드릴 십(Drillship, 심해 원유시추 탐사선)이다. 이 선박은 해상 플랫폼 설치가 불가능한 깊은 바다나 파도가 심한 해상에서 원유를 발굴하는 선박 형태의 시추설비이다. 심해 시추능력과 기동성까지 겸비한 고부가가치선으로, 고유가에 따라 발주가 늘어나고 있는 해양 분야의 대표적인 신성장 엔진이다.

2005년 삼성중공업이 수주한 드릴 십은 30만t급 초대형 유조선(VLCC) 4척에 해당하는 5억 달러이며, 해저 1만1000m 깊이까지 파내려 갈 수 있는 최첨단 선박이다. 이 배는 드릴링 리그(반 잠수식 원유시추설비)선보다 이동성이 뛰어나 수요도 증가하고 있다. 삼성중공업은 이 선박에 대한 기술 개발을 선도함으로써 경쟁대상 조선소가 없을 정도의 가격 경쟁력을 갖고 있다. 삼성중공업은 2006년 발주된 7척 가운데 6척을 수주했다.

쇄빙선과 초대형 컨테이너선도 우리 조선소들이 중점 공략해야 할 고부가가치선이다. 쇄빙 Tanker는 얼음을 부수며 겨울철 북극해를 운항할 수 있는 선박이다. 현대중공업 등 국내 주요 조선소는 이 선박에 대한 기본 설계를 완료했다. 이와 함께 국내 조선소들은 중형 컨테이너선 건조로 축적한 노하우를 바탕으로 초대형 컨테이너선을 건조하며 세계 시장을 선도하고 있다. 현대중공업과 삼성중공업이 1만TEU급 컨테이너선을 주문받아 건조에 들어갔으며, 다른 조선소들도 속속 초대형 컨테이너선 시장에 뛰어들고 있다.

우리 조선소들의 숙제는 고부가가치선 가운데 하나인 크루즈선(호

2006년 10월 부산항 2부두에 입항한 호화유람선 '사파이어 프린세스호'.

화유람선)이다. 이탈리아 프랑스 독일 핀란드를 비롯한 유럽 국가들이 움켜쥐고 있는 시장이다. 이탈리아 핀칸티에리 조선소는 세계 호화유람선 시장의 25%를 점유하고 있고 프랑스, 독일, 핀란드 조선소들도 한국의 시장 진입을 강력히 견제하고 있다. 우리나라는 상선부문에서 절대적인 우위를 보이고 있으나 이 부문에서는 유럽업체에 크게 뒤떨어져 있다.

크루즈선은 해상에 떠있는 최고급 호텔을 방불케 한다. 선박 건조는 물론 내부 인테리어 산업이 같이 발달해야 하며 최고의 디자인 능력이 요구된다. 국내 조선소들이 이 시장을 공략하기 위해서는 우수한 조선기자재와 완전무결에 가까운 인테리어 공사를 할 수 있어야 가능하다. 대충 공사로는 유럽 선주들의 수주를 기대할 수 없다. 우리에게 크루즈선은 블루오션이다. 중국은 레드오션으로 불리는 탱커와 중형 컨테이너선 건조에서 우리나라를 턱밑까지 추격해왔다. 저가 선박 건조시장에서는 오히려 중국이 앞섰다.

국내 조선소들은 지구상에 떠다니는 대다수 선박을 만든다. 하지만 크루즈선에서는 초보 수준이다. 이 부문에선 수백 년 동안 세계 조선산업을 이끌어 온 이탈리아 프랑스 독일 등 유럽 국가들이 강력한 경쟁력을 갖고 있다. 이들 업체는 어떤 어려움이 있더라도 크루즈선 건조부문만은 한국에 내줄 수 없다는 입장아래 기술 유출방지에 적극적이다. 크루즈선은 척당 가격이 5억 달러가 넘을 정도로 고가이며, 관련 산업에 미치는 경제효과가 어느 선종보다 크다.

크루즈선은 선박의 종합예술이다. 육상으로 치면 주택이나 다름 없다. 호텔과 같은 호화시설을 갖춘 크루즈선은 바다에 떠 있는 궁전으로 표현된다. 우리나라가 이 선박을 짓기 위해서는 최고급 디자인 능력과 인테리어 산업의 발전 및 완벽한 마무리 공정이 필요하다. 철판을 자르고 붙이고 거대한 선박엔진을 제작하는 기술은 한국이 독보적이다. 하지만 예술성이 뛰어난 디자인과 호텔처럼 내부를 아름답게 꾸미는 작업에서는 유럽국가에 뒤떨어진다. 선박은 바다를 항해하는 만큼 내부 기자재도 육상 제품과는 다르다. 선박의 안전성을 높이고 바닷물에 오래 견딜 수 있어야 하며 안락함이 동반돼야 한다.

우리에게 부족한 것은 선박 인테리어 산업과 마무리를 완벽하게 하는 철저한 장인정신이다. 크루즈선 발주자는 대부분 서양인들이다. 그들의 미적 감각에 맞는 제품과 디자인을 토대로 호화스러움과 안전성을 높이면 크루즈선 시장 공략은 멀지 않았다.

국내 조선업계가 안고 있는 절박한 문제는 한두 가지가 아니다. 이 가운데 첫 번째가 고급 인력 부족과 고령화다. 조선업계는 연간 3000명 이상의 기능인력 부족이 예상돼 최근 호황에 찬물을 끼얹을 수 있다.

숙련된 기능인력 수급이 가장 어려운 문제다. 우리나라 조선소들은 1970년대 초 중반에 대거 설립됐다. 이 때 입사한 근로자들이 퇴직할 시기가 다가오고 있지만 신규 인력은 필요 인원만큼 충원되지 않고 있다. 현대중공업, 한진중공업 등 국내 조선소 인력의 평균 연령은 42~43세다. 조선소에서 가장 왕성하게 일할 나이가 30대 후반임을 감안하면 고령화가 심각한 수준으로 치닫고 있다. 국내 조선소들은 사내 직업훈련원을 운영하며 생산인력 양성에 힘쓰고 있다. 조선소들은 협력업체들을 대상으로 수요조사를 한 뒤 용접 도장 등의 부문으로 나눠 기능 인력을 교육시킨 뒤 협력업체에 보내고 있다. 현대중공업 삼성중공업 대우조선해양 한진중공업은 회사당 연간 400~1000명의 기능 인력을 직업훈련원을 통해 배출하고 있다.

이들은 대부분 협력업체에 취업한다. 이들이 없으면 선박 건조에 큰 차질을 빚게 된다. 이에 따라 정부가 젊은 인력들이 조선업에 더 많이 종사할 수 있도록 하는 지원책을 마련해야 한다. 노동부는 조선 기능인력 양성에 1인당 월 30만 원을 지원하고 있을 뿐이다. 이는 1인 교육비용의 17%에 불과하다. 기술력이 뛰어난 나이 많은 직원들이 대거 은퇴하면 기술 인력은 더욱 모자라게 돼 생산차질로 이어질 가능성이 높다. 기능인력 수급방안이 마련되지 않고는 지속적인 발전을 기대하기 힘들다.

현장인력 뿐만 아니라 고급인력 양성도 시급한 과제다. 부산대, 울산대 등 국내 대학에서 한 해 배출되는 조선관련 전문 인력은 800명 선이다. 조선관련 학과가 개설돼 있는 대학은 서울대 부산대 인하대 해양대 부경대 울산대를 포함해 모두 17개교. 이들 대학 졸업생은 조선소나 기자재 업체 및 연구소에서 일한다. 우리나라가 세계 1위를 유지하려면 유체 역학과 해양 구조공학에 정통한 최고급 인력이 절대적으로 필요하다. 새로운 선형 개발에는 기초연구가 뒤따라야 가능하다. 우리나라가 수주 잔량이나 건조량에서 세계 1위를 유지하고 있으나 첨단기술 부분에서는 노르웨이 영국 독일에 뒤떨어져 있다. 미국은 해양구조물 연구수준에서 우리를 훨씬 앞서고 있다. 상선 건조에서 우리에 뒤쳐져 있는 중국은 군함을 독자설계 할 수 있는 능력을 보유했고 영국 일본도 기초기술 강국이다. 유체 설계와 구조설계를 할 수 있는 고급인력 양성 없이는 새로운 선형 개발에 한계를 보일 수밖에 없다. 이들 인력을 키워내려면 대학과 국가 차원의 지원 방안이 수립돼야 할 시점이다.

중국은 무섭게 우리나라를 추격해오고 있다. 2006년 상반기 세계 조선시장 점유율에서 중국은 건조량 기준 13.3%, 수주잔량 18.4%로 일본에 이어 3위에 올랐다. 이런 속도라면 중국이 오는 2010~2015년에 세계 1위가 될 것이라는 전망도 나오고 있다. 중국을 따돌리기 위해서는 최고급 및 숙련된 현장인력을 충분히 확보해 신공법과 신선종 개발을 가속화하고 조선기자재 품질을 높이는 것뿐이다.

# |제**3**부|

# 관광 컨벤션,
# 세계인을 감동시켜라

# 01 초라한 관광산업

## 부산엔 볼게 있어야지

"얘! 너희들 어디 가니?"

"응, 부산에 관광하러 가."

"거기 가서 뭐할 건데? 바다 보러 부산까지 갈 필요 없잖아."

"특별한 것은 없지만 오랜만에 푸른 바다를 보면서 회 먹고 그러면 되지. 멋진 해운대 해변도 있잖아."

"잘 갖다와. 하지만 갔다 오면 금방 후회할 걸. 나도 몇 년 전에 갔다 왔는데 밥 먹고 나서 할 일이 없고 볼거리도 없어."

"내가 몇 년 전에 인도를 간 적이 있는데 정말 숨이 막힐 정도였어. 수도인 델리에서 200㎞여 떨어진 아그라에는 타지마할이 있어. 갠지스 강 지류인 야무나 강가에 비스듬히 지어진 무굴양식 정원과 이슬람 양식을 많이 채용한 인류 문화유산이야. 샤자한 왕은 그토록 사랑했던 왕비 뭄 타즈가 38세 젊은 나이로 세상을 떠나자 아름다운 무덤을 지어달라는 유언에 따라 세상에서 가장 아름다운 무덤을 짓기로 했어.

인도 아그라에 건립된 타지마할.

페르시아, 중앙아시아 등지에서 석공 2만여 명과 각종 대리석을 가져와 17년 동안 밤낮으로 지었는데. 하얀색 대리석이 완벽한 조형미를 갖췄어. 달빛이 타지마할과 만날 땐 너무나 신비로워. 이 건물을 보러 신앙에 관계없이 연간 200만 명 이상이 찾는데. 정말 환상적이었어. 두 번이고 세 번이고 가고 싶단 말이야."

"그게 부산과 무슨 상관이 있어. 부산은 나름대로 멋이 있다고 봐. 앞으로 조금만 다듬고 가꾸면 세계적인 관광지가 될 수 있어. 마음먹었으니 얼른 갔다 올래."

서울역에서 부산으로 여행을 떠나는 젊은이들의 대화 내용이다. 부산에 볼 게 없다는 말이 피부로 와 닿는 대목이다.

'굴뚝 없는 달러박스'로 각광받는 관광산업. 세계 여러 나라들은 관광객들을 불러 모으기 위해 총력을 기울이고 있지만 관광대국으로 발돋움하는 게 쉽지 않다. 관광으로 많은 외화를 벌어들이는 국가들은 하나같이 아름다운 자연환경이나 고대인들의 숨결을 느끼고 들을 수 있는 소중한 문화유산을 갖고 있다. 세계인들을 유인하기 위해 볼거리를 만들거나 걸출한 예술가들을 통해 문화관광을 추구하는 나라도 있고 인공적인 시설을 갖춘 뒤 사람들에게 환상과 기쁨을 심어주는 관광대국도 있다.

여행을 하는 목적은 미지의 세계를 경험하고 장엄한 문화유산을 보고자 하는 욕망에서 출발한다. 고적지 둘러보기, 빼어난 자연환경 감상, 흥미로운 놀이시설, 독특한 문화체험, 선진문화 탐방, 오지 탐험 등 관광 유형은 아주 다양하다.

많은 사람들은 부산에 푸른 바다와 산이나 강이 있어 축복받은 도시라고 말한다. 틀린 얘기는 아니지만 부산 사람들은 이들 자산을 충분히 이용할 줄 모른다. 도심과 가까운 곳에 넓은 백사장을 지닌 해운대 광안리 등 해수욕장이 7개나 있고 사계절이 뚜렷한 온화한 기후를 가졌으며, 많은 특급호텔이 있다. 이쯤 되면 국내 어느 도시보다 지리적으로 좋은 관광여건을 갖췄다고 할 수 있다.

전문가들은 지속적으로 관광 부산의 문제점을 지적했지만 관광 인프라 구축은 더디다. 2005년 부산을 방문한 외국인은 170만 명이다. 이 가운데 관광객은 113만8000여 명에 불과하다. 아시안 게임이 열린 2002년에 부산을 찾은 외국인은 200만430명을 기록하며 처음으로 200만 명을 넘어섰다. 부산을 방문하는 관광객 가운데 일본인들이 가장 많고 다음으로 중국 미국 러시아 순이다.[37]

국제 관광도시를 지향하는 부산으로서는 너무나 초라한 관광객 숫자다. 한 해 관광객이 100만 명 남짓해서는 관광을 성장 동력으로 삼을 수 있을지 의문이다. 이 정도로는 관광산업이 활발해질 수 없고 부산의 성장동력으로 힘을 쓰지 못한다. 이유가 무엇이고 어떻게 해야 할까. 외국인들을 끌어들일 만한 독특한 문화유산이 없는데다 볼거리 즐길 거리가 많지 않은 탓이다. 한두 번 와보면 더 이상 호기심을 자극할 만한 경관이나 문화가 부산에는 없다.

부산에 산이 있다고 하지만 외국인들이 자주 찾아와서 경치에 경탄하고 돈을 쓸 만한 관광자원 역할을 하지 못한다. 내국인들이 활력을 찾고 내일의 삶을 충전하기 위해 쉴 수 있는 공간일 뿐이며 국내외 관광객들이 즐겨 찾을 수 있는 산이 아니다. 우리 국민들에게 금강산 설악산 금정산 가운데 관광하기 위해 가볼 만한 산을 고르라면 대다수 사람들은 금강산이나 설악산을 선택할 것이다. 금정산이 부산의 진산임에 분명하지만 외국인들을 불러 모을 수 있는 매력이 부족하다.

강도 마찬가지다. 강원도 태백에서 발원하여 경상도를 굽이치는 낙동강은 부산에서 흐름을 멈추고 바다로 들어간다. 우리나라 강토를 풍요롭게 하는 소중한 젖줄이다. 하지만 관광 상품으로 이용되지 않아 옛날 강 그대로의 모습을 간직하고 있다. 세계 주요 도시들은 강을 끼고 발달해 있지만 부산은 그렇지 않다. 낙동강은 도심 외곽에 그저 방치돼 있다. 농업용수나 식수원으로 중요한 몫을 하고 있고 낙동강 하구는 철새 도래지로 잘 알려져 있을 뿐이다. 낙동강은 외국인들의 눈길을 끌 수 있게 하는 강으로는 한없이 부족하다.

외국인들의 발길을 붙잡기 위해서는 부산에 독특한 무언가가 있어야 하지만 현실은 그렇지 못하다. 관광객들을 즐겁게 해줄 만한 빼어난 자연 환경은 흔하지 않고 미국에서 자주 볼 수 있는 기발한 쇼나 이벤트도 눈에 띄지 않는다. 인공적인 관광자원이 부족하고 옛날 사람들의 발자취를 더듬어 보고 숨결을 느낄 수 있는 위대한 문화유산도 부족하기는 마찬가지다. 눈을 자극하고 가슴을 시원하게 해주는 관광자원이 있는가를 반문하면 태종대와 해운대 외에는 선뜻 대답하기 곤란하다. 부산의 관광현실은 너무나 척박하다.

그러나 부산시는 관광을 10대 전략산업으로 선정하고 적극 육성하고 있다. 부산이 관광산업을 발전시켜야 한다는데 이의가 없다. 관광이 지역 주력산업 역할을 하려면 어떻게 해야 할까. 백 마디 말보다 치밀한 계획을 수립해 차근차근 실천해 나가는 수밖에 없다. 시민들 인식 전환도 필수적이다.

부산에는 서울과 경주가 갖고 있는 보물급 문화유산이 없다. 금정산성과 복천동 고분이나 동삼동 패총이 있지만 많은 관광객들을 유인하지 못한다. 주요 관광자원은 오직 아름다운 해수욕장과 바다, 강, 산, 온화한 기후, 풍부한 해산물과 360만 시민뿐이다. 부산의 관광산업을 발전시키려면 이들 자원을 최대한 이용하면서 이제부터 관광자원을 만들어 나가는 마음 자세와 행동이 필요하다. 이런 노력 없이 말로만 하는 관광도시 부산은 헛구호에 지나지 않는다. 부산을 찾은 외국인 숫자가 이를 입증해주고 있다. 부산을 대표하는 아름다움을 창조해 국내외 사람들에게 선보이자. 국내외 많은 도시들은 이런 방법으로 관광산업을 일으켰다.

## 관광 대국 프랑스

관광대국 반열에 올랐거나 도약하고 있는 나라들은 독특한 볼거리를 갖고 있다. 에펠탑 높이만큼이나 자존심이 강한 나라 프랑스. 이 나라에는 고대 로마제국의 찬란한 유적에서부터 빼어난 아름다움을 지닌 중세 건축물이 넘쳐난다. 경건한 신심이 녹아 있는 고딕 양식의 사르트르 성당. 화려한 자태를 뽐내는 바로크 양식의 베르사이유 궁전. 세계 최대 규모를 자랑하는 루브르박물관. 파리의 상징이 되어 버린 에펠탑, 개선문 등 역사에 길이 남을 건축물이 많다.

오늘날 세계에서 가장 볼거리가 많은 나라 프랑스는 세계 최대 관광국이다. 파리 시내 건축물 대부분은 18~19세기에 만들어져 오늘날까지 잘 보존돼 있다. 모두가 문화재급이다. 파리에는 상시 외국인이 100만 명을 넘고 음식문화도 발달해 있다. 400여 종에 이르는 치즈와 맛이 깊은 수많은 와인이 관광객들의 미각을 자극한다.

빅토르 위고, 스탕달, 모파상, 에밀 졸라, 생땍쥐베리, 알베르 까뮈. 세계 문단을 주름잡은 훌륭한 작가들은 관광 프랑스의 힘이다. 이들을 만나기 위한 문학도와 관광객들이 매년 프랑스로 달려간다. 밀레, 모네, 고흐, 달리, 샤갈 등 프랑스 화가들은 프랑스 관광산업 발전에 지대한 공헌을 한다. 패션 대가들은 여인들의 눈과 발길을 붙들고 좀처럼 놓아 주지 않는다. 샤넬, 구찌, 랑방, 지방시, 이브생로랑, 피에르 가르뎅, 루이뷔통 등 우리 귀에 낮익은 세계적인 패션 디자이너 작품을 만나는 것은 프랑스 관광의 백미다.

이탈리아 로마는 어떤가. 유럽을 관광할 때 가장 나중에 구경하라는 곳이 로마라는 말이 있을 정도로 볼거리가 도시 전체에 산재해 있다. 도시 자체가 훌륭한 고대 문화유적으로 치장하고 있다. 세계적인 관광지를 일일이 열거하기 어렵지만 부산과 이들 도시와는 큰 차이가 난다. 개항 130년을 맞은 부산은 한국전쟁으로 임시 수도가 된 뒤 국제 무역항으로 발전했다. 그래서 도시에는 옛날 옛적부터 내려오는 눈길을 끄는 유적이 드물다. 조선과 신라의 도읍지인 서울과 경주에는 우리나라 옛 문화를 접할 수 있는 문화유산이 장구한 역사를 뽐낸다. 경복궁 창덕궁 덕수궁 불국사 석굴암 다보탑 석가탑 등 우리나라를 대표하는 건축물들이 서울과 경주의 자랑이다.

# 관광도시 부산은 지금부터

### 홍콩의 빼어난 야경

부산 역사가 10~20년에 끝난다고 믿는 사람들은 아무도 없다. 수천 년 동안 이어질 것이요, 이곳 사람들은 영원토록 부산을 사랑하며 살아갈 것이다. 파리와 로마는 조상들이 남긴 훌륭한 문화유산으로 엄청난 관광수입을 올리고 있다. 오늘에 사는 부산 시민들이 후손들에게 세계에 내놓을 만한 아름다운 관광상품을 물려주는 게 불가능할까. 2007년을 부산 관광의 원년으로 삼아 시민들이 합심해 노력하면 멀지 않은 장래에 국제 관광도시 부산, 세계적인 미항 부산항으로 다시 태어날 수 있다.

도시의 첫 인상을 바꾸는 것이 관광산업 진흥방안 중에서 첫 번째다. 지금부터 더욱 아름답고 멋진 건물을 지으면 된다. 나는 취재차 세계 주요 도시를 방문할 기회가 많았다. 이들 도시에는 색다른 건물들이 경쟁이라도 하듯이 들어서 있다. 반면 부산에는 네모난 콘크리트 건물로 가득하다. 일부 건물들이 다양한 외관을 뽐내고 있으나 대부분 아파트와 빌딩들은 쌍둥이처럼 닮은 모습이다.

특이한 외관을 가진 건물이라고는 손가락으로 꼽을 정도다. 영국인들이 중국으로부터 99년 동안 조차해 점령했던 홍콩에는 놀랄 만한 스카이라인(산이나 건물이 하늘에 그리는 윤곽)이 형성돼 있다. 홍콩 섬에서 구룡반도에 조성된 시가지를 바라보면 바다와 마천루가 빚어낸 형상은 아름답기 그지없다. 한가로이 홍콩만을 운항하는 유람선과 시원한 바닷바람 그리고 다양한 고층건물들을 보노라면 홍콩의 매력을 가슴 깊이 느낀다.

밤이면 더 아름답다. 높은 건물들은 어둠이 내리면 경쟁적으로 레이저 쇼를 벌인다. 관광객들은 건물이 뿜어내는 멋진 야경을 보고 감탄하며 다시 올 것을 다짐한다. '동양의 진주'라고 불리는 홍콩의 겉모습은 부산과 확연히 다르다. 홍콩 사람들은 건물을 지을 때 풍수지리를 많이 참고하고 따르기 때문에 다양한 건축물이 나온다.

정부도 같은 건물을 가급적 짓지 못하게 한다. 도시의 건축미를 고려해서다. 그래서 홍콩만을 따라 들어선 고층빌딩들은 각양각색이다. 송곳처럼 뾰족하기도 하고 세모나 사다리꼴 외관을 띤 건물이 있는가 하면 아예 건물 중간이 뻥 뚫려 있다. 보는 이로 하여금 감탄사를 연발하게 하기에 충분하다. 이는 건축미를 또 다른 관광자원으로 활용하려는 홍콩인들의 생각에서 비롯됐다. 비단 홍콩뿐만이 아니다. 중국 상하이, 싱가포르, 아랍에미리트 두바이, 네덜란드 로테르담도 마찬가지다.

### 건축낙제 도시 부산

이들 도시와 같은 항구도시인 부산은 어떤가. 외국인들이 부산에서 내세울 만한 건축물을 물어보면 부끄러울 정도다. 건축미를 판단하는 기준은 사람에 따라 다를 수 있다. 이런 점을 감안하더라도 부산은 건축미로서는 낙제점이다. 7900억 원을 들여 지어진 광안대교. 부산에서 가장 아름다운 건축물로 꼽힌다. 대다수 시민들은 광안대교를 바라보고 그저 그런 평범한 다리로 느끼지 않는다. 밤이면 조명을 설치해 더욱 아름답다. 광안리 해변에 들어선 건물과 상가들은 광안대교 덕을 톡톡히 본다. 광안리 해수욕장에는 멋진 다리 모습을 보면서 커피를 마시고 저녁을 먹는 나들이객에서부터 일부러 구경나온 외지 관광객들로 북적인다. 자동차로 다리를 건너면 몸과 마음이 상쾌해지고 광안리 바다에 푹 빠져 든다. 햇볕이 내려 쪼여도 좋고 비가 오면 더욱 운치가 난다. 이제 광안대교는 각종 홍보물에 빠지지 않는 단골 메뉴이자 부산을 대표하는 건축물이 되었다.

해운대 센텀시티에 들어선 전시 컨벤션센터인 벡스코도 여러 모로 탐나는 건물이다. 유려한 곡선과 곧장 뻗은 직선이 조화를 이룬 건물은 보기만 해도 멋스럽다. 광안대교와 벡스코는 완공이나 완전 개통된 지 3~5년에 불과하지만 시민들을 즐겁게 해주는 건축물로 손색이 없다. 중앙동에 들어선 교보생명 건물도 이채롭다. 겉모양이 로봇을 빼닮았다. 둥그런 눈과 가운데가 뻥 뚫려 있는 모습이 보는 이의 눈을 사로잡는다. 2006년 8월 남항에 들어선 자갈치시장은 갈매기 형상을 하고 있다. 날아가는 갈매기를 건축물로 빚어냈다. 자갈치시장 건물도 건축미를 배가시킨다. 파란 바다와 백색건물 그리고 고깃배들이 엮어내는 자태는 한 폭의 그림이다. 건축미를 이야기할 때 고풍스런 멋을 간직한 산사는 제외하면 좋을 듯싶다. 절은 현대 건축미와 다른 예스

부산을 대표하는 건축물인 광안대교.

러운 느낌을 갖게 하고 외국과 차별되는 동양 문화의 꽃이기 때문이
다. 범어사는 산새도 숨을 죽이는 고요한 산 속에 전통 문양과 소담스
런 단청, 검은 색 기와가 어우러진 부산의 대표적인 절이다.

이들 건물 외에 부산에는 특이하거나 빼어난 아름다움을 지닌 건물
이 없어 보인다. 필자가 보지 못해서 지적하지 않았을 수도 있다고 강
변하는 이들이 있을지 모르지만 전반적인 건축미가 외국에 비해 떨어
진다는 지적에 이의를 제기하기 어렵다. 네모반듯한 모양의 아파트 숲
과 사무실 건물, 백화점들이 도시를 점령하고 있다.

독일에 가면 유럽 3대 성당 가운데 하나인 쾰른 대성당을 만난다.
독일의 상징이다. 관광객들은 높이 157m에 이르는 첨탑 2개에 탄성을
지른다. 1248년 착공 이후 전쟁과 자금부족 등으로 건립이 중단됐다가

1880년 완공됐다. 1998년 유네스코 세계 문화유산으로 등록된 성당은 종교 건축물다운 엄숙미와 장엄함이 깃들여 있다. 성당은 시민들에게 축복을 내리고 관광객들은 이곳에서 신의 은총을 받는다.

## 네모반듯한 부산시청사

세계 주요 도시 시청사들은 다양한 건축양식으로 빼어난 건축미를 자랑한다. 독일 함부르크 시청은 시민들의 아늑한 휴식처이자 훌륭한 관광코스로 각광받는다. 반면 1996년 건립된 부산시청 건물은 청사 본연의 기능 외에 외관상 아름다움은 없다. 부산시청은 부산의 상징이며, 1~2년 쓰고 말 건물이 아니다. 부산을 대표하고 우리나라에서 가장 아름다운 시청 건물로 태어났더라면 더 많은 관광객을 부산으로 유치할 수 있었을 것이다. 건축학도들은 다양한 건축미를 접할 수 있는 네덜란드를 자주 방문한다. 독창적이고 세련된 건물을 만나고 새로운 흐름을 배우기 위해서다.

부산도 이제부터 네덜란드와 같이 건물을 최대한 아름답게 짓는 노력을 기울이자. 비용 문제로 어려움을 겪을 수 있지만 건축 허가 때 이같은 기준을 충족시키도록 유도할 필요가 있다. 민간건물에 당장 적용하기 힘들면 최소한 공공건물이나 초고층 빌딩부터 시작하면 된다. 자기 회사 건물이 사람들이 자주 찾는 명소가 될 때를 생각해보라. 대학 건물도 예외가 되지 않는다. 외국 유명대학 건물들은 유구한 역사를 바탕으로 유장한 아름다움을 뽐낸다. 고색창연하면서 현대적인 미를 가진 건물들이 부산의 스카이라인을 형성하고 멋진 야경을 그려내면 관광객들은 모여든다.

함부르크시의 관광코스로 자리잡은 시청사.

부산 중구 중앙동 옛 시청부지에는 부산에서 가장 높은 건물인 부산롯데월드가 건립되고 있다. 이 건물은 107층에 높이만도 510m에 이른다. 백화점과 엔터테인먼트 동은 2008년 말, 호텔과 업무시설이 들어서는 타워 동은 2013년 말 각각 완공될 예정이다. 건물 규모만으로도 이 호텔은 완공 이후 부산의 명물로 등장하게 된다.

부산롯데월드가 부산을 대표하는 건물로 되기 위해서는 높이뿐만 아니라 아름다움에서도 첫 손가락에 들어야 가능하다. 이 건물이 들어서면 옛 도심인 중앙동 남포동 광복동 일대가 과거 명성을 되찾고 새롭게 도약할 것으로 기대된다. 초대형 건물은 집객 효과가 크기 때문에 쇼핑객과 관광객들이 부산롯데월드에서 광복동 남포동으로 자연스럽게 이동할 가능성이 높다.

부산 해운대구 센텀시티에 부산월드 비즈니스센터(WBCB) 건립 작업도 순조롭게 진행되고 있다. 1단계 설계 공모 작품 가운데 회오리바람처럼 생긴 비정형 건물과 현미경으로 본 눈 모양을 본뜬 육각형 건물이 선보였다. 이들 건물은 국내에는 없는 독특한 외관을 띠고 있다. 이들 건물이 완공되면 부산의 건축미는 지금보다 몇 배나 올라간다. 건축가 능력이 떨어져서 훌륭한 건물을 짓지 못하는 게 아니다. 자금과 시간이 없고 시민들의 인식 부족 때문이다. 언제까지 이 같은 일을 계속할 건가. 이제부터라도 부산시는 외국 도시들처럼 같은 모양을 가진 건물을 짓지 못하도록 하는 정책을 펼쳐 아름다운 건물을 후손들에게 물려주자. 상징성이 있는 건물이나 공공청사부터 먼저 시작하면서 시민들에 대한 홍보를 강화하고 충분한 인센티브를 부여하는 것도 잊지 말아야 한다.

부산시 중구 중앙동 옛 부산시청
부지에 들어설 부산롯데월드 조감도.

## 독특한 상품을 만들자

### 가꾸고 다듬고

국내외 각 지역 관광상품을 보면 그 고장이 가진 장점을 최대한 살리는 데서 출발한다. 자연을 이용하거나 독특한 발상으로 특색 있는 상품을 만들어 낸다. 우리는 스코틀랜드하면 위스키를 떠올린다. 우리나라에 수입되는 위스키 대부분은 스코틀랜드에서 원액을 가져와 만든다. 그래서 스코틀랜드는 양조장을 관광시설로 활용하며 위스키 제조과정을 관광객들에게 보여준다.

풍차의 나라 네덜란드도 마찬가지다. 풍차를 집단적으로 설치해놓고 그 옆에서는 치즈 생산 과정을 보여준다. 가까이서 보면 별 것도 아닌 풍차를 설치해 놓고 갖가지 치즈를 직접 생산한 뒤 전시 판매하면서 관광상품으로 활용하고 있는 것이다. 관광상품을 먼 곳에서 찾지 말고 우리네 생활을 보여주는 것으로 잘 포장하고 홍보를 강화하면 된다.

부산에는 오랜 역사를 간직하고 있거나 사람들 발길이 잦은 골목길이 많다. 중구 보수동 책방골목, 광복동 패션거리, 한국전쟁 피란민들

의 애환과 향수가 서린 중구 동광동 40계단, 서민들 삶을 있는 그대로
보여주는 5일장은 부산이 소중하게 보존하고 계승 발전시켜 나가야 할
관광상품이다. 외국인들은 그들 나라에서 볼 수 없었던 그 무언가를 갈
구하면서 부산을 찾는다. 그들에게 부산 사람들 모습과 자랑거리를 보
여주는 게 훌륭한 관광정책이다. 보수동 책방 골목에는 운치 있고 예술
성이 살아 있는 보도블록이 없다. 평범한 보도블록일랑 걷어내고 건축
가들의 혼이 담긴 것들로 포장하면 관광객들이 더 많이 찾게 된다.

사람들이 수없이 밟고 세월의 때가 보도에 눌러 앉게 되면 색다른
감흥을 준다. 책방골목에서 걷는 것만으로 만족을 느낄 수 있다. 거리
에 내놓은 책을 조금만 줄여 관광객들에게 불편을 주지 말고 켜켜이
쌓인 책 먼지를 맡으면서 서적을 살 수 있는 공간을 만들어 나갈 필요
가 있다. 중간 중간에는 책 냄새를 친구삼고 커피나 차를 마시면서 담
소를 나누고 무거운 다리를 쉬게 하는 고풍스러운 휴게 공간은 관광객
쉼터로 이용될 수 있다.

광복동 패션거리에서는 차를 몰아내는 불편함을 감수하는 것도 관
광산업 발전에 밑거름이 된다. 또 이 곳에 갖가지 조명시설을 설치해 빛
의 거리로 만들면 부산의 명소로 거듭날 수 있다. 연인이나 가족 친구들
이 마음놓고 거닐며 쇼핑과 재미를 느끼는 공간으로 바꾸면 매출은 지
금보다 훨씬 늘어날 가능성이 높다. 운치 있는 울퉁불퉁한 돌이 수없이
깔려 있고 디자이너 의상들이 쇼윈도를 가득 채우고 싸면서 맛깔 나는
음식들로 넘쳐날 때 광복동 패션거리는 옛 영화를 되찾지 않을까.


## 일본은 어묵으로 연간 200억

부산을 찾는 관광객들에게 어묵을 지역 명품으로 판매하자는 의견이 있다. 부산 사하구 N기업 K사장은 어묵 제조업 자체를 지역 관광 상품으로 만들자고 제안했다.

"일본에 갔을 때 어묵공장이 견학코스로 잡혀 있어 들렀는데 판매장 측 얘기를 듣고 깜짝 놀랐습니다. 이곳에 연간 5만 명이 방문하고 매출액만도 200억 원을 기록하고 있다고 했습니다." 그는 부산을 찾은 관광객들에게 어묵 제조공정을 보여주고 직접 어묵을 만들거나 맛보게 하는 관광단지를 만들어 볼 구상을 하고 있다.

'부산어묵'은 우리나라에서 가장 맛있다는 평가를 받고 있는 지역 명품이다. 입 안 가득히 퍼지는 알큰하고 구수한 국물맛과 간장에 찍어 먹으면 살근살근한 맛을 내는 연육은 부산어묵 특유의 맛이다. 그렇지만 시장에는 짝퉁 부산어묵이 판치고 있다. 부산에서만 부산어묵을 만들지 않는다. 전국 각지 공장들이 수입연육으로 어묵을 만들면서 상품 포장지에는 부산어묵이라고 적고 있다. 어묵은 신선 냉장식품이어서 주문받은 때로부터 5시간 이내에 제조한 뒤 2시간 안에 보내야 제 맛을 낸다. 부산은 전국 어디에서도 따라올 수 없는 맛있는 어묵 제조기술을 갖고 있고 원료도 싱싱하다. 진짜 부산어묵을 관광객들에게 제공하자.

관광자원이 빈약한 도시일수록 반짝이는 아이디어로 관광객들의 시선을 끌 수 있는 자원을 만들어 가는 예가 많다. 이들 도시 가운데 네덜란드 암스테르담이 대표적이다. 암스테르담에는 미니어처로 만든 작은 도시인 마두로담이 인기를 모은다. 이곳에는 네덜란드 전역에 있는 인상적인 건축물과 공항 항만 물류시설이 미니어처로 만들어져 있다. 유럽의 물류허브인 스키폴 공항이 너무나 작은 모습이지만 실제

시설과 똑같다.

부산도 네덜란드처럼 관광시설이 빈약하다. 네덜란드가 마두로담을 통해 그들의 현재 모습을 보여줬듯이 부산 문화를 소상히 보여줄 수 있는 작지만 아름다운 시설을 갖춰 나가는 게 필요하다. 외국 관광객들은 자기 나라에서 볼 수 없는 광경을 보러 여행을 떠난다. 부산으로 온 외국인들에게 무엇을 보여줄 것인가를 심각하게 고민해야 하는 이유다.

### 산이 있어 사람이 모인다

자신들이 살고 있는 자연조건을 관광상품으로 연결시켜 큰 성과를 거두고 있는 도시들을 세계 곳곳에서 만나볼 수 있다. 이들 도시는 부산지역 관광시설을 확충하는 데 도움이 될 만하다.

네팔 관광산업 기반은 '신들의 거처'로 불리는 히말라야 고봉들이다. 세계 최고봉인 에베레스트 산(8850m)을 비롯해 쿤부체, 창체봉 등 8000m가 넘는 수많은 봉우리들이 산악인들을 유혹한다. 수도 카두만두에 있는 루클라 공항은 히말라야 등반이 시작되는 기점이다. 1953년 세계 최초로 에베레스트 산 등정에 성공한 에드먼드 힐러리가 건설한 곳이다. 봄철 히말라야 등반 철이 열리면 해발 2500m에 들어선 이 공항은 수많은 산악인과 등산객들로 붐빈다. 한 해 히말라야를 찾는 등산객과 산악인들은 4만여 명에 달한다. 히말라야 등반에서 없어서는 안 될 셀퍼들이 벌어들인 수입도 만만찮다. 카두만두에는 이들을 양성하기 위한 학원들이 즐비하고 5만 달러만 주면 정상 등정을 가능케 하는 상업등반 상품도 생겨났다. 시내 거리에는 등산객이나 산악인들에

# 마두로담

마두로담은 1952년 처음 문을 열었다. 제2차 세계대전에 참가한 조오지 마두로를 추모하기 위해 세워진 이후 계속 시설을 보강해 지금은 암스테르담의 관광 명소로 탈바꿈했다. 1만8000㎡에 비행기 32대, 선박 58척이 움직이고 네덜란드에서 가장 높은 대성당 탑도 있다. 고딕 양식의 이 탑 건립에만 10개월이 걸렸다. 시청과 헤이그에 있는 박물관, 의회건물, 안네 프랑크 하우스, 풍차, 준설선 등 네덜란드에서 이름난 건축물과 시설들이 다 모여 있다.

네덜란드 각지에 있는 건축물과 시설들이 미니어처로 제작된 마두로담.

게 각종 공예품을 파는 가게와 상인들로 북적인다.

주요 산업 가운데 히말라야를 이용한 관광산업이 지역 경제에서 큰 비중을 차지한다. 산이 없었다면 이 공항에 이처럼 많은 사람들이 몰릴 수 있을까. 히말라야는 산악인들에게 정복 대상이다. 5400m에 설치된 베이스캠프 지역에는 등반 철이 되면 설원에 신도시가 형성된다. 네팔은 히말라야가 있어 관광산업이 번창하고 있다.

지리산 자락 밑에 있는 전라남도 함평군도 부산에게는 좋은 벤치마킹 대상이다. 함평은 얼마 전까지만 해도 보잘 것 없는 한적한 시골이었다. 하지만 1999년 나비축제가 생겨난 뒤 나비는 이 고장의 보물이 되었고 함평군은 나비 천국이 되었다. 이곳에서 나비는 '날아다니는 황금'으로 불린다. 국내에 하나밖에 없는 나비축제가 열리고 난 이후다. 나비와 꽃 그리고 살아 있는 곤충을 소재로 한 새로운 생태 체험형 자연축제다. 이 축제는 어린이들에게 체험 학습 기회를 주고 어른들에게는 추억과 동심의 세계로 빠져들게 한다. 흐드러지게 핀 유채꽃과 자운영꽃을 배경으로 하늘하늘 날아다니는 수백만 마리의 나비를 상상하면 누구나 한번쯤 가보고 싶은 마음이 절로 든다. 매년 5월 중 함평천 수변공원 주변에서 나비축제가 열리면 전국에서 수많은 사람들이 구름같이 몰려든다. 물론 외국인들도 흔히 볼 수 있다. 축제가 열리기 전에 함평을 방문한 사람은 한 해 고작 3만 명에 불과했으나 나비축제로 인해 200만 명이 넘는다.[38] 이 때문에 나비와 곤충을 키우는 농민들이 늘어나고 나비 상품이 잇따라 출시됐다. 지역 특색과 조건에 맞는 관광상품을 개발하면 더 많은 국내외 관광객들을 불러들일 수 있다는 사실을 카두만두와 함평을 통해 확인했다.

# 세계 제1의 시민공원으로

## 하얄리아는 변신 중

부산에서는 또 하나의 대역사가 시작됐다. 부산시 부산진구 부전동 도심 한복판에 수십 년 동안 있었던 미군시설인 하얄리아 부대가 이전하고 시민들 품으로 돌아 왔다. 54만1200㎡에 달하는 드넓은 도심 속 평지가 시민공원으로 개발되고 있다.

부산시는 이곳을 세계 어디에 내놓아도 손색이 없는 공원을 조성하기로 하고 각계 의견을 수렴 중이다. 시 계획대로라면 오는 2008년 공원 조성공사가 착수돼 2012년 부분 개장될 예정이다. 50여 년 동안 도심을 장악한 이 부대가 떠나간 자리에 부산을 대표하는 공원이 조성되면 관광산업 수준을 한 단계 높여줄 것으로 기대된다. 이런 점에서 철저한 조사와 우리 실정에 맞는 아름다운 공원이 들어서길 기대한다.

세계적인 명성을 얻고 있는 도심 공원은 영국 런던 하이드 파크와 뉴욕 센트럴 파크이다. 런던에는 공원이 80개가 넘지만 하이드 파크가 가장 크고 유명하다. 하이드 파크는 당초 웨스트민스터 대성당 소유의

시민의 품으로 돌아온 하얄리아 부대 전경.

왕실 사냥터였으나 1670년에 공원이 됐으며, 면적은 160만㎡이다. 아름다운 연못과 수목들이 조화를 이루고 있는 도시민들의 아름다운 휴식처이자 외국인들이 즐겨 찾는 관광명소다. 공원을 채색하고 있는 웰링턴 기념비(Wellington Monument) 등 수많은 아름다운 조각상들은 볼거리 가운데 하나다. 잔디에 누워 책을 읽거나 시간을 보내는 사람과 잔잔한 서펜타인 호수(Serpentine lake)에서 보트놀이를 즐기는 남녀들로 넘쳐난다.

세계 금융산업 중심지인 뉴욕에는 센트럴 파크가 있다. 빌딩으로 가득한 맨해튼 한복판에 있는 사각형의 길쭉한 시민공원(3.4㎢)이다. 이곳에는 숲과 연못 잔디밭 동물원 시립미술관 등이 있다. 1850년 공원건설 캠페인이 시작된 이후 1960년대에 완성되었다. 대도시 뉴욕의

허파 역할을 하며 수많은 사람들로부터 사랑을 받고 있는 관광명소다. 스코틀랜드에는 드루몬드 가든이 있다. 15세기 말 성주가 성을 쌓은 것으로 시작된 이 정원은 푸른 잔디가 일품이다. 녹색 초원과 수많은 초목들이 조화를 이루며 자연 그대로의 아름다움을 간직하고 있다. 도심 공원의 주제는 숲과 나무 언덕, 호수 등 자연과 인간의 만남이다. 여기에 미술품을 가미하고 건물로는 박물관 정도다. 하이드 파크에는 휴지통 하나도 예술성이 감돌 정도로 세심한 신경을 기울였다. 하얄리아 부대에 들어서는 공원을 부산과 한국을 넘어 세계를 대표하는 도시 공원으로 조성하면 부산은 세계인들이 와보고 싶어 하는 도시 가운데 하나가 될 것이다.

## 바닷가에 들어선 국악 공연장

아름다운 음악 공연을 보고 감동하기는 동서양인 모두가 마찬가지다. 베토벤 운명 교향곡이나 모차르트 피아노 협주곡, 사라사테 교향곡을 듣고 있노라면 음악의 매력에 빠져 마음과 몸이 평안하고 천상의 낙원에 있는 것 같은 느낌까지 받는다.

오페라는 어떤가. 푸치니 등 이탈리아 유명 가수들은 국내에서 수없이 공연을 열었고 이들의 음악은 레코드판이나 CD로 제작돼 불티나게 팔렸다. 온갖 찬사를 받으며 인기를 모으는 서양음악에 비해 국악은 찬밥 신세다. 많은 학생들은 교향곡은 알지만 국악은 잘 모른다. 외국인들은 이런 사실에 의문을 제기하며 이상하게 생각한다. 국악이 우리 문화인데도 이를 소홀히 한 때문이다.

판소리는 오페라나 오라토리오에 해당하는 일종의 성악곡이다. 본래는 열두 마당으로 출발했으나 이제는 춘향가 심청가 홍보가 수궁가 적벽가 다섯 마당만 불린다. 내용은 우리의 우화나 민담이 바탕이다. 소리꾼 고수 관중이 삼위일체가 되는 "얼씨구"와 "좋다"라는 말이 저절로 나올 만큼 소중한 문화유산이다.

18세기 조선의 엄격한 유교사회에서 등장한 판소리는 양반에 대한 서민들의 저항의식을 내포하고 있다. 춘향가 하이라이트는 변 사또 생일잔치에 갑자기 등장하는 '어사출도'이다. 심 봉사의 눈을 뜨게 하는 대목이 절정을 이루는 판소리는 심청가이고 박타령은 홍보가의 백미다. 자진모리 중머리 장단에 흥이 돋은 관객들은 절로 추임새를 넣고 자신도 모르는 말들을 쏟아 내며 공연자와 한 덩어리가 된다.

몇 년 전 전라남도 강진을 방문했을 때 받은 신선한 충격은 지금 생각해도 새롭고 생생하다. 무더위가 맹위를 떨쳤던 여름날 어느 곳에서 청아한 곡조 한 가락이 들려왔다. 귀를 쫑긋 세워 소리 진원지를 찾아 보니 큰 나무아래에 놓인 평상에서 17~18세 되어 보이는 학생들이 판소리 연습에 여념이 없었다. 더 가까이서 몰래 들어본 청아한 판소리는 심금을 울렸다. 따가운 햇살과 바람에 실려 넘실대는 소리가 아스라이 가라앉아 있던 마음을 들뜨게 했다.

관광상품은 별개 아니다. 부산은 국제 해양도시이며, 동남권 중추도시다. 부산에 이러한 판소리나 사물놀이 종묘 제례악 등 국악을 연주하는 상설 공연장을 바닷가에 설치해 국내외 사람들에게 우리 문화를 선사하면 서양인들은 감동한다. 외국인들은 한국 문화를 보고 체험하기 위해 부산을 찾는다. 그들이 보고자 하는 것이 무엇인지 알고 난 뒤 관광상품을 만들면 된다. 한국의 소리는 그들의 심금을 울리기에 충분하다.

# 부산의 메디치가가 나와야

## 부산을 천재 예술가의 산실로

예술가들의 천재성과 열정 못지않게 이를 후원하는 사람과 관객이 많으면 문화가 발전한다. 문화는 사람들의 생활방식이며, 세계 각국은 각기 다른 문화를 갖고 있다. 살아가는 방식이나 생각이 다른 데서 기인한다. 관광은 문화체험이다. 접하지 못했던 독특한 문화가 관광객들을 불러 모은다. 문화를 창조하는 사람들은 예술가들이다. 훌륭한 작품은 그 도시의 강점이요, 세계인들을 감동시킨다. 관광을 이야기할 때 훌륭한 예술작품을 빼놓고는 할 말이 많지 않다. 그래서 세계 각국은 많은 예산을 투입해 예술을 진흥한다.

동서양을 통틀어 예술을 적극 지원한 인물은 이탈리아 명가인 메디치가로 꼽힌다. 지오반니-코시모-로렌초로 이어지는 메디치가는 300년 남짓한 기간 동안 피렌체에서 활동하며 예술가들의 창작을 도왔다. 메디치가 뿌리는 평민이면서 환전상이었다. 상업으로 돈을 모은 메디치가 사람들은 금융자본을 바탕으로 정권까지 잡아 피렌체를 유럽 중심도시로 만들었다.

이들 가문은 예술을 적극적으로 후원해 후세에 더욱 빛을 발했다. 미켈란젤로와 레오나르도 다빈치는 메디치가 도움을 받아 인류사에 길이 남을 작품을 남겼고 이탈리아 르네상스(문화 예술의 부흥)를 가능하게 한 요인이 됐다. 메디치가가 없었다면 르네상스가 일어나지 않았을 것이라고 말하는 사람들도 있다.

메디치가는 메세나 운동의 원조로 불릴 만하다. 메세나는 로마제국 대신이었던 가이어스 실리니우스 메세나에서 유래한 프랑스어다. 기업 메세나 운동은 세계 각국에서 활발하다. 우리나라에서도 기업 메세나 운동이 본격화되고 있지만 외국에 비해서는 미흡하다. 부산지역 기업이나 명망가들이 예술과 문화를 보호하고 원조하는 역할을 다하면 불후의 명작 탄생이 빨라진다. 명작은 그 도시 가치를 높이고 천재 예술가들은 그 도시를 먹여 살리는 경제인 역할까지 한다.

이런 예는 세계 각지에 얼마든지 있다. 오스트리아 음악 도시인 잘츠부르크. 세계적인 천재 음악가 볼프강 아마데우스 모차르트가 탄생한 곳이다. 2006년에는 모차르트 탄생 250주년을 맞았다. 잘츠부르크에서는 성대한 행사가 연일 열렸고 모차르트를 사랑하는 관광객들이 떼지어 몰려들었다.

잘츠부르크에서 모차르트는 관광산업 자체일 뿐만 아니라 상품 브랜드이다. 잘츠부르크에서 판매되는 티셔츠, 연필, 초콜릿, 라이터, 음료수, 유아용품 등에 모차르트 상표가 부착돼 있다. 위대한 음악가 1명이 잘츠부르크 관광을 책임지고 있는 셈이다. 이 행사를 주관하는 오스터 라이히 베르붕사는 모차르트 상표 가치를 54억 유로로 평가했다. 잘츠부르크 어디에서나 모차르트를 만날 수 있어 사람들은 그리로 달려간다.

## 가우디는 바르셀로나 관광일꾼

스페인 바르셀로나에는 천재 건축가 안토니오 가우디 이 코르네트의 숨결과 위대한 작품이 도시 곳곳에 가득하다. 그가 남긴 건축물은 바르셀로나 관광 코스에서 빼놓을 수 없는 명소가 됐다. 바르셀로나는 항구도시에 이어 가우디에 의해 문화 도시라는 이름을 가졌다. 그가 남긴 대다수 작품은 유네스코에 의해 세계 문화유산으로 지정될 만큼 예술성이 뛰어나다.

지구상에 남아 있는 유명 건축물은 오랜 역사를 갖고 있다. 하지만 가우디가 남긴 건축물은 역사가 그리 오래되지 않았다. 고대나 중세에 태어난 건축물이 아니라 지금으로부터 100여 년 전에 지어졌다. 오래된 건축물이 유명하다고 하지만 가우디가 살다간 바르셀로나는 그렇지 않다. 바르셀로나 관광객은 1년에 1700만 명이 넘는다. 이들은 대부분 가우디를 만나고 간다. 바르셀로나 관광수입은 시 전체의 17%에 이른다.[39] 80년 전에 죽은 가우디가 바르셀로나를 지금도 먹여 살리고 앞으로도 계속해서 이 도시를 풍요롭게 만들 것이다.

가우디가 남긴 대표적인 건축물은 시내 중심지에 들어선 사그라다 파밀리아 대성당(성가족 성당). 예수 일생을 둥근 소상과 부조로 표현한 이 건축물 앞에서 숨도 제대로 쉴 수 없다. 옥수수처럼 생긴 첨탑과 갖가지 모양을 지닌 조각은 보는 사람들의 경탄과 탄성을 자아낸다.

## 사그라다 파밀리아 대성당

울퉁불퉁한 표면에 새겨진 조각은 떨어져 나갈 듯한 모습으로 질서 정연하다. 천국의 의미를 새겨 넣고 지옥 이미지도 생생하게 표현돼 있다. 성당 안쪽에는 말끔한 표면을 가진 기둥들이 하늘로 높이 솟아 있다. 가우디는 이 성당에서 장엄한 돌의 향연을 지휘한다. 돌은 가우디에 의해 생명을 받았다. 어디를 봐도 눈이 시리도록 아름답다. 넋을 잃고 쳐다봐야 가우디가 남긴 성가족 성당의 참 모습이 가슴에 다가온다. 예수 탄생과 영광 그리고 수난이 아름다운 조각으로 표현돼 있고 12제자도 만난다. 아직은 완성되지 않은 성당이 주는 감동은 오래도록 눈과 마음에 남는다. 먼 훗날 성당이 완전하게 태어나면 창공을 향하고 있는 성당은 관광객들에게 어떤 감흥을 선사할까. 가우디는 이런 건축물을 어떻게 지을 수 있었을까.

이 성당은 가우디가 31살 때인 1883년부터 건립되기 시작해 지금도 쉼 없이 건축되고 있다. 앞으로도 가우디가 남겨 놓은 도면을 바탕으로 200년은 더 걸려야 완성될 수 있을 것이라 한다. 평일에 입장권을 끊어 엘리베이터를 타고 꼭대기까지 올라가는 데만 1시간이 걸릴 정도로 사람들이 붐빈다. 세계 각국에서 온 관광객들은 가우디가 남겨 놓은 위대한 건축물을 보기 위해 오래 기다리는 불편을 마다하지 않는다.

바르셀로나를 대표하는 사그라다 파밀리아 대성당.

1852년 지중해 연안 까탈루냐 지방에서 구리 세공원 아들로 태어난 가우디는 평생 독신으로 살면서 인류 역사에 길이 남을 건축물을 짓고 1926년 남루한 옷차림으로 전차에 치여 쓸쓸하게 죽어갔다. 그는 건축비가 없어서 거리에서 모금을 하기도 했다. 가우디 작품은 파밀리아 대성당에서 끝나지 않았다. 도심 한복판 그라시아 거리에 들어선 6층짜리 아파트도 있다. 까사밀라다. 베란다 창문 등이 온통 곡선미를 뽐낸다. 구엘 정원도 눈부시도록 아름답다. 가우디는 자신을 물심양면으로 도와준 구엘 백작과 함께 도시 재개발사업으로 이 정원을 1897년 바르셀로나 시가지를 바라볼 수 있는 야트막한 언덕에 완성했다. 정문을 지나면 도마뱀이 먼저 관광객들을 맞는다. 도마뱀 몸에는 가우디 특유의 화려한 색 타일 조각이 가득하다. 돌기둥 수십 개와 거대한 돌 벤치 그리고 유연한 곡선. 바르셀로나는 가우디로 인해 조형적 기이함을 갖고 있다.

그는 물과 해 자연 구름 등에 고딕 요소를 혼합한 아르누보 양식을 채용해 환상적인 공간을 연출했다. 그의 건축은 모두가 곡선이다. 건물이 가진 기능성과 예술성을 함께 추구하며 자연의 일부를 창조해 냈다.

이렇듯 예술가들이 창조한 뛰어난 작품은 그 도시의 상징이 된다. 부산에 천재적인 예술가들이 배출되고 작품 활동에 전념할 수 있도록 하는 시스템과 사회적인 뒷받침이 필요하다. 메디치가 로렌초는 미켈란젤로를 데려와 예술 활동에 정진케 했고 구엘 백작은 가우디를 적극적으로 지원했다.

# 꿈을 현실화시키는 두바이

## 사막의 관광 쇼핑대국

사막 도시인 아랍에미리트 두바이. 자원이라고는 석유밖에 없는 도시다. 두바이는 석유자원이 떨어지면 무엇으로 먹고 살지를 심각하게 고민한 뒤 지리적인 이점을 이용한 항만물류와 관광을 중점 전략산업으로 선택해 상당한 성과를 올리고 있다. 온통 모래뿐인 이 도시에 세계인들이 주목하고 있는 것은 다름 아닌 저돌적이고 공격적인 개발정신이다. 꿈을 현실로 만들어내는 두바이 정신이 도시 전체를 감싸고 있다.

페르시아 만에 접해 있는 두바이는 세계 최고의 관광 쇼핑대국으로 발전하기 위한 기발한 프로젝트를 벌인다. 사막과 바다에서 동시에 진행되는 대형 건설사업은 일반인들의 상상을 초월한다. 이곳에서 진행되고 있는 사업이 불가능해 보이지만 이들은 최첨단 기술과 강력한 추진력으로 하나하나 실현시켜 나간다. 두바이에서 시행되고 있는 건설투자 규모는 우리나라의 한 해 예산보다 조금 적은 200조여 원에 달한다.

두바이에는 구항과 신항이 있다. 구항인 라시드항은 이제 조그만 포구 역할밖에 하지 않는다. 중동의 물류 중심항은 신항인 제벨알리항이 맡고 있다. 이 항구 인근 바다에서는 거대한 인공섬(팜 아일랜드 프로젝트) 5개가 건설되고 있다. 세계에서 2개밖에 없는 별 7개짜리 호텔인 '버즈 알 아랍'이 들어서 관광명소로 변한 지 오래다. 이 호텔을 보기 위해 매일 수많은 사람들이 찾아온다. 이 호텔 인근 쥬메이라 해변 바다에 건설되고 있는 팜 아일랜드 1(팜 쥬메이라)은 2475만㎡ 규모로 2006년 준공됐다. 둥근 방파제 안에 들어선 야자수 잎사귀 모양처럼 생긴 인공섬에는 각종 리조트 시설과 인공해변이 들어선다. 팜 쥬메이라는 인공위성에서 찍은 사진에서도 선명하게 드러난다. 섬에 건립될 빌라와 아파트 분양도 이미 80%를 넘어설 정도로 호조를 보였다.

팜 아일랜드 제벨알리와 팜 데이라 뿐만 아니라 '버즈 알 아랍' 호텔에서 조금 떨어진 해상에는 세계 지도를 본뜬 '더 월드'도 조성되고 있다. 이는 쥬메이라 해변에서 8㎞ 떨어진 바다에 인공섬 288개를 건설, 작은 지구촌을 만든다는 계획이다. 작게는 3만9600㎡에서 크게는 79만2000㎡에 달하는 인공섬에 호텔과 주거단지 및 위락시설이 들어설 예정이며, 한반도처럼 생긴 인공섬(29만7000㎡)도 있다. 이밖에 해저 호텔인 '하이드로 폴리스'와 워터 프론트 건설도 계획돼 있다. 이들 사업은 오는 2015년까지 단계적으로 마무리될 예정이다.

두바이에는 실내 스키돔도 영업 중이다. 바깥 기온은 섭씨 40도에 육박하지만 스키돔 내부에는 영하 3~4도가 유지돼 사막에서 스키를

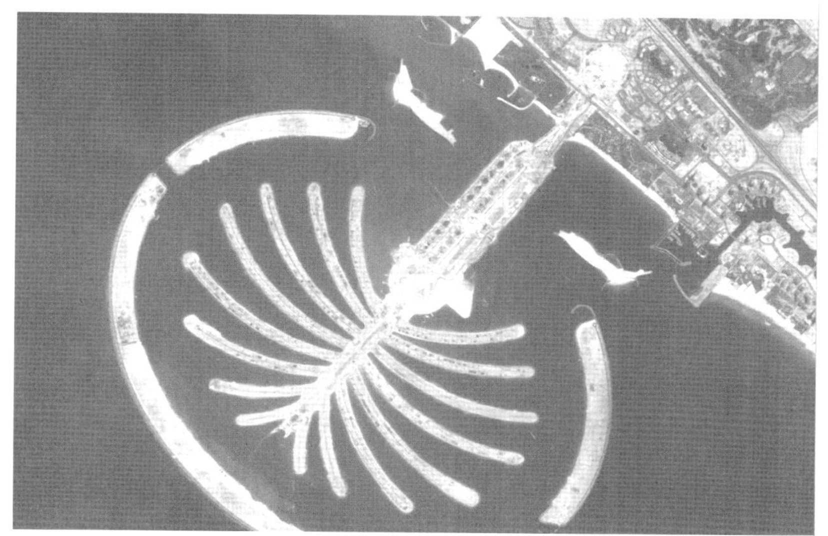

두바이 바다에 건설되고 있는 팜 쥬메이라.

즐기는 중동 사람들이 많다. 온 몸을 검은 옷으로 둘러싼 중동 사람들이 하얀 눈 속에서 웃음을 머금으며 스키를 즐긴다. 사막과 설원의 만남 자체가 불가능해 보이지만 두바이는 현실로 만들어 놓았다.

두바이 중심을 관통하는 세이크 자이드 대로변에는 '히스토리 라이징(History Rising)'이라는 문구가 적힌 대형 홍보간판이 눈에 띈다. 세계에서 가장 높은 빌딩을 비롯해 주거 및 오피스 건물이 세워지고 있는 현장이다. '버즈 두바이'(두바이의 탑)로 명명된 이 빌딩은 첨탑을 포함해 세계 최고 높이인 700m(160층) 이상을 목표로 삼성건설이 시공하고 있다. 빌딩 높이는 확정되지 않았다. 두바이는 더 높은 빌딩 건립 계획이 발표되면 800m까지 늘릴 계획도 세워놓고 있다. 쥬메이라 해변 인근 사막에선 미국 로스앤젤레스 디즈니랜드보다 7배나 넓은 두바이 랜드 건설도 가시화되고 있다. 두바이 정부는 이 같은 관광 쇼핑시설 건립 등을 통해 현재 700만 명인 관광객을 오는 2010년까지 1500만 명으로 끌어올릴 계획이다. 이들 프로젝트는 세계 각지에서 모여든 석학 2000명에 의해 수립된 뒤 단순히 부동산을 판매하는데 그치지 않고 해외 자본의 적극적인 투자를 이끌어내는 데 초점이 맞춰져 있다.

두바이는 분명 한국과는 다르다. 두바이는 신정국가와 왕정국가 체제여서 반대가 거의 없다. 우리나라 같으면 대규모 해상 매립에 엄청난 반발이 있겠지만 이 나라에서는 국제 환경단체인 그린피스만이 유일하게 무분별한 개발에 반대하고 있다. 하지만 신성장 동력을 마련하기 위한 두바이 사람들의 열정과 노력은 부산이 배울 만하다. 두바이는 상상을 현실로 만들어내는 도시다. 모래뿐인 이 땅에 세계 최고급 호텔을 짓고 세계 최고층 빌딩을 건립하고 스키 돔을 건설하는 발상의 전환에 놀라지 않을 수 없다. 두바이 공항에는 새벽 1시가 넘어도 이용객들로 넘쳐난다. 중동의 허브공항이라는 말이 실감날 정도다.

쇼핑몰과 사막에 들어선 골프장도 두바이를 살찌우는 외화 획득원이다. 시내 곳곳에는 부산 롯데호텔만한 매장 면적을 가진 쇼핑몰이 즐비하다. 쇼핑몰에는 명품으로 불리는 세계 유명 브랜드가 가득 들어차 있다. 의류 보석 화장품 가방 등의 고급품이 매장에서 주인을 기다린다. 이들 쇼핑몰을 찾는 주 고객은 인근 중동국가와 유럽에서 온 부자들이다. 세금이 없어 명품이라 불리는 고급제품이 다른 도시보다 싸다. 1년에 두 차례 있는 그랜드 세일 기간에는 최고 75%까지 할인된다. 이 기간에는 호텔방 잡기가 하늘의 별따기 만큼이나 어렵다. 두바이가 쇼핑 천국으로 변해가고 있다. 얼마 전 독일 축구선수 발락도 두바이에서 물건을 산 뒤 세관에 신고하지 않아 엄청난 세금을 물었다. 두바이 쇼핑몰들이 유럽인들을 유혹해 돈을 쓰게 만들고 있다.

골프도 관광과 쇼핑객 증가에 이용되고 있다. 연간 강수량이 30㎜에 불과한 두바이이지만 물 부족 이야기가 들리지 않는다. 부산과 경남지역에는 연간 1000㎜가 넘는 비가 오지만 갈수기만 되면 가뭄 걱정을 하고 있는 것과 대조적이다. 두바이는 바닷물을 담수로 만들어 사용한다. 거대한 담수설비를 갖추고 비가 오지 않는 자연 조건을 극복했다.

사막에 푸른 초원의 골프장 조성도 상상하기 힘들다. 하지만 두바이에는 푸른 잔디를 가진 골프장들이 많다. 더욱이 타이거 우즈 등 세계적인 골프 선수를 초청, PGA대회까지 열면서 관광 상품화에 진력하고 있다. 이슬람 국가에서 엄격히 금지하고 있는 술도 두바이에서는 음성적으로 판매된다. 다른 중동국가에서는 시행되기 힘들지만 두바이에서는 술도 관광 두바이에 일조하고 있다.

좋은 시설과 상품을 구비해놓고 세금을 면제하며 세계인들을 유혹하고 있는 두바이는 관광산업을 성장동력으로 삼고 있는 부산에 좋은 벤치마킹 대상이다. 오일달러가 있었기에 가능하다고 치부해 버리면 두바이의 오늘을 제대로 파악하지 못한 단견에 불과하다.

# 수요자 중심 관광

## 출발지는 부산역

부산시 관광협회 홈페이지를 방문하면 관광 마인드 수준이 확연히 드러난다. 여기에는 시내 투어버스 노선과 시간이 나와 있다. 그런데 투어 버스들은 하나같이 출발지가 부산역이다. 일본 도쿄에선 투어버스가 특정장소에서만 출발하지 않고 고객들에게 정확한 시간에 다가간다. 관광객들은 대부분 호텔에 투숙하기 때문에 관광버스는 주요 호텔 앞에서 손님을 태우고 관광이 끝나면 숙소에 내려준다. 부산에서 운영중인 시내 투어는 공급자 위주이지만 일본에선 수요자 중심이다. 관광 마인드가 공급자에서 수요자 중심으로 바뀌어야 부산 관광이 조금이라도 활성화된다.

부산을 찾는 주요 외국인 관광객은 일본인과 중국인들이다. 일본에서 가장 가까운 도시가 부산이다. 일본은 세계 2위 경제대국이며, 1인당 소득이 3만5000달러가 넘는다. 볼거리 즐길 거리가 있으면 이들은 지리적으로 가까운 부산에서 얼마든지 돈을 쓴다. 중국인들은 어떤가.

중국 인구는 13억 명을 넘고 상위 5% 계층의 소득은 선진국 수준에 육박한다. 이들을 부산으로 오게 하고 지갑을 열게 하면 관광산업은 발전할 수 있다. 일본인들은 예전부터 중구 중앙동에 많이 몰려들었다. 하지만 이들이 부산에서 어떻게 관광을 하고 외화를 얼마나 쓰는지 궁금하다. 중앙동 한 가게에는 일어로 적힌 때밀이 수건을 세트로 판매하고 있다. 때밀이 관광 단면을 보여준 증거이다. 일본인들은 대부분 면세점에서 김치 김 등을 구매하고 돌아간다. 부산에는 외국인들이 돈을 쓸 만한 관광시설이나 상품이 별로 없다.

외국인들은 호텔에서 잠자고 음식점에서 밥 먹고 나면 경주 등지를 방문하고 만다. 일본인들과 중국인들 관광목적이 무엇인지 정확히 조사한 뒤 그들 취향을 파악해 관광 인프라를 구축해야 한다. 부산에 바다가 있다지만 돈을 펑펑 쓸 수 있는 공간은 아니다. 여름철 부산지역 해수욕장에는 국내외에서 4000만 명 이상이 찾는다. 이들 중 상당수가 부산 사람들일 뿐만 아니라 외지에서 온 관광객들은 해수욕과 숙식만 즐기고 돌아간다. 외지인들 지갑을 열게 하는 프로그램이 없다. 해변과 바다는 철저히 격리돼 있다. 세계 각국에는 해양스포츠가 발달했으나 부산 바다에서는 침체됐다. 수상보트와 윈드서핑을 즐기고 요트를 탈 수 있어야 부산이 가진 장점을 살릴 수 있다. 바라보기만 하는 바다는 돈을 많이 벌 수 없다.

강원도 설악산은 부산에 시사하는 바가 크다. 설악산은 국내에서 가장 아름다운 명산 중 하나다. 매년 많은 사람들이 설악산을 찾지만 이제는 그 수가 많이 줄었다. 이 때문에 숙소와 음식점 영업이 아주 어렵다. 대다수 관광객들은 설악산에서 산보고 밥 먹고 나면 할 게 없다는 말을 하고 돌아간다.

　부산항에 자주 들어오는 크루즈선도 예외는 아니다. 부산시와 부산항만공사는 이들 선박을 더 많이 유치하기 위해 힘을 모은다. 배들이 많이 들어오면 관광수입이 늘어나기 때문이다. 이 배에 탄 승객들은 많은 돈을 쓸 수 있는 여유 있는 사람들이다. 하지만 이들은 부산항에 내려 버스를 타고 범어사나 경주를 둘러보고 당일로 돌아간다.

　해양수산부와 부산항만공사는 크루즈 관광객을 부산으로 유치하기 위해 800억 원이 넘는 돈을 들여 부산 영도구 동삼동에 전용부두와 터미널을 건립해 완공을 눈앞에 두고 있다. 이들 부두와 현대식 터미널 시설이 제역할을 할 수 있을지 의문이 아닐 수 없다. 육상 관광자원이 많아야만 크루즈 관광객들이 부산에 몰려들기 때문이다. 그들이 왜 부산에 왔으며, 이곳에서 무엇을 원하는 지를 지속적으로 파악한 뒤 달러를 쓸 수 있는 적절한 프로그램 개발이 시급하다.

# 해양스포츠 원년

## 바다에 요트 카누가 수놓으면

부산은 바다를 성장동력의 축으로 삼고 있지만 해양경제의 파이는 크지 않다. 여기에는 여러 가지 이유가 있지만 해양관광이 구호에 그치고 있는 것도 한 요인이다. 부산에는 아름다운 7개 해수욕장을 비롯해 많은 어촌과 넓은 해수면이 있으나 이를 제대로 활용하지 못해 경제적인 부가가치가 낮다. 중앙정부와 부산시 정책이 육지 관광에 치우친 나머지 바다가 관광자원으로 충분히 이용되지 못한 탓이다.

부산은 다른 도시와 차별화할 수 있는 소중한 자연환경을 갖고 있다. 이들 자원을 잘 활용하면 부산은 우리나라 해양 스포츠의 메카가 될 수 있다. 하지만 부산에는 세계 주요 임해도시와 달리 해양을 이용한 스포츠와 관광이 낙후돼 있다. 온난한 기후와 리아스식 해안을 가진 부산은 경관도 빼어나 외래 관광객들에게 여가 생활을 제공하기에 손색이 없다. 해양 스포츠는 윈드서핑 요트 해양카약 해양카누 스킨스쿠버 등 다양하다. 선진국에선 이들 스포츠가 지역경제 발전에 일익을

청소년들이 해양체험 행사에 참여해 요트를 타고 있다.

담당하고 있으나 부산은 예외다. 해수욕장의 경우 해변을 이용하는데 그치고 있고 수영 안전구역 바깥에 있는 바다는 외롭게 출렁인다.

북미와 유럽에서는 소득수준 향상에 따라 자동차에서 요트 소유로 바뀌고 해양 관광지도 해안에서 해중 해상으로 다원화되고 있다. 관광 유형도 단순 조망에서 참여나 체험으로 변하면서 전체 관광의 절반가량을 해양관광이 맡고 있다. 그러나 부산 수영만에 요트 경기장이 있어도 일반인들이 자유롭게 부산 앞바다에서 요트를 즐길 수 없다. 레저 사업법에 따라 순수 체육시설에서는 사업허가를 받을 수 없어 관광객들이 돈을 내고 요트를 타기가 불가능하다. 요트를 보관하고 수리할 수 있는 수영만 요트 경기장은 관련 규정에 묶여 각종 경기나 청소년 해양체험 행사장으로만 이용되고 있다. 해경이 송정 해수욕장에 한해서핑을 허용하고 있는 게 해양 스포츠의 현주소다.

해양 스포츠는 지역경제 발전에 큰 영향을 미친다. 수영만 요트경기장과 7개 해수욕장에서 6개월 동안 연 인원 910만 명이 해양 스포츠 10여 개 종목을 즐길 경우 5만5000명의 고용유발과 1조2800억 원에 이르는 직간접 경제유발 효과가 있는 것으로 조사됐다. 또 해양 스포츠가 활성화되면 선박과 관련 장비 산업도 함께 발달한다.[40]

해양 마인드 배양도 부산이 관광도시로 발전하는데 필요하다. 부산항은 세계적인 컨테이너항이지만 밤만 되면 어둠 속으로 사라진다. 외국 항만은 24시간 돈벌이 선박들이 밤바다를 수놓고 있는 것과 큰 대조를 보이고 있다. 이제 부산 바다를 대중 교통수단으로 활용하고 돈으로 바꿀 수 있는 지혜나 정책의지가 시급하다.

부산에 해양관광 상품이 빈약한 것은 정책과 학문이 내륙관광 중심으로 이루어져 있는데다 전 근대적인 해상 보안체계 및 부산 인구의 1%도 안 되는 어업권자가 해상공간을 차지하고 있는데서 원인을 찾을 수 있다. 따라서 컨테이너 전용부두를 제외한 해역에 크루즈선 터미널, 수상택시 버스 터미널, 해상호텔, 해양잠수정, 관광위그선 터미널과 같은 차별성 높은 해양관광 인프라 시설이 구축될 필요가 있다.

해양관광이 경쟁력을 갖추기 위해서는 바다를 인간 중심으로 개발하면서 프로그램을 △스포츠형(해양 스포츠) △레저형(해수욕, 조개잡이, 모래찜질, 갯벌체험) △관광형(유람선 잠수정 등)으로 바꾸고 전문인력 양성을 서둘러야 한다.

# 해양박물관은 부산이 최적지

관광 인프라 시설로 박물관만한 것도 없다. 세계 주요 도시에는 인류 문화유산이 살아 숨 쉬는 유명 박물관이 많다. 영국 대영박물관과 프랑스 루브르박물관에는 관람객들이 끊이지 않는다. 이들 박물관은 동서양에서 나온 소중한 유물과 유적들이 체계적으로 전시돼 있어 전시물을 자세히 보기 위해서는 몇 날이 걸린다. 인류 역사와 삶을 한눈에 볼 수 있는 박물관은 해당 국가의 문화적인 척도와 직결된다.

부산은 국제 해양도시 특성을 살리면서 관광효과를 높이기 위해 영도구 동삼동 부지에 해양박물관 건립을 추진하고 있다. 해양수산부는 이곳에 해양박물관 부지 4만9500㎡를 확보했다. 그러나 정부는 국비로 건립되는 해양박물관 입지를 아직 확정하지 않았다. 해양박물관이 어디에 들어서야 하는지에 대한 정부 차원의 검토가 계속되고 있는 것이다.

입지와 관련, 부산만한 장소는 없을 듯하다. 정부는 해양산업 클러스터를 통한 집적효과를 높이기 위해 부산에 해양관련 연구소와 기관의 이전을 확정했다. 영도구 동삼동에는 한국해양수산개발원, 해양연구원, 해사고등학교, 해양공원, 크루즈 터미널이 들어설 예정이다. 동삼동 인근에는 우리나라 최고의 해양인력 교육기관인 한국해양대학교가 있고, 기장에는 우리나라 수산 부문 최고 연구시설인 국립수산과학원이 위치해 있다. 국내에서 이만한 해양관련 기관이나 시설이 설립됐거나 건립 예정인 곳은 없다. 다양한 해양관련 시설을 한 데 모아 더 큰 시너지 효과를 높일 수 있는 곳이 부산인 셈이다.

건립 필요성도 전문가들에 의해 속속 규명되고 있다. 오는 2011년 개관할 경우 관람객은 연간 108만 명에 이르고 경제적 비용-편익비율은 0.4649, 재무적 비용-편익비율은 0.2052로 박물관으로서는 비교적 높게 나타났다. 특히 한국개발연구원이 실시한 경제적 편익비율(0.2256)과 재무적 편익비율(0.0452)보다 높았다.[41] 박물관 건립에 따른 3~4년을 감안하면 한시라도 빨리 건립 계획을 확정하는 것이 국가 발전에 도움이 된다.

박물관은 건립보다는 전시물 확보가 관건이다. 현재까지 해양역사관 해양인물관 해양생물관 해양문화관이 거론되고 있으나 전시물을 더욱 알차게 꾸미려면 유사 시설의 통합이 필요하다. 부산시 동래구 온천동 금강공원 앞에는 부산시가 건립한 부산해양자연사박물관이 운영되고 있다. 이곳에는 세계 각국에서 볼 수 있는 패류와 갑각류 어류 산호 화석 등이 전시돼 있다. 신비로운 바다생물을 접할 수 있는 곳이다.

하지만 해양박물관이 부산에 건립되면 해양을 주제로 하는 박물관이 두 개로 늘어난다. 이들 박물관은 다소 차이는 있지만 해양이라는 큰 주제로 확대하면 성격은 동일하다. 관람객들에게 더 많은 즐거움을 선사하려면 해양관련 박물관은 통합되는 게 바람직하다. 온천동에 있는 해양자연사박물관은 접근성에서도 동삼동에 비해 떨어진다. 전시 자료가 많고 관람객들이 쉽게 찾아갈 수 있는 해양박물관이 되어야 우리나라를 대표하는 해양박물관으로 거듭나고 부산지역 관광산업 발전에도 일익을 담당할 수 있다.

### 목도가 꿈틀거린다

부산 외해에는 무인도 38개가 둘러싸고 있다. 오륙도는 파도를 잘게 부서주고 바람을 막아주는 부산항의 보배다. 조금 옆으로 가면 태종대 앞바다를 외롭게 지키고 있는 생도가 수줍게 솟아 있다. 낙동강 하구에는 상류에서 내려온 모래 퇴적으로 인해 이 시간에도 이름 모를 섬이 조금씩 생겨나고 있다.

무인도는 부산이 가진 훌륭한 자연유산이며 소중하게 보존할 책무가 우리에게 있다. 조금만 다듬고 가꾸면 더 훌륭한 모습으로 바뀔 수 있는 게 부산지역 무인도가 가진 장점이다. 무인도 가운데 목도(나무섬)는 그리 크지는 않지만 잘만 개발하면 빼어난 해상 관광지가 될 가능성이 높다. 부산지방해양수산청은 목도를 관광 자원으로 활용할 수 있는지 여부를 알아보기 위해 전문가 용역을 벌였다. 2006년에 나온 용역결과는 생태공원으로 가꾸면 훌륭한 관광지가 될 수 있다는 의견으로 집약됐다. 이에 따라 부산 해양수산청은 목도를 경남 외도와 같이 자연 생태공원으로 바꾸기 위한 구체적인 계획을 짜고 있다.

필자는 2005년 식물, 조류, 암석, 어패류 전문가들과 함께 무인도

부산시 사하구 다대동에서 가까운 목도.

탐사에 나섰다. 많은 무인도들이 특징을 갖고 있으나 낚시터와 새들의 쉼터 외에는 별다른 역할을 하지 못하고 있는 것을 보았다. 목도도 마찬가지다. 배를 타고 소규모 선착장에 도착하면 섬에는 낚시꾼들이 버린 쓰레기와 오물로 넘쳐난다. 목도를 구석구석 조사한 결과, 보호해야 할 희귀 수목은 거의 없고 암석도 부산 근교에서 흔히 볼 수 있는 것이었다.

당시 탐사에서 목도와 서도(쥐섬) 정도는 개발할 가치가 충분하다는 결론을 얻었다. 목도는 다른 무인도보다 넓을 뿐만 아니라 경관도 빼어나다. 서도는 육지와 가깝지만 바람과 파도에 많이 파손돼 방치돼 있었다. 목도를 외도처럼 해상 자연농원으로 개발하면 더 없이 좋을 듯하다. 수목과 초본식물들이 자라는 농원으로 가꾸면 식생 파괴도 크지 않다. 관광객들을 위한 산책로와 관리 건물 몇 채만 건립해 자연과 인공물을 조화시키면 된다.

환경단체는 목도 개발이 추진되자 환경 파괴라며 개발에 반대하고 나섰다. 친환경적으로 소중한 자연환경을 이용하는데 대한 반대논리가 부족하다. 섬을 허물지도 않고 무성한 잡초를 걷어내고 새로운 나무와 초본식물을 심는 것을 환경파괴로 보기 어렵다. 단지 철새들은 사람들이 접근함에 따라 사라질 가능성이 크다. 이 섬을 찾는 새들은 인근 형제섬 등 다른 무인도에서 먹이를 찾아도 충분하다. 인간과 자연이 공존할 수 있는 목도가 해상공원으로 조성되면 해상관광 활성화를 앞당길 수 있다.

친환경적으로 개발된 목도가 연안 크루즈선들의 중간 기착지로 이용되면 부산항에 볼거리가 또 하나 늘어난다. 인간이 살아가려면 환경파괴는 불가피하지만 이를 최소화하는 것이 우리들의 임무다.

# 싱가포르, 변신은 무죄 – 40년 만에 캬바레 허용

싱가포르가 조용한 변신을 꾀하고 있다. 이 나라에선 담배꽁초 투기와 실내 흡연은 말할 것도 없고 심지어 화장실에서 대소변을 보고 물을 내리지 않아도 벌금을 문다. 법이 개인 생활을 엄격하게 통제하는 싱가포르는 부산보다 조금 많은 인구를 가진 세계 최대 컨테이너항이다. 제조업은 빈약하지만 물류시설을 확충해 동북아 허브항만으로 발돋움했다. 싱가포르는 2005년 컨테이너 물동량 처리 기준으로 2319만TEU를 처리해 홍콩을 제치고 세계 1위에 올라섰다. 화물 이동이 막히지 않는 뛰어난 물류 인프라를 구축하고 세계 주요지역으로 가는 기간 항로에 위치한 이점을 살려 번영을 구가하고 있는 것이다. 이 나라는 물류와 금융산업 강화 못지않게 관광과 엔터테인먼트 산업 육성에도 적극적이다. 이를 위해 카지노를 건립하고 40년 동안 금지해온 캬바레도 허용했다. 외국인 관광객들을 끌어들이기 위한 조치다. 2005년에는 나체쇼를 선보였고 매춘도 눈감아준다.

싱가포르는 땅이 좁은 도시국가지만 1인당 소득이 3만 달러에 육박하는 물류 선진국이다. 하지만 물류 부문만으로 성장을 담보할 수 없어 동북아나 유럽, 미주 관광객들과 세계 자본을 유치하기 위해 안간힘을 쏟고 있다. 싱가포르 센토사섬에는 인공적인 관광시설로 가득하다. 케이블카가 섬을 오가고 인공모래로 해변이 조성돼 관광자원으로 활용된다.

　부산도 빗장을 풀고 진정한 관광도시로 나아가려면 구호에 그치지 말고 외국인들 지갑을 열 수 있는 방안이 필요하다. 미국 라스베이거스에 있는 호텔들은 끊임없는 이벤트로 관광객을 사로잡는다. 화려한 분수쇼는 이제 볼거리도 되질 않을 정도다. 일본인과 중국인들이 돈을 쓸 수 없는 부산이라면 관광산업 진흥이라는 말을 꺼내지 않는 편이 낳다. 한 해 100척이 넘는 크루즈선이 부산에 온다고 관광수입은 크게 늘어나지 않는다. 선박 입출항료 대리점 수수료 및 차비 등이 고작이다.

　외국인들이 많이 가는 거리 간판을 깨끗하고 보기 좋게 정비하고 곳곳에 관광 안내소를 세워 나가자. 이곳에 외국어 구사능력이 뛰어난 직원들을 배치해 친절하게 안내하면 외국인들에게 비치는 부산 이미지는 달라진다. 부산 시민들은 아시안 게임과 APEC(아시아 태평양 경제협력체) 정상회의와 같은 대형 국제행사를 성공적으로 치렀다. 이들 행사를 통해 부산은 세계에 널리 알려졌다. 거리 간판을 영어는 물론 일어와 중국어로 병기하고 특징 있는 상품을 더 많이 만들어내면 부산을 찾는 관광객들이 늘어나고 만족감을 느끼며 돌아가 다른 사람에게 부산은 가볼 만한 도시라고 추천할 것이다. 부산과 가장 가까운 일본과 중국인들이 부산을 찾고 싶어 하고 돈을 쓸 수 있도록 만들어야 관광부산이 될 수 있다.

## PIFF는 부산의 자랑

### 100만 명 이상이 모인 PIFF

부산을 대표하는 상품 중 하나가 영화다. 2006년 10월 수영만 등지에서 11회째 열린 부산국제영화제(PIFF) 때문이다. 1996년 9월 13일부터 21일까지 수영만에서 화려하게 개막된 제1회 부산국제영화제는 10년이 넘은 지금 아시아를 대표하는 영화제로 자리 잡았으며, 세계로 뻗어나가고 있다. 관객들과 영화인, 부산시가 정성을 쏟아 이만한 성과를 거뒀다.

매년 영화제가 열리는 10월의 부산 거리는 영화를 사랑하는 사람들로 붐빈다. 이름만 들어도 금방 알 수 있는 인기 배우들을 만나고 아시아 각국 영화를 보면 영화제 기간은 후딱 지나가 버린다. 1회부터 10회까지 동원한 관객 수만도 156만2427명이다. 매년 15만여 명이 국내외에서 부산을 찾아 영화의 바다를 항해했다. 상영관이 몰려 있는 남포동과 해운대에는 수많은 관객들로 붐빈다.[42]

부산국제영화제로 분명 부산은 영화 도시가 됐다. 가을이면 부산에

제11회 부산국제영화제의 핸드프린팅 행사.

선 관객들과 영화인들이 빚어내는 영화의 물결이 넘실댄다. 부산은 성공한 영화제를 더욱 계승 발전시키고 프랑스 칸과 독일 베를린 영화제와 견줄 만한 세계적인 영화축제로 성장시켜 나가는 게 부산 사람들 책무다.

영화는 인간들에게 환희와 슬픔, 분노, 재미 등 온갖 감정을 쏟아내게 하는 연예 오락부문 중 최고봉이다. 인간의 정서와 감정을 아낌없이 묘사하는 훌륭한 영화들이 부산에서 더 많이 상영되고 이를 보러 관객들이 구름같이 모여들면 부산 관광산업은 도약할 수 있다.

관객들에게 영화 상영 외에 부산의 참 멋과 아름다움 그리고 진미를 선사하자. 부산에서만 구입할 수 있는 독특한 캐릭터 상품도 필요하다. 독창적인 디자인 능력이 가미된 멋진 캐릭터 상품을 영화제에 참가한 관객들에게 몇 개씩 사게 하자. 오랫동안 소장할 가치가 충분하고 예술성도 뛰어나며 누구나 갖고 싶은 소품이 나오면 영화제로 인한 경제적 효과는 더 커진다. 부산에서 영화를 촬영하는 것보다 더 큰 돈벌이가 캐릭터 상품 판매다. 영화제에 참가한 인기 배우를 동원한 캐릭터 마케팅을 도입, 매년 특색 있는 상품을 만들어 나가면 그 자체가 부산국제영화제의 역사로 남는다. 현재 진행되고 있는 필름 마켓시장을 더욱 활성화시키고 좋은 영화 상영과 캐릭터 상품 판매에 매진하면 부산은 멋진 영화도시로 계속 발전할 수 있다.

# 11 해저도 관광자원이다

　해저호텔. 해양 국가들은 해저로 눈을 돌린다. 중국과 아랍에미리트, 남태평양 섬에서 해저호텔 프로젝트가 관광 진흥차원에서 추진되고 있다. 세계 최초라는 수식어를 가진 물 속 궁전이 탄생할 날이 멀지 않았다. 해저호텔 사업이 시작된 곳은 중국 칭다오와 두바이, 바하마 제도다. 이야기 속에서만 들었던 용궁(?)이 인간의 또 다른 거주공간으로 바뀌는 그 날이 오고 있다.

　중국 칭다오시는 랴오산구 마이섬 해안선 부근에 45억 위안(한화 5800억 원)을 들여 높이 52m(해저 부분 25m)의 해저호텔을 오는 2009년까지 건립하기로 했다. 영국의 관광 전문업체인 CHR사 자회사인 CHRQ사가 사업을 맡아 스위트룸 389개와 다양한 부대시설을 설치할 예정이다. 호텔이 준공되면 투숙객들은 유리벽을 통해 물고기 등 해저 생물 움직임을 관찰하면서 비즈니스를 할 수 있다. 하루 객실요금은 4만 위안(한화 520만원). 영국 CHR 관계자는 해저호텔 건립 대상지역으로 칭다오를 선택한 것은 칭다오가 중국 일본 한국의 부유층을 불러

모을 수 있는 적지이기 때문이라고 설명했다.[43]

두바이와 바하마 제도에서도 해저호텔이 들어설 예정으로 있는 등 해저호텔이 해양관광의 새로운 테마로 등장했다. 인류의 생각과 기술이 어디까지 미칠지 모르지만 해저호텔을 짓겠다는 구상은 이제 영화 속 얘기에서 현실로 나타나고 있다. 두바이는 해저호텔에 유럽과 중동 부호들을 데려 오겠다는 발상이다.

부산도 이 같은 상상을 초월하는 프로젝트를 준비해볼 만하다. 자금이 문제지만 외자유치를 통해 가능하며, 사업성만 있으면 국내에도 얼마든지 거액을 부담할 수 있는 투자자들이 많다. 국내에는 투자처를 찾지 못한 400조 원 이상이 이리저리 떠돈다. 이율은 낮지만 언제든지 인출할 수 있는 MMF(머니마켓펀드)에 이 자금이 일시적으로 투자돼 있다. 이 자금은 수익률이 높은 쪽으로 끊임없이 이동한다.

물속 궁전이 들어서면 부산지역 관광지도는 180도 달라진다. 바다 위

두바이 해변에 들어선 7성급 호텔
'버즈 알 아랍'.

뿐만 아니라 해저도 관광자원으로 이용되면 국내외 돈 많은 관광객들을 불러 모을 수 있다. 두바이 해변에서 조금 떨어진 바다에 건립된 7성급 호텔 '버즈 알 아랍'. 커피를 마시고 호텔 내부를 구경하는 데만 100달러를 받고 있으나 신청자들이 줄을 잇고 있다. 호텔을 보러 구경하러온 관광객들은 수도 없이 많다. 호화스런 호텔 하나가 훌륭한 관광자원으로 거듭났다.

부산시는 기장군 기장읍 일대 356만4000㎡에 8812억 원을 투입, 동부산 관광단지를 조성하고 있다. 이곳에는 테마파크 호텔 상업시설 골프장이 들어설 예정이다. 대부분 육지 위주의 개발 사업이 진행되고 있다. 동부산 관광단지 주변 해역에 해저호텔 건립사업을 추진해 동부산 관광단지와 시너지 효과를 높이게 되면 관광산업은 한 단계 발전할 수 있을 것으로 전망된다. 해저호텔은 부산에 자주 들어오는 크루즈선 승객들과 일본 중국인 관광객들에게 볼거리를 제공할 수 있을 것이다.

낙동강 하구에 있는 동양 최대 철새도래지도 관광도시 부산의 힘이 되기에 충분한 자원이다. 버딩(Birding)은 해외에서는 중요한 관광산업으로 각광받고 있다. 인간과 철새가 공존하는 부산. 철새가 무리지어 날아오르고 먹이를 찾는 모습은 장관이 아닐 수 없다. 낙동강 하구는 생명 공간이다. 철새와 동식물, 인간이 함께 살아가는 공간이다. 이를 관광산업으로 활용하기 위한 친환경적 조치가 필요하다. 철새들은 인간이 가까이 접근하면 위협을 느낀다. 따라서 탐조는 되도록 멀리서 이뤄지고 산란장과 잠자리로 이용되는 지역으로의 근접은 삼가야 한다. 부산시와 관광업체들이 탐조 관광상품을 개발하면 부산이 가진 장점을 산업화할 수 있다.

# 의료관광의 새바람

부산은 국내 다른 어느 도시들보다 온화하다. 겨울철에도 혹한이 몰아치지 않고 여름에도 바닷바람으로 인해 다른 도시들에 비해서는 덜 덥다. 여름과 겨울철 20여 일을 제외하면 요양하기에 불편이 없을 정도로 기후 조건이 좋다.

공장이 많지 않아 공기가 맑고 쾌청한 날이 많다. 이런 곳은 노인이나 환자들이 지내기 적당하고 피곤한 몸을 재충전할 수 있는 장소로 알맞다. 의료관광이 개화할 수 있는 이상적인 조건을 구비하고 있다.

부산에는 많은 병상을 가진 대형병원들이 많다. 뛰어난 의료진과 시설을 확보하고 서울에 버금가는 의료도시로 발전하면 부산은 어떤 모습으로 변할까. 어느 병원이 어떤 병을 잘 본다는 평판이 전국으로 퍼지면 부산으로 환자가 몰려온다. 병상이 모자랄 정도로 환자가 늘어나면 지역 서비스 산업은 금세 활황을 보인다. 건립공사가 이뤄지고 있는 동남권 원자력 의학원은 부산지역 의료관광에 도움을 줄 것으로 기대된다. 동남권 원자력 의학원은 부산시 기장군 4만3000㎡ 부지에 오는 2009년 개원을 목표로 건립되고 있다. 이곳에는 암을 조기에 검진할 수 있는 양전자 방출 단층촬영기와 3차원 암치료장비, 의료용 방사성 동위원소를 생산하는 사이클로트론 등 첨단 의료장비가 설치된다. 문제는 의료 수준이다. 부산지역 병원에 뛰어난 의술을 가진 명의가 많아야 의료관광 활성화로 이어진다. 의료관광을 하기 위한 전제조건으로 뛰어난 실력을 가진 의사와 시설 및 친절한 서비스가 꼽힌다. 대학병원 등 주요 병원들이 고가 의료장비를 공동으로 이용하는 방안을 모색하고 일본과 중국인들을 대상으로 한 건강검진과 연계한 관광 프로그램 개발도 절실하다.

현대인들이 가장 두려워하는 질병 가운데 하나가 암이다. 암은 종류가 무척 많고 발병 원인과 치료법이 명확히 규명되지 않았다. 인류가 암 정복을 위해 많은 노력을 기울이고 있지만 여전히 숙제로 남아 있다. 한 병원이 이들 암 치료를 감당하기에는 버겁다. 때문에 병원들은 특정 암을 진단하고 치료하는 체제를 갖춰 나갈 필요가 있다.

모든 병을 잘 보는 병원보다 몇 가지 분야에서 높은 전문성을 발휘하면 국내뿐만 아니라 해외에서도 환자들이 찾아든다. 또 해외 환자들과 영어로 의사소통할 수 있는 병원은 외국인 환자를 유치하는 데 유리한 고지를 점한다. 의료관광이 제자리를 잡으려면 우수한 의료수준은 필요 충분조건이다. 부산은 주변에 인구 30만 명 이상을 가진 도시와 가깝다. 이들 지역 주민과 일본 및 중국인들에게 양질의 의료 서비스를 제공하면 의료관광은 충분히 성공할 수 있다.

한미 FTA(자유무역협정)가 협상을 거쳐 시행되면 여러 부문에서 시장개방이 불가피하다. 미국이 세계시장에서 가장 경쟁력이 있다고 주장하는 것은 금융 법률 의료 등 서비스 시장이다. 시장 개방에 대비하고 관광부산 도약을 위해 세계적인 의료 수준 확보는 더 이상 늦출 수 없는 과제다.

부산시 기장군에 들어설 동남권 원자력 의학원 조감도.

# 낙동강은 관광의 블루오션

## 국토 휘감아 도는 1300리 물길

생명의 젖줄 낙동강. 강원도 태백에서 1300리(525㎞)를 굽이쳐 흘러온 낙동강은 안동 김천 구미 김해를 지나 부산에서 바다로 들어간다. 도도히 흐르는 이 강은 비가 많이 오면 넘쳐나 주변 농경지를 침수시키고 유역에 사는 주민들에게 고통을 안기기도 한다. 하지만 이 강은 영남 주민들의 식수원이고 농토에 물을 공급하며 공업용수로 쓰이는 소중한 국토 자원이다.

부산시는 낙동강 하류 표류수를 이용해 수돗물의 97%를 생산한다. 부산시는 매리와 물금취수장에서 낙동강 원수를 취수해 덕산과 화명 정수장에서 깨끗한 물로 만들어 각 가정에 보낸다. 강은 각종 생물들을 보듬어 자라게 하고 영남권 주민들의 삶을 풍요롭게 한다. 시인 묵객들은 강의 아름다움을 문자로 노래로 표현하고 생물들은 강에서 생명을 잉태하기에 여념이 없다.

부산이 자랑할 만한 낙동강을 현재보다 더 가치 있게 사용할 수 있는 방법은 없을까. 식수원이나 농업용수 이상으로 인간이 이 강을 이용하고자 하는 노력이 다른 강에 비해서는 떨어진다. 자연 상태를 적극적으로 훼손하지 않으면서 부산 시민들의 삶을 풍요롭게 할 수 있다면 낙동강 가치는 현재 이상으로 상승한다.

인류 문명 발상지는 모두가 강 주변이다. 중국인들은 황하를 통해 유구한 역사를 이어왔고 티그리스 유프라테스 강은 메소포타미아 문명을 낳았다. 세계 주요 도시들은 강을 아름답게 가꿔 삶의 질을 한 단계 높였다. 런던에는 템즈강이 있고 파리에는 세느강이 흐르며, 뉴욕에는 허드슨강이 도시를 풍요롭게 한다. 우리나라 서울에는 한강이 중심지를 가로지르며 도시 가치를 높여준다.

서울시는 한강을 세계적인 관광명소로 탈바꿈시키는 한강 르네상스 프로젝트를 2006년 발표했다.[44] 비가 조금만 많이 와도 잠겨서 통행이 안 되는 잠수교를 보행자 전용공간으로 바꾸고 자전거 도로와 산책로 등을 조성해 시민 휴식공간으로 활용하며, 다리에는 낙하분수를 만들기로 했다. 강물 위에는 수상정원을 조성해 시민들에게 강의 아름다움을 만끽하게 하고 수상택시와 버스를 운행해 관광객들을 유치할 계획이다. 강은 분명 도시에 활력과 아름다움을 주고 주민들에게는 기쁨을 선사한다.

하지만 부산은 낙동강을 제대로 활용하지 못한 채 멀리서 바라보는 대상으로만 여긴다. 부산 시민들은 낙동강을 소중히 가꾸지만 관광이나 물류산업에는 이용하지 않아 안타까울 따름이다. 이제 낙동강을 적극적으로 활용하는 정책을 펼칠 때가 됐다.

2005년 10월 1일. 지하에 갇혀 있던 청계천 물길이 열린 날이다. 이

날 이후 청계천은 서울의 새로운 명물로 재탄생했다. 청계천 방문객은
복원 11개월 만에 3000만 명을 넘었다. 하루 평균 8만9000명이다. 서
울시민뿐만 아니라 지방에서 온 관광객들도 30%에 이른다.[45] 청계천
은 국내외 사람들로부터 사랑받는 도심 하천으로 변모했다. 청계천 복
원은 복잡한 도심 교통이나 상인들 생계 문제와 직결돼 있어 쉽지 않
은 일이었다. 그러나 서울시는 대안을 마련하고 꾸준한 주민설득과 첨
단 공법으로 빠른 시일 내에 시민 불편을 해소시켰다. 그렇게 해서 다
시 돌아온 청계천은 음습한 이미지를 벗고 서울의 대표적인 관광코스
로 발돋움했다.

## 낙동강을 시민 곁으로

낙동강은 부산 도심에서 떨어져 있지만 잘만 활용하면 훌륭한 관광
자원으로 거듭날 수 있다. 강물을 오염시키지 않고 환경 훼손을 최소
화하면서 더 많은 경제적 부가가치를 창출할 방안을 모색하자. 부산시
는 낙동강 둔치 가운데 화명 삼막 대저 삼락지구에 체육공원과 인라인
스케이트장 등을 조성해 시민 휴식·여가 공간으로 이용케 하고 있다.
반면 강물을 이용하는 방안은 없다. 예나 지금이나 강물은 도도히 흘
러만 간다. 강에는 배가 많이 다닐 법 한데도 그 흔한 유람선 한 척도
없다. 낙동강은 시민들 곁에 있지만 한편으론 방치되고 있다.

부산은 물류가 발달한 도시다. 낙동강 중 상류지역 구미, 대구 등지
에는 많은 공단이 조성돼 있다. 이런 점을 살려 부산시 북구 구포 부근
지점에 화물 터미널을 만들고 물동량이 많은 몇 개 지역에 터미널을
만들어 바지선으로 화물을 운송하면 물류 효율성을 높이고 수송수단

영남 주민들의 젖줄인 낙동강.

다양화를 꾀할 수 있다. 낙동강 평균 수심이 6m이기 때문에 바지선 운항에는 큰 문제가 없다. 낙동강은 다른 강보다 폭이 넓고 길이도 길다. 일부 얕은 구간은 조금만 준설하면 배가 다니는 데 지장이 없다. 항만 물동량을 다양하게 운반하면 부산항 경쟁력 강화에 도움이 된다.

낙동강은 물류시설뿐만 아니라 관광자원으로도 손색이 없다. 인간의 손길이 약간만 미치면 충분히 가능하다. 우선 부산 구포에서 출발해 상류 방면으로 유람선을 운항시키는 안이 현실적인 대안이다. 물줄기를 따라 배를 타고 올라가면 수려한 경관과 시원한 강바람에 스트레스가 단숨에 풀린다. 범선이라면 금상첨화다. 여름철 동력을 가진 범선을 타고 선상에서 낙동강을 둘러보면 어떨까. 가족과 연인들이 모여 아름다운 낙동강 물줄기를 바라보고 풍요로운 농경지를 감상하면 소중한 자연과 아름다운 국토를 체험할 수 있다. 선박 운항에는 인공적인 시설이 크게 필요하지 않다. 배를 댈 수 있는 선착장과 휴게시설 정도면 충분하다. 아이들은 배를 타고 가면서 원수를 채취하는 매리취수장과 물금취수장을 바라보며 수돗물 생산 과정을 공부할 수 있다. 또 카누와 윈드서핑 등 해양 스포츠도 낙동강에 적합하다. 해양 스포츠는 관광산업 발전에 큰 몫을 한다. 동호인뿐만 아니라 일반인들도 쉽게 즐길 수 있는 해양 스포츠 활동이 낙동강에서 활발해지면 부산의 바다와 강에는 많은 관광객들이 몰려들 것이다. 아름다운 배들이 강을 수놓고 강변을 따라 아름다운 조명을 설치하면 더없이 좋은 관광코스가 된다.

# 낙동강과 아름다운 다리

## 낙동강 다리수와 부산의 발전

낙동강을 얘기하면서 빼놓을 수 없는 부분은 다리다. 부산시가 발전하면서 낙동강 너머 경남지역 도시와 교통문제가 대두되고 필연적으로 다리 건설이 늘어난다. 부산 인근 마산 창원 김해 등지에서는 수많은 공장이 가동되고 있다. 이들 업체에서 근무하는 상당수 임직원들이 부산에서 출퇴근한다. 마산 창원 진해 인구가 100만 명에 이르고 김해시 인구도 조만간 50만 명에 육박할 것으로 전망된다. 부산과 이들 도시를 이어주기 위해서는 필연적으로 더 많은 낙동강 다리가 필요하다. 서울 한강 다리가 늘어나듯이 낙동강 다리도 앞으로 더 많이 생길 수밖에 없다. 낙동강 다리 개수는 부산 발전의 척도가 될 수 있다.

교각 건설이 필요할 때 광안대교처럼 아름답게 지어 관광상품으로 활용하는 방안을 구상해보자. 파리 에펠탑을 눕혀 놓은 듯한 독특한 외관을 가진 다리나 둥근 아치 모양도 좋다. 조각 장식이 가득 찬 다리 등 수려한 외관을 가진 특색 있는 건축물이 괜찮을 듯하다. 멋지고 보

낙동강 흐름도

황지천
태백시
문경시
충주시
영주시
봉화군
영양군
문경시
예천군
안동시
안동댐
임하댐
상주시
의성군
청송군
선산
군위군
김천시
구미시
영천댐
칠곡군
영천시
성주군
대구광역시
경산시
운문댐
고령군
달성
청도군
합천댐
합천군
창녕군
밀양시
밀양댐
함양군
산청군
양산시
의령군
함안군
창원시
남강댐
진주시
마산시
김해시
부산광역시
낙동강 하구

기 좋은 다리는 낙동강을 더욱 아름답게 하고 관광객들을 불러 모은다. 낙동강은 낮에는 햇살에 반짝이고 밤에는 형형색색의 조명으로 옷을 갈아입는 아름다운 강으로 변모할 것이다.

낙동강 개발 문제가 거론될 때 철새 보호가 가장 큰 현안으로 등장한다. 낙동강 하구는 분명 우리가 지키고 보존해야 할 새들의 천국이자 낙원이다. 새들과 인간이 함께 살 수 있는 방안을 찾아야 하지만 쉽지 않다. 낙동강 하구에 건설되는 명지대교를 놓고 환경단체 반발은 여전하다. 환경보전과 개발의 목소리가 낙동강 하구에서 끊임없이 대립하고 있다. 부산발전연구원이 실시한 모니터링 결과에 따르면 2005년 5월부터 2006년 4월까지 낙동강 하구에서 관찰된 새는 모두 122종 12만4973마리로 조사됐다. 이 가운데 청둥오리가 14.8%로 가장 많고 괭이갈매기(10.1%) 흰뺨 검둥오리(8.5%) 혹부리오리(6.6%) 홍머리 오리(6.1%) 큰기러기(5.5%) 순이었다. 또 고니 매 노랑부리저어새 흑기러기 물수리 황조롱이 알락꼬리 마도요 등 천연 기념물이나 멸종 위기종도 많이 찾았다.[46]

이런 점을 감안하면 배를 운항하고 간이 터미널을 만드는 지역은 구포 밑으로는 곤란하다. 또 낙동강 하구에는 인공시설 설치를 최소한도로 제한하고 더 멀리서 새들을 감상해야 한다. 포식자인 인간이 가까이 다가오면 새들은 떠나 버리고 산란도 하지 않는다.

낙동강에서 새와 인간이 공존할 수 있는 합리적인 대안을 마련할 때다. 철새 보호만을 위한 무조건적인 반대는 설득력이 약하다. 철새와 인간이 공존할 수 있는 최선책을 찾아야 한다. 철새 도래지가 있고 범선과 바지선이 오가며 둔치에서 체력을 단련하는 그런 낙동강을 상상해본다. 많은 사람들로부터 아이디어를 모아 낙동강 생태환경을 지켜 나가면서 경제적인 부가가치를 창출하는 지혜를 짜내야 하는 게 시민들에게 남겨진 몫이다. 1991년 발생한 페놀 오염사고는 낙동강에 큰 상처를 남겼다. 이 같은 일을 막으려면 강 인근 오염원을 철저하게 관리해 맑은 강물을 후손들에게 물려주고 낙동강을 식수원으로, 철새도래지로, 물류 관광시설로 이용하는 방안을 수립할 시기가 왔다.

모래 퇴적으로 생겨난 낙동강 하구 모래섬인 도요등.

# 서비스 경제시대

"손님이 통 없어 장사가 너무 안 돼요. 하루 종일 물건을 팔아봤자 아이들 학교 보내고 세끼 밥 먹기도 힘들어요."

"다른 점포는 어떤가요?"

"거기도 마찬가지에요. 시장에 오는 사람 자체가 줄었어요. 예전처럼 상품을 많이 사지도 않아요. 특히 젊은 고객들을 만나기가 너무 어려워요."

"상품을 많이 팔기 위해 어떤 노력을 하시죠?"

"이 장사를 30여 년 동안 했어요. 그때나 지금이나 장사하는 방법은 똑같아요. 달라질 게 뭐 있나요. 변한 게 있다면 시설을 조금 바꿨어요. 인테리어 공사를 하기 전에도 명절대목은 있었는데…."

부전시장 상인과 필자가 나눈 내용이다.

지역경제를 회생시키는 데는 1차적으로 제조업 성장이 필요하지만 서비스업 중요성도 갈수록 높아진다. 현대는 '서비스 경제 시대'라는 말이 생겨날 정도로 경제에서 차지하는 서비스 산업 비중이 커졌다.

하지만 국제 상업도시인 부산은 그렇지 못하다. 부산이 우리나라 제2의 도시 역할을 충분히 하지 못하는 것은 제조업과 서비스업이 다른 도시에 비해 뒤떨어져 있기 때문이다.

서비스 정의는 여러 가지 입장에서 설명된다. 미국 마케팅학회는 서비스를 "판매 목적으로 제공되거나 또는 상품 판매와 연계해 제공되는 모든 활동과 편익 만족"이라고 표현했다. 인간에 대한 봉사로 보는 봉사론적 정의와 고객과 종업원 상호 관계에서 출발해 고객 문제를 해결해주는 인간 상호 관계론적 정의도 있다.[47]

### 서비스 패러독스

서비스에 대한 학문적 정의는 서비스업 발달에 크게 중요하지 않을 수 있다. 그러나 서비스업 종류가 늘어나면서 그에 맞는 맞춤 서비스가 제공되어야만 기대 이상의 효과를 거둘 수 있다. 서비스업에는 학원 병원 금융 음식점 주유소 백화점 헬스클럽 등 국민 생활과 밀접한 관련이 있는 업종이 대부분 포함돼 있다.

서비스업이 발달하면 할수록 서비스 패러독스도 강하게 분출한다. 서비스 패러독스는 쉽게 말하면 서비스에 대한 소비자 불평이다. 서비스업 가운데 서비스 패러독스가 심한 곳이 재래시장이다. 재래시장은 유통업계에서 중요한 기능을 하고 있고 고용 효과가 크며, 서민 살림살이를 윤택하게 하는데 아주 효과적이다.

한국의 향취와 전통이 살아 있는 재래시장이 활성화되면 생활수준이 한결 나아진다. 지표경기보다는 체감경기가 호전돼 밑바닥 경제가 살아난다. 재래시장이 현대 유통전쟁에서 살아남아 제몫을 하기 위해서는 특징 있고 사람들을 끌어들일 수 있는 매력적인 시장으로 거듭나야 한다. 서비스 패러독스를 최대한 없애고 사람들이 다가오는 시장으로 바뀌어야 가능하다.

재래시장은 삶의 애환이 그대로 녹아 있는 장소다. 물건을 팔고 흥정하는 정겨운 담소는 인생에 활력소가 된다. 생활이 따분하고 우울할 때 시장에서 살아가는 억척스런 삶을 바라보며 위안을 얻는 가치 있는 공간이기도 하다.

## 젊은 고객을 모아라

재래시장은 1961년 시장법 개정으로 우후죽순처럼 들어선 뒤 서민들의 익숙한 쇼핑장소로 자리 잡았으나 장기적이고 체계적인 육성 정책이 미흡했고 시대 변화에 적절히 대응하지 못해 경쟁력 약화를 가져왔다. 1996년 유통시장 개방과 인터넷 발달에 따른 신업태 등장도 재래시장을 쇠퇴시키는 요인이 됐다.

재러시장은 지역에 뿌리를 둔 중소 제조업체와 도매업체들의 주요 판로이자 거래처이다. 재래시장 쇠퇴는 지역 경제와 사회에 곧바로 영향을 미친다. 상호저축은행이나 새마을금고 등 중소 금융기관들이 당장 영업에 어려움을 겪고 제조업체들은 생산 둔화를 감수할 수밖에 없다. 시장 경기는 지역사회 전체에 연쇄적인 파급효과를 미친다.

재래시장이 경쟁력을 잃고 대형판매점(옛 대형할인점) 등에 밀리는 요인은 여러 가지다. 부산에서 재래시장으로 부를 수 있는 곳은 모두 126개. 동네 소규모 시장은 제외됐다. 국제 부산진 자유 자갈치 부전 평화 구포 서면 등이 부산을 대표하는 재래시장들이다. 이들 시장은 이름만 들어도 정겹고 친근하다. 사람 냄새가 넘쳐나고 어머니 품 같은 느낌을 주는 곳이다. 마음의 고향 같기도 하고 돈이 없어도 시장거리를 거닐면 서민 경제의 단면을 읽을 수 있는 살아 있는 공간이다.[48]

과거 재래시장은 서민들이 즐겨 찾는 쇼핑장소였지만 이제는 그 자리를 다른 업태에 많이 넘겨줬다. 재래시장과 백화점은 신업태가 들어서기 전까지 국내 상권을 양분했다. 각기 고유 영역을 확보하면서 발전해 왔으나 도심 곳곳에 들어선 대형판매점과 인터넷 상점 및 홈쇼핑 업체에 점차 밀려나기 시작했다.

질 좋은 상품을 싸게 파는 이미지를 심어준 대형판매점은 쾌적한 시설과 넓은 주차공간을 확보해 소비자들을 붙잡았다. 이들 업체는 무서운 속도로 백화점과 재래시장 고객들을 빼앗아가며 유통시장의 최강자로 부상했다. 부산에는 매장면적 4950㎡ 이상 대형판매점이 23곳에 이를 정도로 급팽창했으며, 전체 매출액이 백화점을 앞질렀다.

대형판매점은 저가 판매와 일괄 구매를 통해 젊은 소비자들을 무차별적으로 흡수했다. 백화점과 슈퍼마켓, 재래시장이 저가 제품 판매와 일괄 구매를 동시에 만족시켜 주지 못한 점을 파고든 것이다. 브랜드 이미지보다 싸면서 품질 좋은 제품을 요구하는 합리적인 소비자가 늘어나면서 백화점과 재래시장 고객들이 대형판매점으로 대거 이탈했다.

젊은 소비자들은 재래시장을 많이 이용하지 않는다. 재래시장 이용 고객 중 50대 이상이 전체의 54%에 이르고 20대 소비자는 8.5%에 불과하다. 소득 면에서도 저소득 계층이 67%인 반면 고소득층은 6%에 그쳤다.[49]

1913년 개장한 이후 부산을 대표하는 재래시장으로 자리잡은 부산진시장.

재래시장을 이용하는 주된 고객은 나이 많고 소득이 높지 않은 계층에 집중돼 있고 젊고 구매력이 높은 소비자들은 백화점과 대형판매점으로 몰려가고 있다는 반증이다. 유통시장 개방 이후 재래시장은 고객 이탈로 어려움을 겪고 있다. 반면 대형판매점들은 젊은 고객들을 집중 공략해 매출을 늘려갔다. IMF 외환위기 이후 백화점은 고급 브랜드로, 대형판매점은 합리적인 저가형 제품으로 특화에 나서 상당한 입지를 구축했다. 그러나 재래시장은 사회상 변화와 신업태들의 적극적인 마케팅 및 서비스 개선에 밀려 과거 명성을 되찾지 못하고 있다. 정부가 재래시장 활성화를 위해 다양한 지원책을 마련해 시행했으나 효과는 빛을 발하지 못했다.

재래시장들은 대형판매점과 백화점에 맞서 시설 현대화에 나서고 있으나 이것만으로 젊은 소비자들을 끌어오지 못했다. 재래시장이 혁신돼야 하지만 개선에만 머물러 있다. 혁신은 글자 그대로 껍질을 벗겨 새롭게 만드는 것으로, 엄청난 아픔이 뒤따른다. 재래시장들이 이같은 고통을 참고 일어서야 신업태와 당당히 경쟁할 수 있다.

# 16 유통시장과 정글의 법칙

### 인터넷과 고객

인터넷 보급이 보편화되면서 상권에 일대 변혁이 일어났다. 기존 오프라인 시장이 약세를 겪고 있으나 온라인 시장은 급속하게 발전했다. 사이버 전자상거래가 재래시장 백화점 대형판매점을 위협하고 있다. 미국의 전 부통령인 앨 고어는 1993년에 행한 한 연설에서 "이제부터 상거래는 아스팔트가 아니라 정보고속도로 위에서 이뤄진다"고 말했다. 이 말은 정확히 현실로 나타나고 있다.

인류 역사에서 인터넷만큼 빠른 시간 안에 세상을 변화시킨 것은 드물다. 인터넷은 정치 경제 사회 문화와 관련한 패러다임을 송두리째 바꾸며 지금까지 경험하지 못한 e-세상을 만들어 냈다.

인터넷과 방송매체 발달이 재래시장 입지를 더욱 좁게 만들었다. 인터넷은 미국과 옛 소련의 군비 경쟁에서 태어나 올해로 탄생 37주년을 맞았다. 1957년 10월 옛 소련이 인류 최초로 인공위성 '스푸트니크호'를 우주에 쏘아 올리자 미국은 상당한 충격을 받았다. 인공위성을 통해 핵공격을 할 수 있다는 사실이 현실화된 때문이다.

이에 자극받은 미국은 국방성 산하 기관에서 핵무기 공격에도 통신이 끊어지지 않고 컴퓨터들이 연락할 수 있는 체제를 갖추는 연구에 들어간 끝에 1969년 9월 인터넷 효시라 할 수 있는 '알파넷(ARPANET)'을 개발했다. 이 당시 알파넷은 국방 관계자나 과학자들만이 사용했다. 하지만 인터넷은 1991년 미국에서 먼저 일반인들에게 상용화된 뒤 1994년에는 우리나라에 선보였다. 인터넷 세상을 향한 씨앗이 뿌려진 것이다.

1994년 6월 한국통신 코넷(KORNET)이 인터넷 상용 서비스를 개시하면서 인터넷은 한국 사회를 변화시키는 핵으로 등장했다. 처음에는 인터넷이 필요한 자료를 구하거나 정보를 빠르게 주고받는 새로운 정보통신 기술로만 생각했으나 이제는 일상 생활에 꼭 필요한 정보통신 도구가 되었다. 인터넷에 빠르게 접속할 수 있는 통신망이 대다수 가정과 사무실에 깔리면서 사이버 쇼핑몰이 생겨나 기존 유통업체들을 잠식하기 시작했다.

기하급수적으로 늘어난 인터넷 쇼핑몰에서 누구라도 원하는 물건을 주문하면 가정배달 서비스를 통해 상품을 받는 e-비즈니스 시대가 활짝 열렸다. 1990년 이전에는 누구도 생각하지 못한 사이버 쇼핑이 일상화되면서 오프라인 유통시장은 큰 타격을 받았다. 초기 판매 방식은 대부분 공급자 위주였다. 그러나 시간과 공간 제약이 없는 사이버 공간에서 구매와 판매 기능을 동시에 하는 오픈 마켓이 전자 상거래 시장을 장악했다.

소비자와 소비자, 공급자와 소비자를 연결하는 새로운 온라인 장터가 합리적인 소비 계층을 공략했다. 누구나 수수료만 내면 사이버 공간에서 각종 물건을 내놓고 매매할 수 있는 세상이 열렸다. 소비자들은 공급자들을 비교한 뒤 싼값에 좋은 물건을 고르고 공급자들은 큰 자본 없이도 온라인 점포를 얻을 수 있게 됐다. 오픈 마켓은 1998년 생겨난 인터넷 경매 사이트 옥션을 필두로 G마켓, 다음 온켓이 대표적이다. 옥션과 G마켓의 연간 총 매출액은 각각 2조 원을 넘는다. 오는 2010년에는 인터넷을 이용한 홈쇼핑이 총 소매업 매출의 15%를 차지할 것이라는 전망이 나오고 있다.[50]

TV홈쇼핑 업체도 빠르게 성장했다. LG, CJ, 현대홈쇼핑 등은 방송을 통해 24시간 상품을 판매한다. 소비자들은 텔레비전 화면에 나타난 상품을 비교한 뒤 전화로 주문하면 며칠 내로 받을 수 있다. 시장이 확대되자 홈쇼핑용 상품이 업체에서 따로 제조됐다. 정보통신 기술이 급속하게 발전하면서 유통시장에서는 예전에 생각하지도 못한 대변혁이 펼쳐지고 있다.


## 월마트가 철수한 이유

산업자원부는 국내 유통산업 규모가 2001년 48조 원에서 2010년에는 94.4조4000억 원으로 성장할 것으로 추정했다.[51] 이 같은 예상은 지속적인 유통산업 발전을 전제로 하고 있으며, 정부 정책도 여기에 모아졌다. 유통업은 그동안 정부 정책에서 소비성 산업으로 인식돼 제조업에 비해 금융 세제 입지 등에서 차별적인 대우를 받아왔다.

온통 강력한 경쟁자뿐인 현실에서 재래시장은 인터넷과 TV 상점 대형판매점 백화점에 어떻게 대응해야 하나. 여기서 대형판매점들이 거대한 외국 경쟁업체들을 물리친 성공비결은 재래시장 재도약에 큰 도움이 된다 하겠다.

세계적인 유통업체인 미국 월마트와 프랑스 까르푸가 2006년 우리나라 시장에서 전격적으로 철수했다. 토종 대형판매점에 백기를 들고 만 것이다. 유통시장이 개방될 때 업계에서는 외국 업체들 때문에 국내 업체들이 큰 타격을 입을 것이라는 우려감이 팽배했다. 까르푸와 월마트가 국내 시장을 급속히 잠식하면 토종 업체들이 영업기반을 잃고 무너질 가능성이 크다는 예상이 많았다. 그러나 외국 업체들이 토종업체들의 철저한 현지화 전략을 뚫지 못한 채 보따리를 싸고 말았다.

토종 대형판매점을 대표하는 이마트는 날마다 싸게 파는 전략을 구사했다. 이를 위해 물류센터를 건립한 뒤 물류비용을 낮추고 산지 직거래와 신선식품 매장을 직영으로 전환해 상품 신선도를 높였다. 소비자 취향에 맞게 박스나 소량 낱개 포장, 손질한 생선 팔기 등으로 판매 방식을 변화시켰다. 매장을 대형화시켜 약국 미용실 육아방 등 쇼핑 편의시설 확충에도 나섰다. 고객 만족센터를 운영하며 환불이나 반품에 인색하지 않았다. 매장 조명도를 높이고 진열상품 높이를 조절하면서 고객을 왕으로 모시는 영업에 충실했다.

대형판매점들은 서비스 패러독스를 없애는 데 사운을 걸었다. 하지만 외국 업체들은 한국 소비자들의 니즈(요구)에 안이하게 대처해 많은 고객을 끌어들이지 못했다. 재래시장이 제 자리를 잡으려면 오랫동안 '판매의 3S'로 통하는 성의(Sincerity), 신속(Speed), 웃음(Smile)을 중시하고 고객 요구를 충족시켜야 가능하다. 재래시장은 변화에 너무

느리다. 몇몇 시장들이 시설 현대화를 완료했고 고객을 왕으로 모시는 상거래 방식을 채택했지만 여전히 젊은 계층을 고객으로 확보하지 못하고 있다.

재래시장이 대형판매점과 백화점, 온라인 상점에 맞서려면 강점을 살려 나가면서 친절로 승부하는 수밖에 다른 방법이 없다. 재래시장 시설을 좋게 만든다고 해도 백화점처럼 화려하게 꾸밀 수 없다. 시설 현대화에는 한계가 있다. 재래시장 육성 방안 가운데 첫 번째로 불친절 이미지를 시민들 머리속에서 말끔히 지워 버려야 한다. 고객들은 상인들과 가장 먼저 만나고 상품 구입은 그 다음이다. 따뜻한 말 한마디가 매출을 증대시킨다는 마음가짐이 필요하다. 시대가 바뀌고 기술이 발전하더라도 사람은 감정에 의해 의사가 많이 좌우된다. 이성보다는 감성이 우선하는 것이다. 재래시장은 백화점이나 대형판매점보다 조직화되어 있지 않고 판매 교육을 체계적으로 받지 못한 상인들이 부지기수다. 웃음 넘치는 구수한 입담과 인정 넘치는 말로 고객을 편안하게 한 뒤 상품에 대한 자세한 설명을 곁들이자. 매일 만나는 고객들을 더 따뜻하게 대접해주고 상품을 사지 않아도 얼굴에 미소를 짓는 친절함을 잃지 않는 태도가 요구된다.

한 번 방문한 고객은 또 찾는다는 영업 마인드가 중요하다. 뜨내기처럼 대하면 방문했던 고객은 다시 오지 않을 가능성이 높다. 시장을 찾아갔던 고객이 다른 사람들에게 소개할 수 있도록 해야 하며, 사지 않으면 그만이다는 생각에서 과감히 벗어나는 게 급선무다. 백화점과 대형판매점들은 직원들에게 매일 판매 교육을 시키고 업태 변화에도 빠르게 대응한다. 과거부터 내려오던 영업 관행에 변화를 주고 일사불

란한 조직을 갖추는 것이 재래시장 영업력 향상의 지름길이다. 친절은 돈이 들지 않지만 가장 강력한 영업 무기로 작용한다.

### 카드는 매출 증대의 효자

현대는 카드 전성시대다. 현금 사용이 급격하게 줄어들고 있다. 대다수 고객들은 물건 값을 신용카드로 결제하고 체크카드도 많이 사용한다. 1000원짜리 상품을 사는 고객이 신용카드를 내밀었을 때도 즐거운 마음으로 카드 결제에 응하면 고객을 붙잡을 수 있다. 수수료 문제가 있지만 더 많이 팔면 수익이 늘어난다는 마음으로 기쁘게 카드를 받아야 경쟁이 치열한 유통시장에서 살아남는다.

재래시장에는 전 근대적인 소규모 점포들이 많다. 시장을 운영하는 조직은 상인들에게 유통시장 변화와 고객에 대한 쇼핑 태도를 자주 설명할 필요가 있다. 유통시장이 급변하고 있는데도 기존 영업기법을 답습하고 있으면 도태될 수밖에 없다.

고객들이 참여하는 재래시장 체험 행사는 시장 활성화에 도움이 된다는 사실을 다른 업태에서 수없이 봐왔다. 소비자들이 특정 상품이나 업소를 자발적으로 퍼뜨려 매출을 극대화하는 판매기법인 입소문 마케팅을 활용하는 기업이 늘고 있다. 이를 재래시장에서 활용하면 매출 증대로 이어진다.

발상의 전환도 필요하다. 유아용품 전문업체인 아가방은 낮은 출산율을 위협요인으로만 생각하지 않고 도약할 수 있는 호기로 활용하고 있다. 출산율이 세계 최저 수준으로 떨어져 과거 인구 증가를 걱정해 산아제한 운동을 강도 높게 펼쳤던 한국이 이제는  아이 많이 낳기 운동을 펼치는 시대로 바뀌었다. 이 회사는 저출산 시대에는 옷을 형제 간에 대물림하지 않고 좋은 옷을 사 입히는 등 신세대 부모들이 아이를 적게 낳아 귀하게 키운다는 생각을 활용하는 영업 전략을 구사했다. 요즘 젊은 부모들은 아이들에게 한 가지 제품이라도 좋은 것만을 고집한다.

재래시장은 이제 반품과 환불을 오히려 기뻐하는 획기적인 사고 전환이 필요한 때다. 구입한 물건에 괜한 불만을 토로하거나 하자가 있다고 느끼는 손님들도 있게 마련이다. 정상제품을 다른 것으로 바꾸거나 돈으로 교환하려는 소비자들은 극히 일부에 불과하다. 판매자 실수나 잘못이 아니더라도 고객이 원하면 환불과 반품에 인색해서는 안 된다. 반품이나 환불을 거부하면 고객은 다른 곳으로 발길을 돌린다.

# 17 재래시장 생존전략

## 고객 창출 경영기법

재래시장은 인정 넘치는 쇼핑공간이다. 백화점 대형판매점 양판점 편의점 인터넷 쇼핑몰 등 어떠한 매장에서도 이 같은 감정을 느끼지 못한다. 하지만 재래시장들은 이런 강점을 살리지 못한다. 그저 오는 손님을 상대로 하루하루 장사하는데 여념이 없다. 이제는 고객을 만들어 나가는 경영기법이 필요한 시대다. 이를 위해서는 가장 우선적으로 시설 현대화가 필수적이다. 많은 재래시장들이 주차장을 확보하고 냉난방 장치를 가동하는 설비를 갖춰 나가고 있다. 정부도 이 부문에 지원을 강화하며 시장 리모델링에 앞장섰다.

시설 개선에 성공한 재래시장들은 한결같이 고객들이 쉽게 움직일 수 있는 동선을 확보했다. 자유로운 쇼핑을 위해 대형판매점들이 사용하고 있는 쇼핑카트를 보급하고 칙칙한 이미지를 주는 간판을 산뜻하게 바꾸었으며, 상품 진열도 고객 눈높이에 맞췄다. 무질서한 차양막을 정리하고 아이들을 동반한 아주머니 고객들을 위해 육아장소를 운영했다. 고객만족센터를 공동으로 운영하고 방송시설도 설치해 상당한 매출증대를 거뒀다.

시설 현대화에서 시장 내 도로 정비도 빼놓을 수 없다. 시장 내 도로에는 상인들이 내놓은 상품들이 가득하고 노점상도 도로를 잠식하고 있다. 미로를 헤매는 고객들은 여름과 겨울철에는 더욱 짜증을 내기 쉽다. 노상에 적치된 상품을 최소화하고 노점상들을 질서정연하게 배치해 고객을 위한 시장으로 만들어 나가는 전략이 요구된다.

시장 내에는 차량 진입을 가급적 억제하면 어떨까. 차량과 상품 및 사람이 한데 섞여 있는 시장도로는 무질서 그 자체다. 백화점과 대형판매점에서 이런 모습을 볼 수 있는가를 생각해보자. 전통적인 운반도구인 인력거 지게를 이용하면 차별성을 높이고 운반에 따른 혼잡도를 덜 수 있다. 상품을 옮기는 데 일정 공간까지만 자동차로 하고 시장 내 도로에서는 이들 도구를 이용해볼 만하다. 인력거는 고객들에게 새로운 이미지와 볼거리를 제공한다. 전통적인 지게를 개조해 아름답게 만들면 도로 혼잡도를 없애면서 새로운 일자리를 창출하고 고객에게는 쾌적한 쇼핑공간을 선사할 수 있어 일석삼조 효과를 거둘 수 있다. 인력거도 마찬가지다. 말이나 소를 이용하면 운치도 나고 자동차 운행에 따른 위험을 줄인다. 매연이 없어 공기도 맑아진다.


## 고객에게 즐거움을 줘라

백화점들은 자신들과 비슷한 영업 전략을 구사하는 대형판매점에 대응하기 위해 철저한 차별화로 승부를 걸고 있다. 초고급화로 내달리기 시작한 것이다. 백화점에 독자적인 테마숍을 설치하고 미술작품을 전시하며, 요리사를 초빙해 주부들에게 요리법을 강의한다.

대형판매점이나 백화점과의 경쟁에서 엔터테인먼트는 미래 유통업체가 추구해야 할 핵심 개념이다. 단순 판매에서 벗어나 고객을 유인할 수 있는 볼거리 제공에 초점이 맞춰져 있다. 대형 쇼핑몰은 오래전부터 연예인을 초청해 팬 사인회를 열었다. 이는 초보적인 엔터테인먼트 기능에 불과하다.

재래시장도 이 같은 이벤트를 열어 사람들을 모아라. 특정 시간에 물건을 싸게 파는 경매를 실시해 적극적으로 홍보하면 합리적인 고객들을 유인할 수 있다. 재래시장 특성에 맞는 이벤트는 얼마든지 있다. 상품을 단순히 진열해 판매해서는 대형판매점과 백화점을 이길 수 없다. 공개 요리강좌와 즉석 추첨, 질 좋은 물건을 싸게 파는 떨이행사도 좋다.

엔터테인먼트는 백화점과 대형판매점의 전유물이 아니다. 재래시장도 이벤트성 행사를 열어 고객들에게 쇼핑 이외의 즐거움을 선사해야 한다. 가만히 앉아 있어서는 고객들이 오지 않는다. 거리에 악사와 마술사를 위한 공연장소를 만들면 어떨까. 고객들은 쇼핑 중간에 차와 커피로 휴식을 취하면서 이들로부터 즐거움을 얻을 수 있다.

### 단골고객 기념일과 매출

고정고객을 확보하는 일은 매출 증대에 무엇보다 중요하다. 신용카드사나 보험사 백화점 등 많은 업체들은 단골 고객들을 데이터베이스화해 홍보물을 보낸다. 동네 가게들도 상품을 홍보하는 전단 광고를 일간지에 삽입해 발송한다. 재래시장도 이 같은 홍보 방안을 생각해

싱싱한 수산물을 만날 수 있는 자갈치시장.

보아야 할 시점에 이르렀다. 누가 할 것인가가 문제되지만 아웃소싱을 활용하면 당장 해결된다. 대다수 상인으로 조직된 상인회나 시장 번영회가 이를 전문 업체에 맡겨 보라.

각 점포에 나온 새로운 상품과 이벤트를 소개하는 홍보물을 주요 고객들에게 보내면 매출증대에 도움이 될 수 있다. 재래시장 장점과 구매에 따른 편리성을 홍보하고 고객들을 붙잡는 마케팅 기법을 시급히 도입할 필요가 있다. 미국에 있는 한 재래시장은 고객들을 모으기 위해 정기적으로 맥주잔 페스티벌을 연다. 갖가지 모양으로 만들어진 맥주잔들이 시장을 홍보하는 전도사 역할을 하며 매출증대를 이끌고 있다.

가능하다면 고객 기념일을 파악해 간단한 선물을 보내는 것도 시도

해볼 만하다. 시설 현대화만으로는 대형판매점이나 백화점으로 가는 고객을 재래시장으로 되돌리는데 한계가 있다. 시설 현대화는 재래시장에서 필수적인 과제가 돼 버렸고 이를 강점으로 내세울 수 없다. 시장을 활성화시킬 수 있는 소프트웨어가 필요한 시점이다. 꽃 도매시장으로 유명한 평화시장은 주요 고객들에게 기념일에 맞춰 꽃 한 송이를 선물하는 마케팅이 효과를 발휘할 것이다. 생각지도 않은 꽃 선물에 고객들은 놀라워하고 평화시장을 잊지 않게 된다.

옛 삼성자동차(현 르노 삼성자동차)는 기공식에 초대된 2만여 명에게 기념품을 전달해 기업 이미지 개선에 큰 효과를 나타냈다. 기념품은 보통 참석자들에게만 주어진다. 하지만 삼성은 행사에 초대된 대다수 사람들에게 우편으로 기념품을 발송했다. 생각지도 않은 선물을 받아든 사람들은 삼성의 서비스에 감탄했다. 나를 알아주는 감동 마케팅이 과연 삼성이구나 하는 마음을 심어줬다.

재래시장에 던져진 시급한 과제는 온라인 시장을 강화하는 일이다. 주요 재래시장들은 사이버 주문에 능동적으로 대처하고 있다. 상품 구색을 다양화하고 상품에 대한 자세한 설명을 곁들이며, 가격 혜택을 부여하면 온라인 구매가 활성화될 수 있다.

얼리 어답터(Early Adopter)가 품질 개선의 새로운 도구로 등장했다. 얼리 어답터는 새로운 정보와 제품을 남보다 먼저 접하고 사용하는 데 즐거움을 찾는 사람들을 지칭한다. 업체들은 이들의 사용 후기와 느낌을 토대로 문제점을 보완하거나 개선한다. 통상 제조업에 많은 얼리 어답터나 모니터를 재래시장에 도입해보자. 시장을 방문하는 주부들에게 이용 후기를 인터넷이나 설문지를 통해 받아 결과를 시장 운영에 반영하는 것이다. 재래시장은 이들의 목소리를 통해 끝없는 변신을 해야 한다.

### 강점을 살려라

부산에는 큰 시장이 꽤 많다. 부산진시장은 주단이나 포목을 전문적으로 취급하고 국제시장은 의류와 전자제품에 강하며, 평화시장은 꽃 판매로 유명하다. 자갈치시장은 생선과 싱싱한 회 등 수산물을 대량으로 판매하고 부전시장은 인삼과 청과물에 강한 노하우를 갖고 있다.

재래시장 특성상 이들 상품 외에 다른 상품도 판매되고 있지만 주력상품이 있기 마련이다. 재래시장들이 대형판매점이나 백화점과 승부하려면 주력상품이 강한 경쟁력을 갖춰야 한다. 주력상품은 백화점에 있는 핵 점포와 같은 기능을 한다. 의류 꽃 생선 청과물은 생활에 없어서는 안 되는 필수품이다. 주부들은 이들 필수품을 집에서 가까운 대형판매점에서 구입한다. 주5일 근무제가 확대되면서 시민들은 나들이할 기회가 많아졌다. 재래시장은 이들을 붙잡아 판매로 연결하는 판촉방안이 필요하다. 시간을 내지 못하는 소매 고객들에게는 전화로 구매하면 배달해주는 시스템을 갖춰야 한다. 동네 소매시장을 확실한 고객으로 확보하고 대형판매점으로 가는 주부들을 공략하는 단계를 밟아라. 소매상인들은 많은 양을 한꺼번에 구입하는 만큼 그들에게 더 많은 인센티브를 제공하고 가격 할인율을 가능한 한 높이자. 덤 상품을 주고 쇼핑에 재미를 선사하는 판매기법을 강구할 필요가 있다.

서울 동대문시장은 지방 상인들을 대상으로 공장에서 만든 의류를 도매로 판매한다. 부산 국제시장이 동대문시장 역할을 하면 가능성이 충분하다. 패션 감각이 살아 있는 의류를 지역 의류공장에서 만든 뒤 부산과 인근 도시에서 장사하는 소매점포 상인들을 집중적으로 공략하는 방안을 마련하면 된다. 부산은 섬유 패션산업이 발달해 있다. 옷을 사러 서울까지 가는 것은 품질과 디자인 때문이다. 부산지역 섬유 패션전문 인력들이 좋은 옷을 만들어 재래시장에 공급하고 재래시장은 부산 경남 제주도에 도매로 공급하는 의류 유통시장을 구축하는 게 시급하다.

시장은 물건을 공장에서 받아 필요한 사람들에게 공급하는 장소다. 의류를 예로 들어보자. 옷을 만들려면 많은 원부자재가 필요하다. 옷감과 단추 실 바늘 등 필요한 부품이 많다. 국제시장은 완제품과 함께 이들 원부자재를 공장에 판매할 수 있는 장소로 거듭나야 한다. 옷에 포인트를 주고 상품 가치를 높이는 데 단추는 적지 않은 역할을 한다. 하지만 부산에서 여러 가지 단추를 구하기 어렵다. 예쁘고 세련된 단추를 사려 해도 서울로 가야 하는 실정이다. 대형판매점들이 하지 못하는 기능을 재래시장이 담당해 고유 영역을 확보하면 된다. 싸면서 질 좋은 상품을 친절하게 판매하고 즐거움을 선사하며 쇼핑하는데 불편함이 없는 재래시장이 부산에 더 많아야 지역경제가 살아날 수 있다.

# 문화산업과 부자도시

## 문화산업 전성시대

21세기에는 문화 콘텐츠가 경제 강국을 만든다. 문화산업은 창의성을 요하는 고부가가치 산업이다. 참신한 발상과 반짝이는 아이디어로 사람들을 사로잡으면 문화대국으로 성장할 수 있다. 오늘날 선진국들은 대부분 뛰어난 문화산업을 일궈냈다. 일본은 게임과 애니메이션 시장을 장악했으며, 프랑스 이탈리아는 세계 패션시장을 주도하고 있다. 미국은 폭력과 스릴 등을 가미해 흥미를 불러일으키는 할리우드식 영화를 바탕으로 세계 영화시장을 지배하고 있다.

문화산업의 총아는 캐릭터 게임 디자인 영화다. 자동차와 선박을 만들고 수출하는 일에는 많은 인력과 생산설비가 필요하다. 이들 제품을 생산하기 위해서는 엄청난 시설투자를 해야 하지만 캐릭터를 제작하는 데는 이들 산업과 같은 대규모 시설투자가 필요하지 않다. 넓지 않은 개발 공간과 독창적인 아이디어만 있으면 입지에 관계없이 어디서든 가능하다.

일본에서 나온 포켓몬스터는 전 세계 어린이들을 수년 동안 열광시켰다. 아이들은 피카츄 인형을 사랑했고 틈만 나면 몬스터 키우기에 바빴다. 1995년 일본을 대표하는 게임업체인 닌텐도사는 지구상에 존재하지 않은 동물을 주인공으로 내세운 휴대용 게임소프트 포켓몬스터를 발표해 대단한 인기를 모았다. 세계적으로 몬스터 신드롬을 낳았고 텔레비전 만화 가방 문구류 액세서리 등에 캐릭터 상품으로 사용됐다.

닌텐도사는 1887년 일본 교토에서 화투와 트럼프 등 놀이용 카드를 만드는 중소기업으로 출발했다. 이후 닌텐도는 1970년대 게임기 시장에 뛰어들어 대성공을 거두고 일본 내에서도 손꼽히는 기업으로 성장했다. 창조 경영을 실현한 닌텐도사는 2006년 회계연도 상반기에만 543억 엔(한화 4340억 원)의 순이익을 기록했다. '주머니 속의 괴물' 이라는 뜻을 가진 포켓몬스터는 스스로 빠른 속도로 진화한다. 닌텐도는 아이들 호기심을 자극하면서 새로운 몬스터를 시장에 내놓아 끊임없는 관심을 유발시켰다.

1983년 작가 김수정 씨가 발표한 아기공룡 둘리는 국내 캐릭터 산업 발전에 기폭제가 됐다. 어린 공룡을 주인공으로 내세운 만화영화가 인기를 끌었고 뒤이어 둘리 캐릭터가 각종 문구류 등에 사용됐다. 둘리는 우리나라의 대표적인 캐릭터로 자리 잡으며 여전히 어린이들로부터 사랑을 받고 있다. 영국에서 제작된 텔레토비도 국내에서 선풍적인 인기를 끌었다. 아침 시간에 텔레비전으로 방영된 만화영화는 아이들을 사로잡은 후 여러 가지 캐릭터로 사용됐다.

게임산업도 마찬가지다. IMF 외환위기가 닥쳤던 1998년 미국 벤처

기업인 블리자드사는 테란, 프로토스, 저그를 등장시켜 우주 지배권을
놓고 싸움을 벌이는 전략 시뮬레이션 게임인 스타크래프트를 출시해
우리나라에서 큰 인기를 모았다. 이 게임으로 인해 연봉 1억 원을 넘
게 받는 프로게이머가 당당한 전문직으로 등장했다.

지구촌 게임강국은 일본이다. 일본인들은 혼자 하는 놀이를 좋아한
다. 남에게 신세지거나 폐를 끼치기 싫어하는 국민성 때문이다. 일본
인들은 다른 사람에게 조그마한 불편을 주어도 고개를 숙이며 곧바로
미안하다는 말을 한다. 이는 일본인들 정신과 사고방식을 지배하고 있
는 '와(和) 사상'에서 비롯됐다. 사방이 바다인 섬나라에서 일본인들
은 부드러운 관계를 유지해야만 사회가 유지될 수 있었기 때문이다.
와에서 남에게 폐를 끼치는 행동을 하지 않는 메이와쿠(迷惑)도 생겨
났다. 이런 국민성으로 인해 홀로 게임을 즐기는 게임기 산업이 크게
발달했다. 그러나 한국인들은 혼자 하기보다는 함께 하는 놀이에 익숙
하다. 강강수월래와 줄다리기가 그렇고 개인 달리기보다 계주에 더 열
광한다. 일본에서 인기가 높은 콘솔게임이 우리나라에서 크게 각광받
지 못하는 이유다.

블리자드사가 내놓은 PC 기반 스타크래프트는 연대 문화와 때마
침 늘어난 게임방을 토대로 폭발적인 인기를 누렸다. 온라인상에서 독
특한 기술로 보이지 않는 상대를 제압하는 게임이 국민성에 딱 들어맞
았다. 이 게임은 PC방의 폭발적인 증가를 이끌어내면서 한국게임 산
업 발전에 불을 지폈다. 수많은 벤처기업들이 게임을 개발하기 위해
생겨났고 프로게이머가 젊은이들의 우상으로 떠올랐다.

## 온라인 게임 강국

게임 변방에 불과하던 우리나라가 불과 5, 6년 만에 온라인 게임에서 세계 최고 수준에 올라섰다. 네트워크 기술을 기반으로 한 한국식 온라인 게임은 세계 각국의 벤치마킹 대상이다. 게임이 문화산업으로서 입지를 확실히 구축한 것이다. 우리나라 인구 중 30~40%가 게임을 즐기고 TV에 버금가는 영향력까지 갖췄다. 온라인 게임은 정부 지원 없이 세계적인 경쟁력을 갖춘 민간주도형 산업으로 새로운 모델을 제공했다.

기성세대는 게임이 무조건 나쁜 것이라는 선입견을 갖고 있다. 게임은 속성상 몰입성과 중독성이 강해 적절한 통제가 필요하지만 신세대에게는 사회를 배우는 창구가 되기도 한다. 엔씨소프트와 넥슨 등 국내 대형 게임 개발업체들이 세계 시장을 두드리고 일본과 중국시장에도 진출했다. 문화 콘텐츠 속성상 게임은 부가가치가 대단히 높다. 젊은이들은 게임을 통해 친구를 사귀고 여가를 즐긴다. 소니와 마이크로소프트는 '플레이스테이션 2'와 'X박스 라이브'를 내놓으며 온라인 게임시장 장악에 나섰다.

국내 게임 제작 및 배급업체는 3797개에 이른다. 우리나라 게임시장 규모는 2005년 기준 8조6000억 원이며, 업체당 평균인원은 20.1명으로 조사됐다. 국내 게임업체들은 대부분 중소기업이고 시장규모도 점차 커지고 있다. 이들 업체에서 수많은 게임이 나오지만 1년에 20여 개 정도가 시장에 제대로 알려지고 나머지는 인기를 얻지 못하거나 개발도중 소멸되고 있다.[52]

일본은 게임강국이다. 1983년 닌텐도사가 개발한 가정용 TV게임기

(일명 패미컴)를 시작으로 성장한 일본 게임산업은 콘솔 게임이 시장의 80%를 차지했다. 2002년 시장 규모는 5013억 엔. 일본은 이제 온라인으로 탈출구를 모색하고 있다.[53]

13억 명 인구를 가진 중국은 우리나라 게임 업체들의 경연장으로 변했다. 2001년 6월 다크 세이버가 진출한 이래 중국에서 서비스되고 있는 온라인 게임은 모두 33개에 이른다. 국산 온라인 게임 히트작인 카트라이더. 넥슨이 귀여운 캐릭터와 레이싱을 결합시켜 만든 이 게임은 선풍적인 인기를 모으며 출시 2년 만에 회원 수 1600만 명을 돌파했다. 상용화 이후 지금까지 매출액은 1000억 원이 넘을 것으로 추산되고 있다.[54]

게임산업의 핵심요인은 자본과 기술이 아니라 창의성이다. 물리적 자원을 소모하지 않고 거대한 초기 투자도 필요 없다. 창의력이 성공의 최대 관건이다. 이렇다 할 자원도 없이 인적자원에 의존해야 하는 한국이 충분히 도전할 만한 가치가 있다. 부산지역 벤처기업들이 인기 게임을 창조해내면 엄청난 경제효과를 창출한다. 게임에 지역 구분이 있을 수 없다. 부산에서 재미있고 유익한 게임이 만들어져 전국 시장을 장악하면 지역경제에 큰 보탬이 된다.

# 19 제품에 혼을 불어 넣는 디자인

### 디자인 인 코리안

게임 못지않게 부가가치가 높은 것이 디자인이다. 디자인은 제품에 혼과 생명력을 불어 넣는다. 디자인이 탁월한 상품은 짝퉁 천지에서도 쉽사리 사라지지 않고 긴 생명력을 유지하며 명품 반열에 오른다. 바퀴가 4개인 자동차를 바꾸어 봤자 얼마나 변형시키겠느냐고 말하는 이들이 많다. 하지만 실제로는 그렇지 않다. 초창기 차량과 현재 자동차를 비교해보면 분명한 결론에 도달한다. 한때 우리나라 대표 자동차였던 포니는 각지고 네모난 외형을 가졌다. 지금 보면 촌스럽기 그지없다.

스웨덴을 대표하는 볼보자동차는 안전을 최우선적으로 고려해 만들었다. 그래서 볼보 하면 차량이 튼튼하고 안전하다는 이미지가 먼저 떠오른다. 사람들이 타는 만큼 차량에서 안전 이외 이미지는 곁다리에 불과하다는 생각이 볼보 제작자들에게 지배적이었다. 하지만 소비자들은 각진 외형만을 고집한 채 안전만을 내세운 볼보자동차에 싫증을 내기 시작했다. 어떤 상품이 시장에서 소비자들로부터 외면을 받으면

단기간에 사랑을 되찾기 힘들다. 볼보 측은 소비자 인기를 만회하기 위해 디자인이라는 무기를 사용, 외형에 곡선을 가미했다. 그러자 소비자들은 금세 볼보 편으로 돌아섰다. 소비자들이 안전과 좋은 모양에 반해버린 것이다.

디자인 중요성을 강조한 예는 우리 주위에 얼마든지 있다. 필수품이 돼 버린 휴대전화. 1980년대 초창기 휴대전화는 무전기와 같았다. 직사각형 모양에 크기도 맥주병만 했다. 휴대전화가 작아진 데는 메모리 반도체 기술과 세련된 디자인이 크게 작용했다. 뒤이어 나온 모델은 대부분 폴더 형이었고, 미끄러지듯 여닫히는 슬림 슬라이드 전화가 시장에서 인기를 모았다. 얇은 휴대전화와 다양한 색상 등 디자인 경쟁은 끝이 없다.

가전제품들은 예전에는 하얀색 일변도였다. 그래서 이들 제품을 생산하는 업체가 백색 가전업체로 불렸다. 수년 전만 해도 하얀색 냉장고 외에는 생각하지도 못했다. 하지만 지금은 어떤가. 붉은색, 검은색, 연두색 등 색상이 무척 다양해졌다. 개성과 감성이 중요시되는 21세기에는 디자인이 기업의 성패를 좌우하는 시대로 바뀌고 있다. 1998년 IMF 외환위기가 닥쳤을 때 우리나라 내로라하는 대기업들마저 디자인 인력부터 정리했다. 디자인 중요성을 간파하지 못한 탓이다.

디자인은 흔히 의류에나 적용되는 것으로 생각할지 모르지만 현대 사회에선 모든 생산제품에 가장 중요한 영향을 미치는 요인으로 평가된다. 이제는 '메이드 인 코리아 시대'가 가고 '디자인 인 코리아 시대'가 오고 있다는 말이 과장된 게 아니다.

기술 격차가 갈수록 축소돼 중국과 힘겨운 무역경쟁을 벌이고 있는 우리나라가 부가가치를 높이고 세계 일류 상품을 만들어내는 데는 고객 지향적인 디자인에서부터 출발해야 한다. 경찰청도 경찰관 혁대를 바꾸는데 유명 디자이너인 앙드레 김으로부터 감수를 받았다. 무겁고 허리통증을 유발하는 기존 혁대에 디자인 개념을 도입해 착용하기 편하고 실용성을 높이기 위한 것이었다.

우리나라 디자인 수준은 미국 영국 프랑스의 80% 수준으로 알려져 있다. 디자인 경쟁력은 대만 홍콩에 뒤지고 있으며, 중국과 격차도 점차 줄어들고 있다. 선진국들은 하나같이 디자인이 강한 나라다. 이제 상품을 제조한 국가보다 더 중요한 것은 디자인을 어느 나라, 누가 했느냐에 판매 성패가 달려 있다.

우리나라에선 한 해 디자인 관련학과에서 3만6000여 명이 배출된다. 인력 배출에서는 단연 세계 최대 수준이다. 하지만 디자인 경쟁력은 선진국에 미치지 못한다. LG경제연구원은 디자인 경쟁력을 강화하기 위해 디자인 부서가 제품개발을 주도하고 자기 회사만의 디자인 언어를 구축하라고 조언했다. 디자인 경영과 감성경영이 강조되는 시대에 사회 변화에 능동적으로 대처하면서 소비자 변화를 상품에 담아낸다면 우리나라도 멀지 않아 디자인 강국으로 발전할 수 있다. 일본 소니사는 아름답지 않은 제품에는 소니 마크를 달지 않겠다는 단언도 서슴지 않는다.

### 창조적 디자인

고정관념을 깨트리고 소비자 변화를 예의 주시하는 디자인 경영이야말로 총칼 없는 전장을 방불케 하는 세계 경제전쟁에서 승리하는 길이다. 애플 컴퓨터가 속이 훤히 들여다보이는 누드 컴퓨터를 출시하고 레인콤사는 팔에 부착할 수 있는 깜찍한 MP3를 시장에 내놓아 인기를 끌었다. 키플링 가방에 달린 원숭이가 매출 증대에 한몫을 하고 있다. 이들 회사는 기존 사고방식에서 과감히 탈피한 발상을 제품 디자인에 적용했다.

이제 디자인은 우리 생활에서 한 부분으로 작용하며 상품을 구매하는 데 가장 중요한 요인이 되고 있다. 아파트 등 주거 공간과 인테리어 제품도 예외는 아니다. 찌는 듯한 더위가 이어지는 여름에 가정에서 시원한 해변을 느껴볼 수 있는 파도치는 벽지와 야자수 그림이 담긴 벽지를 바른다면 기존 제품과는 다른 감흥을 준다.

독창성과 편리성 및 사회적 트렌드를 가미한 디자인은 성공적인 기업 경영에 가장 중요한 요소다. 은행 영업점이 변화한 것도 굿 디자인의 결과물이다. 독일에서 열린 '세빗 2005' 행사에서 우리나라 전자제품 12개가 굿 디자인상을 받았다.

『디자인이 세상을 바꾼다』를 펴낸 헨리 페트로스키는 디자인 중요성을 다음과 같이 말했다. "클립은 너무나 단순하고 하찮은 물건이어서 우리는 이 물건을 늘 쓰면서도 특별한 관심을 가지고 연구해본 사람은 없었을 것이다. 그러나 클립을 만드는 설계와 제조 과정은 무수한 도전의 반복이며, 그 일은 오늘날까지 계속되고 있다." 세상은 여전히 개선의 여지가 무궁무진하다는 게 헨리 페트로스키의 생각이다.

생각을 조금만 변화시키고 기능을 향상시키기 위한 작은 시도가 감성적인 디자인을 만들어 낸다. 부산이 선택해 집중적으로 육성할 수 있는 분야가 디자인이다. 이런 점에서 부산은 디자인 능력을 획기적으로 높일 수 있는 계기를 마련했다. 부산 해운대구 센텀시티에 우리나라 디자인 산업을 선도할 '부산 디자인센터'가 2007년 문을 연다. 총 사업비 471억 원이 투입돼 연면적 2만3000㎡ 규모로 건립되는 디자인센터가 부산을 디자인이 강한 도시로 만들어 나가는 첨병 역할을 할 것으로 기대된다.

현대식 건물과 훌륭한 시설만 갖췄다고 디자인 능력이 절로 배양되지 않는다. 디자인 센터는 실력 있는 디자이너들을 양성하는데 앞장서고 세계 시장에 내놓아도 손색이 없는 작품을 창조할 수 있는 여건 조성에 전력을 기울여야 한다. 스타 디자이너가 디자인센터를 통해 배출되면 부산지역 패션 브랜드는 국내를 넘어 세계 일류 브랜드로 성장할 수 있다.

파리에 있는 에스모드는 창의적인 디자이너를 키워내는 학교다. 이곳에서는 기존 이미지는 사양한다. 천조각과 색상으로 아름다운 세상을 밝혀가는 디자이너 생명은 독특한 생각이다. 이곳 학생들은 의상 컨셉과 스타일을 정하고 소재와 색상을 선택해 자신만의 작품을 수없이 만들어낸다. 철저한 대면수업을 통해 색상에 대한 이론수업은 물론 창의성을 키우는 테크닉 개발에 중점을 둔다.

프랑스와 이탈리아 유명 브랜드는 대부분 디자이너 이름이다. 학교와 업체 그리고 디자인센터가 협력할 때 부산은 패션뿐만 아니라 산업 디자인 중심지로 발돋움하게 된다.

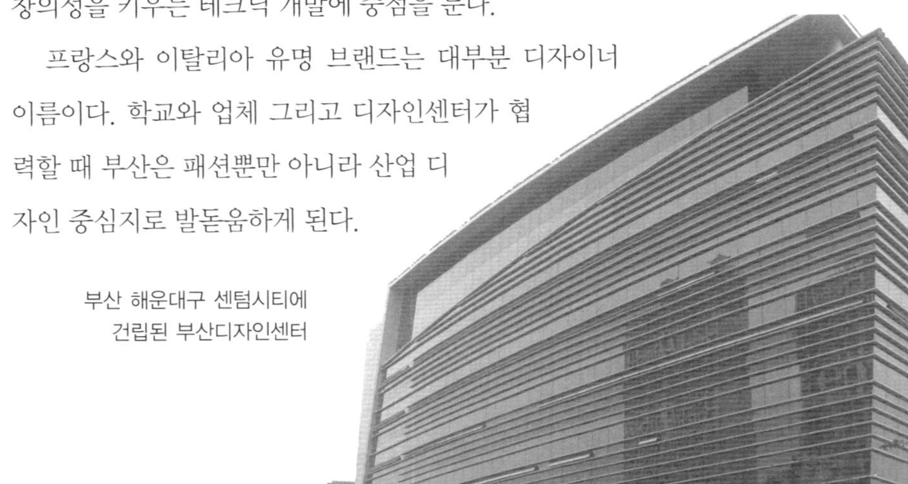

부산 해운대구 센텀시티에
건립된 부산디자인센터

# 전시 컨벤션 도시로 가는 길

부산이 가진 장점을 살릴 수 있는 분야 가운데 전시 컨벤션 산업을 빼놓을 수 없다. 대다수 전문가들이 이에 동의하고 부산시도 강력한 의지를 내비치고 있다. 부산은 전시 컨벤션 산업에서 후발주자지만 이 분야에서 눈부시게 발전할 수 있는 여러 가지 강점을 갖고 있다. 따뜻한 기후와 최첨단 전시 공간 그리고 인근에 풍광이 아름다운 해변이 있다.

전시 컨벤션 산업은 2001년 부산시 해운대구 센텀시티 부지에 벡스코가 들어선 이후 개화하기 시작했다. 벡스코는 그 해 5월 23일 국비와 시비 민자 1600억 원이 투입돼 총 전시장 면적 4만1800㎡, 회의장 4900㎡ 규모로 건립됐다. 이곳에서는 개관 이후 굵직굵직한 이벤트와 전시회가 잇따라 열려 부산을 세계에 알리는 전도사 역할을 충분히 수행했다.

2005년까지 벡스코에서는 모두 1725건(전시회 261건, 회의 989건, 이벤트 475건)에 이르는 크고 작은 행사가 성공적으로 치러졌다. 세계인들의 눈과 귀를 부산으로 쏠리게 한 APEC(아시아 태평양 경제협력체) 정상회의를 비롯해 2002년 한일 월드컵 본선 조 추첨 행사, 세계 합창올림픽, ITU(국제전기통신연합) 텔레콤 아시아 2004가 부산에서 열렸다. 또 2001년 처음으로 열린 국제모터쇼는 부산을 대표하는 전시 행사로 자리 잡았다.[55]

2006년 5월에 열린 2006 부산국제모터쇼는 괄목할 만한 성과를 거뒀다. 이 기간 동안 신차 16대와 컨셉트 카 12대, 친환경 자동차 6대가 전시되고 관람객은 부산 이외 지역에서 온 42만여 명을 비롯해 모두 106만 명이 다녀갔다. 모터쇼를 통한 상담과 계약실적은  각각 8억 4700만 달러와 3억4200만 달러에 달했다. 전시관련 비용과 신규 고용 창출 및 해외 바이어 체류 등을 통해 3000억 원 이상의 경제적 파급효과를 거둔 것으로 추산됐다.[56] 이런 성과에 힘입어 부산은 국제협회연합(UIA)에 의해 아시아에서 국제회의 도시 10위로 성장했다. 5년 사이 성과치고는 눈부시다.

전시 컨벤션 산업은 전시회와 각종 회의로 나뉜다. 전시회는 글자 그대로 각종 신제품을 일반에 알리기 위해 열리는 행사다. 온갖 상품들이 출시되고 관련 업계 종사자들이 구름같이 몰려든다. 컨벤션은 국제회의다. 정치 경제 학술 사회 문화 학술 스포츠 등 다양한 분야에서 전문가들이 모여 특정 주제를 놓고 토론하고 정보를 교류한다.

전시 컨벤션 산업은 세계 각국 사람들을 부산으로 불러 모으기 때문에 관광 산업 활성화로 이어진다. 그래서 지역 경제에 미치는 효과가 더욱 크다. 2001년부터 2004년까지 부산에서 열린 컨벤션 및 전시회의 경제적 파급효과 분석 자료를 보자. 컨벤션에서는 생산유발 1461억 원, 부가가치 유발 600억여 원, 고용유발 인원은 1623명에 달했다.

부산시 해운대구 센텀시티에 들어선 벡스코.

전시회에선 생산유발 2조3682억 원, 부가가치 유발 9668억 원, 고용
유발인원은 2만8495명으로 집계됐다.[57)]

　각종 국제 행사는 고용 창출과 관광수입 증대 등을 통해 지역경제
를 살찌운다. 우리나라 전시 컨벤션 산업은 1988년 서울 코엑스가 건
립되면서 본격적으로 시작됐다. 각 지방 자치단체들은 자기 고장으로
국제 행사를 유치하기 위해 경쟁적으로 전시공간을 확보했다. 이제 국
내에도 전시 컨벤션센터가 10곳으로 늘어났다. 경기도 고양 킨텍스는
국내에서 전시실 규모(5만3636㎡)로는 최대를 자랑한다. 대구 대전 창
원 제주에도 컨벤션 센터가 건립되어 행사유치를 놓고 치열하게 경쟁
하고 있다. 행사 준비과정을 감안하면 전시장의 한계 가동률은 70%선
이다. 2005년 벡스코 가동률은 54%로 여전히 만족할 만한 수준에는

이르지 못했다.

세계적으로 유명한 전시 컨벤션 도시로는 미국 라스베이거스가 있다. 관광과 전시 컨벤션산업 및 카지노를 이상적으로 조화시켜 세계인들을 불러 모으고 있다. 네바다 주 사막 한복판에 건설된 도박 도시로 알려져 있으나 이제는 비즈니스 도시로 거듭났다. 이곳에서는 매년 1월 세계 최대 규모 전자제품 전시회가 열린다. 세계 주요 업체들은 개발한 신제품을 출품하며 판매증진을 꾀한다. 오디오 비디오 컴퓨터 소프트웨어 전화기 등 생활과 관련된 모든 종류의 가전제품이 선보인다. 이 행사에 제품을 전시하며 보러오는 인원만도 10만여 명에 이른다. 라스베이거스에서는 2005년 모두 2만2000개 컨벤션이 열려 600만 명이 다녀갔다. 이들이 쓰고 간 돈은 도박을 제외하고도 76억 달러에 달한다.[58]

대한무역투자진흥공사(KOTRA)는 'Las Vegas Convention & Visitors Authority' 발표 자료를 인용해 세계 주요 컨벤션 행사가 라스베이거스에 몰리는 10가지 이유를 소개했다. 가장 큰 요인은 최신식 컨벤션 센터(전시 규모 273만㎡)와 전문 인력, 급격히 성장하고 있는 라스베이거스시 경제규모이다. 미국 내에서 열리는 컨벤션 가운데 규모 기준으로 상위 38개가 라스베이거스에서 개최되고 있다. 객실 13만여 개와 매일 비행기 950편이 라스베이거스에서 운항되고 있는 등 숙박 교통이 발달해 있고 식당 카지노, 쇼 등 즐길 거리가 풍부하다.

컨벤션 산업이 성공하기 위해서는 회의 자체 품질도 중요하지만 부대적인 환경요소가 중요하다. 이들 요소에는 교통과 객실 식당 등 전반적인 유흥 인프라와 전문 인력을 들 수 있다. 라스베이거스는 이런 환경적인 요소를 최고 수준으로 구비해놓고 있다.

# 라스베이거스는 꿈을 판다

부산이 전시 컨벤션 도시로 확고한 자리를 굳히기 위해서는 라스베이거스를 충분히 연구할 필요가 있다. 말로만 하는 육성은 공허한 메아리이다. 벡스코에서 열린 주요 행사는 국가 또는 시 차원에서 전력을 투구해 유치한 행사가 많다. APEC이 그렇고 월드컵 조 추첨 행사도 마찬가지다. 이런 행사를 많이 유치했다고 해서 벡스코 위상이 높아지는 것은 아니다. 국제 비즈니스 행사가 주를 이뤄야 한다. 학술대회와 각종 비즈니스 전시회는 수없이 많다.

전시 컨벤션 개최지를 정할 때 가장 중요시되는 것은 시설과 호텔이고 다음으로 교통 물가 수준이다. 부산이 이 부문에서 다른 도시를 능가해야 전시 컨벤션 도시로 발전할 수 있다. 출장자들이 상품 전시와 회의를 잘 치를 수 있는 훌륭한 공간을 마련하고 호텔 객실이 풍부해야 하며 비즈니스 이외 시간을 즐겁게 보낼 수 있는 프로그램이 있어야 한다는 것이다.

| 미팅 컨벤션 개최지 선정시 결정요인 |

| 구분 | 컨벤션 | 미팅 |
| --- | --- | --- |
| 개최지 물가수준 | 75% | 76% |
| 개최지 안전, 보안 | 51% | 45% |
| 교통 편리성 | 50% | 50% |
| 참석자 여행거리 | 49% | 54% |
| 교통비 | 39% | 4% |

자료 : M&C Meeting, Las Vegas Convention & Visitors Authority

교통은 기본적인 인프라 시설이다. 그런 점에서 부산은 세계 각국으로부터 접근성이 너무 떨어진다. 항공기 운항편수가 적고 유럽이나 미국으로 가기 위해서는 대부분 인천공항을 경유해 불편하기 짝이 없다. 남부권 신공항을 시급히 건설해야 하는 이유다.

다음으로 회의 개최에 필요한 전문 인력이다. 부산에서 국제회의를 개최했을 때 투입할 수 있는 통역요원을 100% 부산에서 조달할 수 있고 통역품질도 높이는 게 급선무다. 그리고 각종 행사 실무를 기획하고 준비하는 전문업체(PCO, PEO)를 단계적으로 육성, 개최 능력을 높여야 한다. 이를 통해서만 부산이 진정한 전시 컨벤션 도시로 거듭날 수 있다. 부산이 전시 컨벤션 도시를 지향한다면 미흡한 부분에 대한 투자와 관심을 갖고 실행에 옮기는 자세가 필요하다.

일본에서는 행사가 끝나면 그 주관단체는 곧바로 다음 대회를 준비한다. 미흡했던 부분에 대한 조사와 함께 참가 업체들을 파악하고 더 많은 상품이 전시될 수 있는 방법을 모색한다. 우리나라에서는 행사가 끝나기 무섭게 주관단체가 손을 놓거나 바뀌는 경우도 종종 있다. 전문성을 배양하고 업체들을 대상으로 참가 만족도를 높일 수 있는 방안을 찾는 것이 부산이 안고 있는 과제다.

다음으로 부산이 갖고 있는 주력 산업을 적극 활용해 관련 행사를 유치할 필요가 있다. 부산은 항만 수산 조선 신발 자동차 산업이 발달했다. 부산에서 컴텍스를 개최한다고 전시회에 참가하는 국내외 업체는 많지 않을 것이다. 지역 주력산업을 바탕으로 한 대규모 전시 행사가 열릴 때 더 많은 업체들이 참가한다. 오는 2008년 부산에서는 세계 양식학회 총회가 열린다. 양식업은 미래 수산업으로 각광받고 있을 만큼 발전 가능성이 높다. 이 행사 참가 인원은 부산에서 열리는 단일 학술대회로는 가장 많은 3000여 명에 이를 것으로 주최측은 전망하고 있다.

'TOC 2006 아시아' 행사에서 참가업체 관계자가 갠트리 크레인을 작동하고 있다.

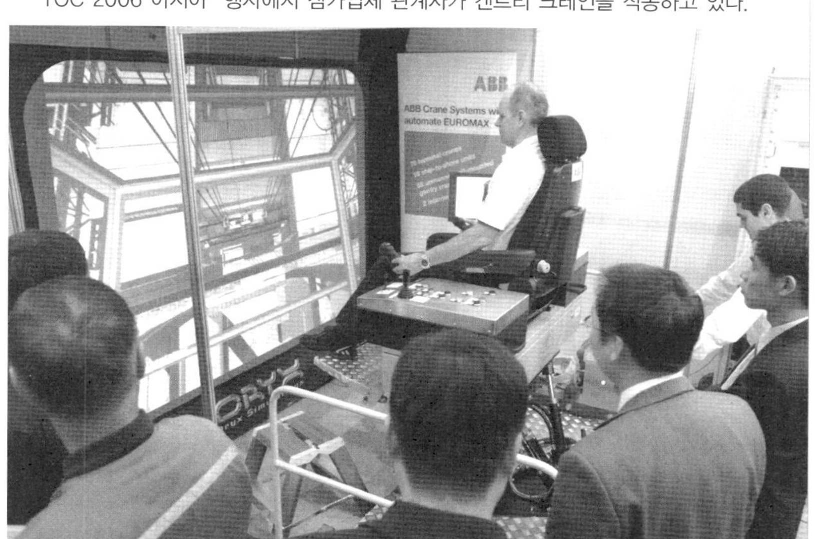

　부산은 항만과 조선산업이 발달했지만 이들 산업을 발전시킬 수 있는 전시 컨벤션 행사가 많지 않다. 2006년 3월 세계 주요 항만과 관련 업체들의 현주소를 알아볼 수 있는 '터미널 운영에 관한 국제회의 및 전시회(TOC 2006 아시아)'가 벡스코에서 개막됐다. 이 전시회에는 국내외 항만 관련 장비업체 70여 곳이 참가해 최첨단 하역 장비 등을 선보이며 활발한 마케팅 활동을 벌였고 국내외 해운 항만 CEO(최고경영자)들도 대거 참석했다.

　오는 2011년에는 제27차 IAPH(국제항만협회) 총회가 열리지만 개최지는 결정되지 않았다. 부산이 이 행사를 유치하면 동북아 중심항만으로서 위상 제고는 물론 컨벤션 산업 발전에도 일조하게 된다. 이와 더불어 조선대국의 강점을 살려 조선 해양대전을 더욱 발전시켜 나가자. 세계적인 조선 관련 전시회는 주로 유럽에서 열린다. 선주들이 대부분 유럽에 있기 때문이다. 하지만 부산은 세계 최대 조선공업 벨트의 한가운데 있는 조선도시임을 부각시키면서 높은 기술력을 가진 조선 기자재업체들과 함께 전시회를 성장시켜 나가는 데 힘을 모을 시점이다. 항만과 수산, 조선과 관련된 전시 컨벤션 행사가 정례적으로 열리면 지역 경제 발전이 빨라진다.

# 제4부

# 세계 경제 트렌드와 기업

THE WAY TO THE CITY OF WEALTH

# 디지털 지식경제

## 지식이 경제 기반

인류가 지구상에 정착한 이래 자급자족과 물물교환이 성행한 원시 농경경제를 시작으로 노예를 이용한 중세 봉건경제를 거쳐 산업혁명을 통한 대량생산 및 대량소비가 이어졌다. 이 가운데 가장 비약적인 발전을 이룩한 것은 18세기 영국에서 시작된 산업혁명. 수공업에 의존한 경제는 기계를 이용한 대량 생산체제로 바뀌었고 영국 독일 프랑스 미국은 산업생산 체제를 구축해 경제 강국으로 성장했다. 산업화가 빨라지면서 국가나 계층 간 빈부 격차가 더욱 심해지고 원료를 확보하려는 경쟁도 치열해짐에 따라 국가 사이에 다툼이 벌어져 전쟁이 발발하고 자본주의 폐해로 인한 사회주의와 공산주의가 태동하기도 했다. 제임스 와트가 증기기관을 발명하면서 시작된 산업혁명은 획기적인 생산량 증대를 가져왔다. 물자가 남아돌자 잉여 상품에 대한 국제 교역이 활발해졌다.

산업혁명 시대가 막을 내리자 20세기 말엽부터 컴퓨터와 통신기기를 핵으로 하는 지식 정보화 시대로 접어들었다. 정보기술(IT) 발전으로 국가 간의 경제장벽이 사라졌다. 현대 경제의 총아는 인간 생활을 송두리째 바꾼 컴퓨팅이다. 컴퓨터를 통해 정보를 주고받고 무역을 하며 디자인도 한다. 대다수 일들이 컴퓨터로 처리되는 사이버 세상이 활짝 열렸다. 오늘날 컴퓨터와 관련된 산업을 빼놓고선 경제를 논할 수 없게 됐다.

1945년 미국에서 진공관을 이용한 세계 최초 컴퓨터인 '애니악'이 나타난 이래 컴퓨터 산업은 급속하게 발전했다. 단순 계산에서 시작된 컴퓨터는 문서 작성과 복잡한 정보처리 등으로 빠르게 진화하면서 인류 생활에 없어서는 안 될 존재가 돼 버렸다. 2000년 개막을 앞두고 밀레니엄 버그로 사회가 혼란에 빠졌다. 컴퓨터가 2000년을 인식하지 못해 오작동(Y2K)을 일으켜 인간 생활 전반에 심각한 영향을 미친다는 예상이 세상을 떠들썩하게 했다. 하지만 막상 2000년을 맞았을 때는 큰 문제가 일어나지 않았다. 컴퓨터가 인류에게 시련을 줄 것이라는 생각은 한낱 기우로 끝났고 컴퓨터 관련 산업은 더욱 빠르게 발전했다. 컴퓨터가 인간생활을 지배하면서 세계인들을 깜짝 놀라게 한 경제 스타가 여러 명 나왔다. 이 가운데 가장 걸출한 인물은 '컴퓨터 황제'로 불리는 미국 마이크로소프트사(MS) 회장인 빌 게이츠다.

그의 신화는 하버드 대학 2학년 때인 1974년에 시작됐다. 이 때 그의 나이는 약관 20세에 불과했다. 빌 게이츠는 한 잡지에서 우연히 개인용 컴퓨터(PC) '알테어 8800'에 관한 기사를 읽은 뒤 대형 컴퓨터 시장은 저물고 소형 PC시대가 도래할 것으로 판단하고 소형 컴퓨터 언어 프로그램인 '베이직(BASIC)'을 개발한 데 이어 단짝인 폴 앨런과 함께 1975년 MS사를 설립했다.

그는 이어 미국 시애틀 컴퓨터사가 개발한 운영체제인 DOS를 사들여 수정한 뒤 1981년 컴퓨터 업계의 공룡인 IBM사에 소유권을 넘겨주지 않은 채 기술 공여를 했다. 대형 컴퓨터 시장을 장악한 IBM은 PC사업에 진출하면서 MS사를 파트너로 선정하고 MS-DOS를 운영체제로 채택했다. 이는 MS사 발전에 날개를 달아주었다. 빌 게이츠는 1983년에는 그래픽 환경을 지원하는 윈도우즈(Windows)를 선보이며 세계 소프트웨어 시장을 석권하기에 이르렀다. 그는 산업의 미래 가치를 정확하게 내다본 뒤 연구 개발과 뛰어난 사업 수완을 발휘해 530억 미국달러(약 51조 원)로 추산되는 재산을 보유하며 13년째 세계 제1의 갑부 자리를 내주지 않고 있다.

컴퓨터 산업은 MS뿐만 아니라 중앙처리장치(CPU) 생산업체인 인텔, 하드웨어 생산업체인 애플, 델이 일약 세계 주요 기업 반열에 올랐다. 정보 교환에 필수적인 인터넷이 광범위하게 보급되면서 네트워크 장비 제조업체인 시스코 시스템사는 일류 기업으로 성장했다. 컴퓨팅은 수많은 관련 산업을 탄생시키며 21세기 경제사에 한 획을 그었다.

컴퓨터 못지않게 현대 경제에서 빼놓을 수 없는 말은 디지털(Digital)이다. 이 말은 사람 손가락이나 동물 발가락을 의미하는 디지트(Digit)에서 나왔다. 디지털은 정보를 숫자로 나타내는 것을 의미한다. 디지털은 그림이나 문자 등 모든 정보를 숫자로 표현한다. 시계를 보자. 과거에는 바늘이 시간을 연속적으로 표시했다. 연속적인 물리량은 아날로그(Analog)다. 반면 디지털은 시 분 초로 정확하게 나누어 문자로 나타낸다. 디지털은 정보를 연속적으로 표시하지 않고 한자리씩

끊어서 보여주기 때문에 정밀도가 대단히 높다.

디지털을 이야기할 때 자주 거론되는 사람은 미국 매사추세츠 공대(MIT) 미디어 연구소 니콜라스 니그로폰테 소장이다. '디지털 전도사'로 불리는 그는 『Being Digital』이라는 저서를 통해 디지털 경제의 미래를 제시해 주목을 받았다. 그는 이 책에서 국제무역은 아톰(물질)을 교환하는 것이며, 앞으로 아톰에서 비트(정보)로 변화하는 추세를 막을 수 없을 것이라고 주장했다. 그의 말대로 우리가 생활하고 있는 주변에는 텔레비전 MP3, PMP 등 디지털 기기가 넘쳐 나고 있다. 필름 카메라가 영원할 것으로 믿었던 사람은 디지털 카메라에 놀랐다. 20세기 이전까지는 아날로그 경제 전성기였지만 이제 디지털 경제가 개화한 것이다.

# 02 우주로 나노로 바이오로

경계와 사회 변화를 거론할 때 등장하는 석학은 『제3의 물결』 저자인 미러학자 앨빈 토플러이다. 그는 농경기술을 바탕으로 한 제1의 물결이 세상에 불어 닥쳤고 산업혁명으로 인한 기술혁신으로 300여 년 동안 제2의 물결이 세계를 지배했다. 이어 고도로 발달한 과학기술이 지구촌을 변화시킨 제3의 물결이 도도하게 흐르고 있다고 했다. 농업, 산업, 정보 혁명에 이어 제4의 물결은 어떻게 어디에서 나타날까.

앞으로 세상은 우리가 감지할 수 없을 속도로 변화할 것이다. 기술 개발 속도가 이전보다 훨씬 빠르고 이에 따른 경제는 더욱 역동적으로 움직인다. 정보량은 이전과는 비교도 되지 않을 만큼 많아지고 새로운 산업과 업종이 나타나고 스타 경영인과 기업이 수시로 탄생한다. 산업혁명과 컴퓨팅에 이어 미래경제를 주도할 부문으로는 진화된 휴대전화와 로봇, 우주, 바이오, 나노산업이 꼽힌다.

21세기 이후에는 인간이 지구가 아닌 우주에서 사는 우주 혁명이 본격화된다는 것이다. 달을 정복한 미국은 천문학적인 돈을 쏟아 부으며 우주개발에 앞장서고 있다. 미국 항공우주국(NASA)에서는 우주 생물학 연구가 활발하게 이뤄지고 있고 민간업계에서는 바이오 시대를 열기 위한 다양한 연구가 진행된다. 멀지 않은 장래에 인간이 우주에 정주하는 시대가 열릴 가능성이 높아졌다.

우주 혁명과 함께 바이오 기술(Bio Technology) 혁명도 빠르게 일어나고 있다. 바이오산업은 이제 초보 단계를 지났다. 바이오 혁명은 의학이나 약품에서 시작해 농업 환경 식품이나 소재 산업으로 확대되면서 경제에 대변혁을 가져다 줄 것으로 전망되고 있다. 앨빈 토플러가 『제3의 물결』에서 IT(정보기술) 산업의 개화를 예견했던 것처럼 앞으로 바이오산업이 지구촌 경제를 이끌게 된다는 전망이 지배적이다.

바이오와 더불어 다가오는 미래에는 나노 산업도 급속하게 발달해 경제의 중심축을 형성하게 된다. 나노 공학으로 만들어진 소형 로봇은 인간 혈관 속에서 유영하며 질병을 고칠 날이 도래할 것이다. 초미세 세계에 대한 연구가 활발해져 앞으로 나노 다음으로 피코(Pico) 세계도 열릴 수 있다. 열을 내는 섬유는 물론 솜털처럼 가벼우면서도 철보다 단단한 소재가 생활 속으로 파고들 것이다. 나노와 바이오 결합으로 인공 장기 시대가 열리고 인간 수명을 연장시키는 엄청난 파급 효과를 가져오게 될 것으로 전망된다. 미래 경제는 어느 한 분야로 끝나지 않고 융합되어 발전할 가능성이 크다. 우주공학과 바이오 나노 및 신소재 산업이 합쳐져 우리가 생각하지 못한 일을 만들어낼 날도 멀지 않았다.

# 석유경제는 저물고 있다

## 수송경제의 개막

현대 경제의 또 다른 테마는 에너지다. 1998년 배럴당 10달러 안팎이던 국제 유가가 2006년 8월에는 80달러에 육박했다. 원유가격이 오르면 산유국에는 기분 좋은 일일지 모르지만 기름 한 방울 나지 않는 우리나라에 미치는 충격파는 더 크게 다가온다.

현대문명에서 원유만큼 중요한 지하자원도 드물다. 원유는 우리 생활에 없어서는 안 될 에너지원이자 화학공업 원료이다. 자동차 기름이나 플라스틱 합성수지 원료 의류 의약품 페인트 등 원유로 만들지 않은 것이 없을 정도다. '현대 사회의 혈액' 또는 '현대 문명의 꽃' 으로 불리는 석유를 인류가 이용하기 시작한 때는 기원전 3000년경으로 거슬러 올라간다. 메소포타미아 등지에서 수메르 인들은 아스팔트로 신상을 세웠다는 기록이 있으며, 고대 페르시아에서는 석유램프가 사용되기도 했다.

인간의 이용 기간에 비해 생성 시기는 훨씬 오래됐다. 석유는 고대

생물체 유기물이 퇴적돼 만들어진 화석연료로 알려져 있다. 주성분은 탄화수소이며, 흑갈색의 끈적끈적한 형태로 존재한다. 일부 지역에서 제한적으로 쓰였던 석유는 미국에서 유정이 개발된 뒤부터 오늘날과 같이 광범위하게 사용됐다.

1859년 미국 세네카 석유회사 기사가 펜실베이니아 주에서 깊이 21m의 유정을 파는데 성공했다. 이것이 근대 유정 1호로 전해지고 있다. 세계 석유산업은 이후 비약적인 발전을 거듭했다. 석유 용도가 급격히 확대되고 1950년대부터 중동 지역에서 세계 최대 유전이 개발돼 석유의 대량 소비시대가 열렸다.

하지만 석유 생산과 소비지역은 아주 다르다. 석유가 나는 곳은 세계적으로 극히 편재돼 있고 정치적으로 불안하다. 지구촌 각국에 고르게 분포돼 있었더라면 인류 분쟁은 크게 줄어들었을지도 모른다. 석유를 차지하려는 국가 간 갈등으로 인해 수많은 인명이 희생되고 지금도 분쟁이 계속되고 있다. 생산 장소가 제한된 덕택에 주요 산유국들은 중동의 여러 나라와 미국 러시아 중국 멕시코 베네수엘라 등에 불과하다. 우리나라는 주로 중동에서 원유를 사들여 쓴다. 원유가격은 세계 3대 지역에서 나는 기준 유가를 사용한다. 두바이유(중동)와 브렌트유(북해) 및 서부 텍사스 중질유(WTI, 미국)가 그것이다.

유가가 상승하면 우리 경제 전반에 주름살이 깊어진다. 물가가 오르고 수출로 벌어들인 외화는 원유 수입에 더 많이 쓰임에 따라 국가 재정도 허약해진다. 상품 원가 상승으로 수출 경쟁력이 약해지고 경제 성장이 둔화되는 것은 말할 것도 없다.

석유의존도는 2002년 기준 49.1%로 일본(47.6%) 독일(38.6%) 미국

(40%)보다 높다. 여기에다 경제 교역규모는 세계 12위이지만 에너지 소비량은 2003년 기준 세계 7위에 랭크될 만큼 에너지를 펑펑 쓰고 있다. 이로 인해 우리는 원유 등 1차 에너지 수입에 2005년 한 해 동안 667억 달러를 썼다. 피땀 흘려 벌어들인 외화가 원유 등의 수입에 들어간 셈이다.

"석유 한 방울은 피 한 방울"이라고 외쳤던 제1차 세계 대전 당시 프랑스 클레망소 총리의 말은 2006년 고유가 시대에 매우 시사적이다. 역사가들은 두 차례 세계 대전도 석유를 차지하기 위한 전쟁이었다고 규정했다. 서방 석유자본과 중동 산유국들은 끊임없는 갈등을 야기하며 급기야는 전쟁까지 치렀다.

## 온난화는 재앙 부른다

원유 수급 불균형을 해소하기 위해 세계 각국들은 에너지 저소비형 산업구조로 개편하는 데 이어 해외 유전개발이나 수력 바이오 태양열 풍력 조력 등 신재생 에너지 개발에 초점을 맞추고 있다.

세계 주요 국가들은 전기와 석유를 사용, 다양한 산업을 발달시켜 인간 생활을 풍요롭게 했다. 하지만 석유 자원이 한계에 이르자 선진국들은 화석연료 고갈에 대비, 대체 에너지 개발에 열을 올리고 있다. 석유가 떨어져 가는 지구촌에 새로운 에너지원을 개발해 상용화하는 나라가 세계 경제 주도권을 쥐게 될 가능성이 높아졌다. 태양열을 이용하는 연구가 본격화되고 새로운 에너지원으로 풍력 조력 수소가 자주 거론된다. 우리나라도 화석 에너지 한계를 극복하기 위해 수소 에너지 개발에 돈을 쏟아 붓고 있다. 물을 분해하여 수소를 생산하고 연료전지를 통해 이를 이용한 후 다시 물로 순환하는 무공해 경제가 곧 도래할 가능성이 현실로 다가오고 있는 것이다.

유가불안이 계속되고 교토의정서(기후변화 협약에 따른 온실가스 감축목표에 관한 의정서) 발효로 우리나라가 온실가스 의무감축에서 비켜나 있을 수 없는 점을 감안하면 수소경제를 먼 훗날 얘기로만 생각할 게 아니다. 교토의정서는 1997년 일본 교토에서 열린 당사국 총회에서 채택된 뒤 2005년 2월 발효됐다.

선진국들은 이미 수소경제 주도권을 쥐기 위한 경쟁에 뛰어들었다. 미국은 수소연료 전지분야에 5년간 12억 달러를 투자한다는 '수소연료 주도전략(Hydrogen Fuel Initiative)'을 추진하고 있다. 일본은 연료전지 자동차와 가정용 연료전지 실용화 추진에 이어 2010년까지 연료전지 차량과 가정 및 건물용 연료전지를 공급하는 계획을 수립했다.

연료전지를 이용한 차량이 나오고 컴퓨터 배터리도 한 번 충전으로 600시간 이상 사용할 수 있는 연료전지 시대가 개막되며, 인간이 휴대전화를 들고 걸어 다니기만 해도 자동으로 충전될 날도 도래할 것이다. 그러나 수소를 생산하는데 화석연료를 사용해야 하는 점이 최대 걸림돌이다. 이런 문제만 해결하면 청정에너지인 수소가 에너지로 각광받게 될 것으로 전망된다.

과다한 화석연료 사용은 지구 생태계 변화를 초래하며 세계 경제의 발목을 잡고 있다. 21세기 경제의 화두는 온실효과로 인한 지구 기온 상승으로 모아진다. 이는 몇몇 국가가 대응해서 해결할 수 없는 전 지구적인 문제다. 세계 각국들은 문제의 심각성을 인식하고 이산화탄소 배출을 규제하는 교토의정서를 채택했다.

온실효과란 말은 오래 전에 생겨났다. 자동차 공장 등 인간생활에서 발생하는 이산화탄소 영향으로 기온이 올라가 생태계 변화를 초래한다. 북극 빙하가 녹아내리고 해수면이 상승해 생태계 질서가 어긋나기 시작했다. 이제 알래스카 빙하가 무너지는 모습은 흔히 볼 수 있게 됐다. 알래스카에 있는 빙하박물관은 건립 당시에는 물이 없는 육지에 있었으나 이제는 호수지대에 놓여 있을 정도로 빙하가 빠르게 녹아내린다.

기상학자들은 이산화탄소 배출량을 규제하지 않으면 섭씨 3~4도 상승은 조만간 도래한다고 주장하고 있다. 기온과 해수 온도 상승은 엄청난 자연재해로 이어진다. 생태계 질서가 파괴되고 섬들이 물에 잠기며 육지에서는 사막화가 더욱 진전될 가능성이 높아졌다. 이산화탄소로 인한 생태계 파괴를 막는 것은 어느 한 국가의 노력만으론 불가능하다. 지구촌 사람들 모두가 나서야 풀 수 있는 문제다. 과다한 에너지 사용과 공업 발달로 생태계 파괴는 필연적일 수밖에 없다. 한반도도 온난화에서 벗어날 수 없으며, 벌써 그 징후가 나타나고 있다. 우리나라 열대야 일수가 1910년대에는 5일 미만이었지만 2000년대에는 25일로 늘어났다는 보고서가 나왔고 기상청은 오는 2008년부터 열파(heat wave) 예보를 발령할 것이라고 발표했다.

석유 메이저 회사들은 지구 온난화를 부인하지 않지만 세계에서 가장 에너지 사용량이 많은 미국은 여전히 자국 이익 때문에 교토의정서를 비준하지 않고 있다. 온난화를 막는 해법은 석유 석탄 등 화석연료에서 나오는 이산화탄소 배출량을 줄이는 것뿐이다. 우리나라는 세계 9위의 이산화탄소 배출 국가다. 한국은 2008년부터 시작되는 첫

감축 대상국에 들지는 않았지만 2013년부터 감축 대상국에 포함될 것
이 확실시되고 있다. 이때가 되면 이산화탄소 배출권이 없으면 산업과
경제활동에 큰 지장을 받는다. 에너지 문제는 소리 없이 지구를 공격
해오고 있다.

## 04 로봇산업이 뜨고 있다

### 신인류의 탄생

디지털 제품의 진화도 예상 가능한 미래변화 가운데 하나다. 독일 하노버에서는 세계 최대 정보통신 박람회인 '세빗 2005 전시회'가 열렸다. 지구촌에 있는 내로라하는 정보 통신회사들이 최고 최신 제품을 선보이며 기술력을 과시했다. 대한민국 대표기업인 삼성전자도 정보관과 초대형 부스 3개에서 첨단 제품을 출품해 전시회 분위기를 압도했다.

삼성전자가 내놓은 제품 중 눈에 띄는 것은 휴대전화로 세계 어디에서나 통화할 수 있는 세계 최초 모델인 월드 폰이다. 삼성전자는 여기에 그치지 않고 캠코더 MP3(디지털 음악파일) 위성디지털방송, GPS(위성위치 확인시스템) 등 다양한 기능을 휴대전화에 추가시켜 멀티미디어화 한다는 계획을 발표했다.

휴대전화 진화에 몰두하는 젊은 과학자도 나타났다. 우리나라 통신업계 최초로 20대 나이에 임원이 된 윤송이 박사는 통신에 지능개념을 도입, 휴대전화로 온갖 일을 할 수 있는 시대를 열겠다는 포부를 밝혔다. 이처럼 디지털 기술 발달로 IT와 전자산업의 영역 붕괴가 빨라지고 있다.

로봇도 미래 경제를 이끌 핵이다. 미국에서는 2006년 무인 로봇자동차 대회가 열렸다. 아직은 시작단계라 그런지 참가 자동차들이 몇 ㎞를 가지 못하고 모래 구덩이에 주저앉아 버렸다. 하지만 로봇 성장 속도는 무서울 정도로 빠르다. 공상 과학영화에서나 볼 수 있었던 로봇이 우리 생활 주변으로 빠르게 다가오고 있다.

2000년 일본 기업 혼다는 두 발로 걷는 인간형 로봇(Humanoid)인 '아시모'를 개발했다. 산업현장에 설치돼 있는 로봇 팔보다 훨씬 더 진화해 인간에 가까워졌다. 일본 기업들은 여기에서 멈추지 않고 인간처럼 생각하고 행동하는 지능형 로봇 개발 경쟁에 나섰다.

도요타 자동차와 미쓰비시 중공업 등 일본 대표 기업들이 미래 산업으로 로봇산업을 결정하고 사람이 아니면서 인간에 가까운 신인류(?) 창조에 착수했다. 도요타는 2006년 인간형 초기 시제품인 '파트너 로봇'을 선보였다. 이 로봇은 두 발로 걸어 다니고 트럼펫 연주까지 한다. 애완용 로봇 '아이보'를 만들어 낸 소니는 아예 5년 안에 인간과 의사소통까지 할 수 있는 인간형 로봇을 만들겠다고 밝혔다. 공상 과학영화에 나오던 일들이 얼마 안가서 실현될 가능성이 높아진 셈이다. 일본 기업들은 뇌 과학자 등을 대거 동원, 인간처럼 학습하고 주위 상황에 따라 능동적으로 반응할 수 있는 로봇 개발을 목표로 하고 있다.

사람을 대신해 고된 일을 하는 사람처럼 생긴 로봇이 등장하면 우리 사회는 커다란 변혁을 맞게 되지만 부작용도 만만치 않다. 그러나

10년 이내에 우리 생활 가까운 곳에 또 다른 인간(?)이 삶의 많은 부분을 처리해 줄 것이다.

로봇 무인자동차가 미국에서 나타나고 노약자나 장애인 간병 청소 등 가사 도우미 로봇을 쉽게 활용할 수 있는 날이 멀지 않았다. 앞으로 가정용 로봇이 산업용 수요를 앞지를 것이라는 유엔경제위원회 보고서도 이 같은 전망에 힘을 실어주고 있다. 최근에는 포도주와 전채 요리 맛이나 종류를 알아낼 수 있는 로봇도 나왔다. 일본 NEC 테크놀로지사와 미에 대학이 공동 개발한 소믈리에(와인 전문가) 로봇인 와인보트이다. 이 로봇은 왼팔에 달린 장치를 통해 포도주병에 든 와인을 분석한다.

우리나라 로봇산업도 급속하게 발전하고 있다. 한국생산기술연구원이 국내 최초로 개발한 인조인간 로봇인 '에버원(Ever-1)'은 백화점과 박물관을 안내하거나 어린이들에게 동화를 읽어주는 로봇으로 활용될 전망이다. 2005년 KAIST가 개발한 지능형 로봇 '휴보(HUBO)'에 이어 두 번째 나온 국산 로봇이다. 에버원은 우리나라가 일본에 이어 세계 2위의 로봇기술을 보유한 국가임을 보여줬다.

로봇산업은 성장 잠재력과 파급효과가 매우 큰 유망산업이다. 산업자원부는 2020년 세계 로봇 시장 규모를 1조4000억 달러로 추정했다. 로봇은 기계 전기 전자 등 첨단기술이 융합된 결정체이자 IT, BT, NT 등 첨단산업 핵심기술을 확보하기 위한 기반이다. 이 때문에 정부는 로봇산업을 차세대 10대 성장 동력산업으로 지정해 지원하고 있다. 세계는 빠르게 첨단 지식과 기술을 무장하며 단일 시장으로 바뀌고 있다.

# 05 부산은 중소기업 도시

기업과 도시 발전은 밀접한 관계를 맺고 있다. 우리나라 대표적인 공업도시인 울산에는 현대자동차를 비롯해 현대중공업, 현대미포조선, SK 등 내로라하는 기업들이 지역경제 버팀목 역할을 하고 있다. 우리 정부가 중화학공업을 육성하면서 이들 기업을 울산에 건설한 때문이다.

세계 1위 조선소인 현대중공업이 울산 경제에 미치는 영향을 살펴봐도 기업과 지역경제의 상관관계를 쉽게 알 수 있다. 현대중공업 직원 수는 직접 고용인원 2만5000명과 외주업체 직원 1만3000명을 포함해 3만8000명이다. 가족 당 4명을 기준으로 하면 15만200명이며, 1400여 협력업체까지 합치면 현대중공업으로 인해 직접적으로 먹고 사는 인원은 20만 명이 넘는다. 이 업체는 매년 울산시에 200억 원대의 지방세를 납부하고 연간 1조5000억 원과 3조5000억 원을 급여와 자재대금으로 지급한다. 울산뿐만이 아니다. 경남 거제시는 삼성중공업 거제조선소와 대우조선해양 2개 업체가 지역경제를 떠받치고 있다. 이들 회사 직원과 협력업체 직원을 합하면 4만 명이다. 거제시 경제 80%가 이들 회사에 의존하고 있을 만큼 기업 역할은 지대하다.[59]

**| 매출액 상위 10대 부산기업 |**

| 부산순위 | 전국순위 | 회사명 | 2005 매출액 (백만원) | 2004 매출액 (백만원) |
|---|---|---|---|---|
| 1 | 91 | 한진중공업 | 2,217,330 | 1,953,431 |
| 2 | 93 | 르노삼성자동차 | 2,188,297 | 1,347,053 |
| 3 | 148 | 부산은행 | 1,309,283 | 1,194,310 |
| 4 | 323 | 대우정밀 | 531,543 | 539,891 |
| 5 | 330 | 세운철강 | 514,533 | 466,524 |
| 6 | 332 | 부산도시가스 | 509,630 | 398,616 |
| 7 | 341 | 서원유통 | 491,794 | 4513,839 |
| 8 | 346 | 와이케이스틸 | 484,561 | 448,708 |
| 9 | 399 | 럭키생명보험(현LIG) | 411,628 | 364,244 |
| 10 | 422 | 세방 | 381,652 | 367,912 |

자료 : 부산상공회의소

## 100대 기업은 한진중공업, 르노삼성뿐

부산은 어떤가. 기업들 통계 수치를 보면 부산은 중소기업 도시임을 알 수 있다. 2005년 매출액 기준 전국 1000대 기업 중 부산 기업은 46개에 불과하고 100대 기업에는 한진중공업과 르노 삼성자동차가 포함돼 있을 뿐이다. 부산에서 50인 미만 중소 제조업체가 전체 사업체의 94%로 서울에 이어 두 번째로 높다.[60]

대기업과 중소기업 어느 쪽이 경제 발전에 더 도움이 되는 지는 보는 관점에 따라 달라질 수 있다. 개별 기업 파괴력은 대기업이 월등하지만 중소기업들이 뭉치게 되면 강한 힘을 발휘한다. 대기업과 중소기업이 상호 보완관계 속에서 발전하면 기업 경쟁력은 배가될 수 있다. 우리나라는 대기업 위주로 성장해 중소기업하면 영세성과 낙후성으로 곧잘 비쳐진다. 대만은 중소기업이 많은 나라다. 하지만 대만 기업들은 세계시장에서 높은 경쟁력을 갖고 있다.

기업들은 국가 경제구조나 시대 변화에 적응하며 경쟁력을 확보해 나간다. 부산지역 중소기업들 가운데 신발과 조선기자재 및 자동차 부품 업체들이 많다. 부산시는 이들 산업을 10대 전략산업으로 정하고 적극 육성하고 있다. 이들 기업이 부산을 대표하는 기업으로 자리 잡

2005 부산국제신발섬유패션 전시회 모습.

고 활발한 경제활동을 펼치면 지역 경제력은 한층 강해질 수 있다.

신발은 부산이 놓칠 수 없는 산업이다. 신발 제조기술에서는 한국을 따라올 나라가 많지 않고 그 중심에는 부산이 있다. 1970년대 이후 부산의 주력산업은 신발이었다. 사상공업지역에서는 많은 신발업체들과 부품업체들이 활발한 생산 활동을 펼치며 수출과 내수 판매를 주도했다. 1990년엔 신발산업이 최고 전성기를 구가했다. 1990년 신발산업 생산액은 4조2960억 원이었고 수출액은 43억 달러를 기록했다.[61] 나이키 아디다스 등 세계 유명브랜드들이 국내에서 주문자 상표부착(OEM) 방식으로 신발을 국내에서 생산한 때문이다.

그러나 이들 기업이 인건비 상승으로 생산기지를 중국 베트남 등지로 옮김에 따라 신발산업은 큰 위기를 맞았고 신발생산에 따른 가격 경쟁력을 상실하면서 수입금액은 크게 늘어났다. 1990년도 9100만 달러에서 2005년에는 6억7100만 달러로 증가해 1억8900만 달러의 무역 적자를 기록했다. 중국 등지에서 생산된 중저가 신발이 국내 시장을 급속히 잠식한 결과다.[62] 중국에서는 혁제 운동화와 부품이, 이탈리아에서는 고급 정장화 수입이 이뤄졌다. 부산지역 신발산업은 중국과 이탈리아 양쪽의 협공을 받고 있다. 이 같은 상황에서도 신발산업이 부산경제에서 차지하는 비중은 매우 높다. 2003년 기준 부산지역 신발업체는 731개이며, 종업원 수는 1만1000명으로 나타났다. 생산액은 1조 550억 원이고 수출액은 2억9300만 달러로 집계됐다. 전국 신발업체 가운데 56%가 부산에 몰려 있다.[63]

## 06 신발산업을 살리려면

### 비싼 신발을 만들어라

신발 제조기술은 단연 세계 최고 수준이다. 부산은 유명 브랜드 제품을 생산한 축적된 노하우를 갖고 있다. 그러나 높은 인건비와 자체 브랜드 개발 미흡이 최대 약점으로 꼽힌다. 우리 브랜드로는 르까프와 프로스펙스, 트렉스타 정도에 불과하지만 나이키 아디다스 등에 비해 세계적인 인지도가 낮다.

이런 상황에서 신발산업 부흥을 위해서는 가장 먼저 디자인 능력을 획기적으로 배양할 필요가 있다. 나이키 아디다스가 강력한 브랜드 파워를 갖고 있는 것도 뛰어난 디자인 능력을 가졌기 때문이다. 이들 업체는 신발 제작에서 가장 초기 단계인 원천 디자인을 직접 한다. 우리 업체들은 이 부문에서 능력이 나이키에 비해 훨씬 뒤쳐져 있다. 나이키가 생산라인을 갖고 있지 않으면서 세계 신발시장을 주도하고 있는 힘은 탁월한 디자인 기술과 마케팅 능력이다.

우리 업체들은 나이키의 원천 디자인을 바탕으로 신발 생산에 필요

화승이 베트남 호치민시에 건립한 화승비나 신발생산라인.

한 기초 디자인을 실시한 뒤 해외 생산기지에서 제조한다. 만드는 기술은 뚜어나지만 디자인 경쟁력은 나이키 아디다스를 따라가지 못한다. 독특하고 참신하며 소비자들을 끌 수 있는 디자인 능력 배양이 무엇보다 필요하다. 우리나라는 대만보다도 디자인 경쟁력이 떨어진다고 하니 이 부문에 대한 집중적인 육성이 절실하다.

두 번째로는 소량 다품종 생산체제를 구축, 고부가가치 신발을 생산 판매하는 것이다. 우리나라 신발 부문 인건비는 중국 베트남과 비교가 되지 않는다. 그래서 국내 업체들은 이들 나라로 생산기지를 옮겼다. 2003년 기준 월 평균 임금은 한국이 900달러이지만 중국은 100달러, 베트남은 65달러에 불과하다. 자동화가 쉽지 않은 신발 생산에서 인건비의 절대적 열위는 국내 생산에 가장 큰 부담이다. 또 국내에서는 생산인력 공급이 원활하지 않다. 젊은 기능 인력들은 신발 생산을 기피했다. 그 결과 근로자 평균연령은 한국은 40세, 태국은 27세, 중국은 25세, 베트남은 23세다.[64] 당신이 기업주라면 똑같은 운동화를 어느 나라에서 생산하겠는가.

우리의 벤치마킹 대상은 이탈리아다. 이탈리아는 고급 정장화를 만들어 세계 각국에 판매하고 있다. 높은 인건비에도 불구하고 여전히 가죽구두 시장을 장악하고 있다. 인건비가 비싼 나라에서 선택할 수 있는 것은 고급화 전략뿐이다. 최고 품질을 자랑하는 수제화를 만들어 선진 시장을 공략하는 쪽으로 방향을 전환할 필요가 있다.

세 번째로 우리 업체들은 해외에 생산기지를 대량으로 확보하고 있다. 그 나라에서 완제품을 만들고 부산에서는 핵심 부품을 공급하는 기능을 하면 된다. 부품 소재 수출은 1990년 9300만 달러에서 2003년에는 1억9300만 달러로 대폭 늘어났다. 이 부문에 역량을 집중하면 부산지역 신발산업이 살아날 수 있다. 밑창 깔창 등 신발부품 소재를 다양화하고 기술 개발을 통해 고급 부품소재를 생산해 중국 베트남 생산기지에 공급하는 전략이다.

네 번째로 생산기지를 인도로 다양화하는 전략도 필요한 시점이다. 인도는 영어로 의사소통이 가능하고 여전히 임금 수준이 낮으며 내수 시장도 광대하다. 중저가 브랜드로 공략할 수 있는 지구상 몇 안 되는 거대 시장이다. 부산을 신발 부품 공급기지로, 인도를 생산 판매기지로 만들어 나가자. 인도의 경제 성장세는 눈부시다. 10억 명이 넘는 인구에다 넓은 땅을 보유하고 있으며, IT산업이 발달한 나라다. 서남아 시장 진출에 반드시 공략 대상에 포함해야 할 나라가 인도다.

다섯 번째 연구개발(R&D) 노력이다. 부산에는 신발피혁연구소와 부산신발산업 진흥센터가 설립돼 있다. 두 기관의 역할이 비슷하지만 독립적으로 운영된다. 초기에는 기능이 다르다며 협력을 하지 않았다. 하지만 감사원 지적이 있고 나서 우리 브랜드 육성사업 등에서 손을 잡았다. 부산지역 신발산업 진흥을 위해서는 양 기관을 통합해 우수한 연구개발 인력을 확보해야 한다. 두 기관이 협력하면서 양립을 모색하는 정도로는 빠르게 변화하는 신발시장에 대처하기 어렵다.

## 광주의 특화산업 전략

부산지역 신발산업 육성에 참고가 될 만한 사례를 광주에서 찾아본다.

빛 고을 광주는 우리나라 광산업 중심지다. 빛으로 미래를 준비하고 있다. 부산의 신발, 대구의 섬유, 광주의 광산업이 지역특화산업으로 육성됐으나 광산업 발전 속도가 가장 빠르다. 광산업은 한마디로 빛을 산업적으로 이용한다. 빛은 어둠을 밝히는 데서부터 정보처리, 광섬유, 우주 항공 국방산업에까지 확대된다. 미래 신산업 발전과 태동에 광산업은 없어서는 안 될 신자본재 산업과 같다. 광산업은 1960년 레이저가 발명되면서 비약적인 발전을 거듭했다.

미국과 일본은 광 관련 산업이 무척 발달한 선진국이다. 광통신과 광 시스템 사업 부문에서 대표 주자는 루슨트 테크놀로지와 코닝이다. 광학기기에서는 일본 캐논과 니콘이 세계 시장의 90% 가량을 점유하고 있다.

광주는 미래 신산업을 주도하기 위해 광산구 쌍암동에 광주과학기술원(K-JIST)을 설립하고 광주 과기원 뒤쪽에 광산업단지를 조성했다. 광주시는 '포토닉스 2010 프로젝트'를 수립해 광주 과기원, 대학, 기업들과 협력에 나섰다. 광주에는 금호전기를 비롯해 광 관련 업체가 밀집해 있고 전문 인력도 연간 1000명가량 배출되는 점을 활용, 광 관련 산업을 특화시켜 나가고 있다. 그 중심에는 광주 과기원이 있다. 광주시는 중소기업 중심의 광통신부품, 광정밀기기, 광원, 광 소재 분야를 적극 육성해 광산업 국내시장 점유율을 80%로 높인다는 야심찬 계획을 실행에 옮기는 데 여념이 없다. 삼성경제연구소는 2010년 광산업 시장 규모를 3800억 달러로 추정했다.[65]

운동화 등 일반 신발을 국내에서 생산하는 육성전략은 우리나라 현실에 맞지 않다. 저임국가와 임금 경쟁력에서 절대적으로 불리하기 때문이다. 부산이 선택할 수 있는 전략은 당 수치를 내릴 수 있는 당뇨화, 관절보호에 좋은 관절화, 발의 피로를 풀어주는 골프화 등 특수화 기능화를 소량 다품종으로 생산해 비싼 값으로 판매하고 핵심 부품을 고급화시켜 해외 생산기지와 연계한 부품 수출 확대전략을 구사해야 한다.

# 07 특허 지식경영과 중소기업

중소기업들은 지식 정보화 사회 변화에 적극적으로 대처하는 자세가 필요하다. OEM이나 하청업체에만 의존하면 엄청난 경제적 충격에 견디기 어렵다. 취약한 영업구조로는 지속적인 성장도 힘들다.

중소기업 한계를 극복하는 데는 독자적인 기술력 확보와 활발한 영업뿐이다. 비싸고 좋은 재료로 차별화된 제품을 만들어 합리적 가격에 판매해야 기업이 흥할 수 있다. 남보다 앞선 전문기업이 되려면 인적 기술력과 고객 자산이 필요하다. 직원들의 창의력과 능력을 말하는 인적자산은 회사 성장의 기본이다. 특허와 생산제품을 만드는 기술은 기술자산이며, 자기 회사 제품 브랜드에 대한 고객들의 반응이나 이미지는 고객자산이다.

특허경영과 지식경영은 대기업 중소기업 할 것 없이 반드시 추구해야 할 지향점이다. 삼성전자는 2006년 3월부터 기술총괄 산하에 부사장급인 특허전담 최고책임자인 CPO(Chief Patent Officer)를 임명하고 특허경쟁에 본격적으로 뛰어들었다.

부산은 연구개발 성과라 할 수 있는 특허 출원이나 등록건수가 너무나 적다. 특허 출원은 2032건으로 전국의 2.25%에 그쳤다. 이는 서울의 43.1%, 경기 31.6%에 비해 턱없이 낮다. 특허 등록도 512건으로 전국 대비 1.68%에 불과하다. 서울(45.4%)과 경기(28.1%)와는 비교가 되지 않는다. 이런 정도로는 미래 성장을 담보할 수 없다. 산학연 연구체제를 더욱 확고히 구축하면서 자체 기술개발에 투자를 확대해 원천기술을 확보하면 대기업이 두려워하는 중소기업이 된다.[66]

### 린 기업과 린 생산

국가 경제에서 중요한 역할을 담당하는 기업들은 생산성 향상에 전력을 쏟는다. 좋은 제품을 적은 비용으로 짧은 기간에 생산하기 위해 갖가지 방법을 동원한다. 경제학이나 경영학에 나오는 여러 가지 이론은 이들 기업 활동의 밑거름이 된다. 더 많은 수익을 내면서 원만한 노사 관계와 안정된 생산 방식을 갖게 되면 어떤 파고에도 흔들리지 않는다. 이는 대기업이든 중소기업이든 예외일 수 없다.

국내 대학에서 MBA(경영학 석사) 과정이 인기를 얻고 있고 미국으로 유학을 떠나는 학생들도 늘고 있다. 기업들은 세계 유명 대학에서 MBA를 취득한 사람을 서로 데려가려고 애쓴다.

부산에는 기업이 1만 개가량 있지만 규모가 작은 중소기업이 대부분이다. 중소기업이 힘을 발휘하려면 내실 있고 기술력이 뛰어나며 혁신된 생산방식을 갖고 있어야 한다.

부산 경제의 경쟁력을 높이는 일은 이들 중소기업의 활발한 생산활동과도 직결된다고 할 수 있다. 더욱 치열해지고 있는 글로벌 경제에서 생존하려면 우리 실정에 맞는 혁신적인 생산관리 기법이 요구된다. 주요 기업들과 대학들은 끊임없이 진화한 생산관리 기법을 찾아내 현장에 적용하고 있다.

이런 점에서 일본 최고 기업인 도요타 생산관리 기법은 여러 기업들에게 본보기가 될 수 있다. 20년 동안 도요타 관계자들과 인터뷰 및 공장 방문을 통해 연구한 미국 미시간 대학 제프리 라이커 교수의 견해는 우리 중소기업들에게 시사하는 바가 크다. 그가 출간한 『도요타 방식(THE TOYOTA WAY)』에는 창립 이후 세계적인 기업으로 성장하게 한 독특한 생산관리 기법과 특징이 잘 소개돼 있다. 그는 이 책에서 도요타 생산 시스템(TPS)의 도구와 방식을 깊이 통찰하며 프로세스 개선 등을 포함한 14가지 경영원칙을 제시해 관심을 모았다.[67]

도요타 자동차는 2005년 매출액 1858억 달러를 기록하며 세계 1위인 GM(1926억 달러)을 바짝 뒤쫓고 있다. 세계 최고 기업으로 발전하고 있는 도요타 제품의 품질과 효율에는 뭔가 특별한 것이 있다는 얘기가 나오면서 미국에서 연구가 본격화됐다. 도요타를 통해 '린(lean) 기업'과 '린(lean) 생산'이 태어났다.

# 도요타를 배워라

　린 생산(lean production)은 시간을 중요시하는 새로운 반복공정 생산 시스템이다. 기계 발달로 생겨난 대량생산과 단속 공정에서 오는 단점을 극복하고 양쪽의 장점을 규합한 것이다. 린이란 말은 '여윈, 마른' 또는 '기름이 없고 살코기만의' 뜻을 갖고 있다. 린 생산은 아주 간결하고 최소한의 필요한 자원만을 이용한다. 대량생산에 비해 훨씬 적은 노동력, 공간, 공구, 엔지니어링 그리고 재고를 필요로 한다. 생산 현장에서 쓰이는 원자재와 재고품의 흐름을 분석하고 제조설비를 가장 효과적으로 배치해 중소 제조업체 생산성을 20% 이상 높여주는 기법이다. 미국 MIT(매사추세츠 공대) 연구그룹이 1990년 도요타 생산방식(TPS)에 처음으로 이 말을 붙였다.

　수공업 생산과 대량생산 방식의 장점을 결합한 린 생산은 일본 자동차 제조업체에서 가장 많이 볼 수 있지만 세계 곳곳에 퍼져 많은 업체들이 이 기법을 도입했다. 도요타는 지속적으로 개선시키려고 하는 도요타 정신을 바탕으로 진정한 린 기업으로 성장했다. 이 회사 공장에는 '지혜와 발명의 공장'이라는 구호가 눈길을 끈다. 도요타 정신은 경쟁원천을 지켜 나가면서 새로운 시스템을 창조해내는 개선 노력이 중요한 부분을 차지한다. 개별 요소를 하나의 시스템으로 통합하고 프로세스를 지향하는 도요타는 이를 통해 생산성을 향상시키고 품질을 개선한다.

도요타는 세계에서 가장 빠른 제품개발 프로세스를 갖고 있다. 1년 내에 사 차와 트럭 설계를 끝낸다. 다른 경쟁회사들은 2~3년 걸리는 것으로 알려져 있다. 도요타는 빠른 프로세스를 통해 적기 생산(just in time), 개선, 자동화, 평준화 같은 도구와 품질 개선 방식을 통해 세계 자동차 업계를 평정해 나가고 있다.

제프리 라이커 교수는 장기적인 철학(Philosophy), 낭비제거를 위한 프로세스(Process), 존중하고 도전하는 종업원들과 파트너(People and Partners) 및 지속적인 개선과 학습(Problem Solving) 등 네 가지 용어를 통해 도요타 방식을 설명했다. 도요타는 빠르고 많은 제품을 생산하기보다 생산 공정상 낭비 요인을 제거하는데 초점을 맞춘다. 도요타 생산방식의 핵심은 낭비요인 제거다. 이를 위해 종종 기계를 쉬게 하고 종업원이 제품을 빨리 만드는 것이 최우선이 아니라는 생각을 갖고 있다.

부산지역 중소기업들은 생산성 향상과 품질 개선을 통해 하청공장에서 벗어나야 작지만 강한 기업으로 성장할 수 있다. 이를 위해서는 자기 회사만의 독특한 생산관리 기법과 방식이 필요하다. 도요타 방식은 지역 중소기업들에게 좋은 벤치마킹 대상이다.

# 08 중국은 기회의 땅(?)

### 외자유치

중국은 우리 기업들에게 새로운 희망을 열어준 땅이었다. 중국은 개혁개방 정책 이후 한국의 10분의 1에도 미치지 못하는 인건비와 낮은 세금, 무상 토지사용 혜택, 안정된 노동시장을 내세우며 외국인 투자를 적극적으로 유도했다. 중국은 외자 유치를 통해 드넓은 땅에 공장을 유치, 산업화로 들어섰고 결과는 대성공이었다. 세계 각국 업체들이 너도 나도 중국시장으로 달려갔다. 가파른 임금상승과 잦은 노사분규에 시달린 한국 기업들은 1980년 말부터 중국에 본격적으로 진출했다. 특히 신발 봉제 섬유 피혁 액세서리 완구 등 노동 집약적인 제조업체들이 대거 중국으로 생산기지를 옮겼다.

한국 업체들이 밀집한 칭다오에는 무려 7000여 개 업체가 공장을 가동하고 있다. 2006년에는 지역 유력기업인 넥센 타이어도 칭다오내 부산기업 전용공단에 터전을 잡았다. 경공업 업체들이 대거 중국으로 진출하는 바람에 부산 경제는 큰 타격을 받았다. 신발업체들이 대거 중국으로 떠난 뒤 국내 신발산업 중심지 역할을 하던 부산에는 신발 생산라인이 크게 줄었다. 진출 초기에는 싼 임금과 중국 정부의 다양한 혜택을 받으며 성장속도가 빨랐다. 칭다오를 비롯해 다롄 톈진 상하이 등지에 우리 기업들이 늘어났다.

지금은 어떤가. 투자유치에 열을 올렸던 중국은 이제 투자를 선별적으로 받아들이고 있다. 진출 업체들은 인건비 상승과 강화된 복지후생정책으로 경영 고통을 겪고 있다. 이 때문에 중국에 진출한 많은 기업들은 당초 예상한 경영실적을 올리지 못한다. 칭다오시 정부 관계자 말을 빌리면 2005년 외자기업 결산보고 결과, 10곳 중 7곳이 적자라고 한다. 중국 경제의 급속한 성장에 따른 인건비 상승과 노동자 복지 강화, 오염산업에 대한 규제강화, 외자기업에 대한 특혜 축소가 주된 원인이다.[68]

인건비가 너무 올랐고 사람 구하기도 쉽지 않다. 경제 성장에 따라 서비스 산업이 동반 발전하면서 제조업체 인력이 서비스 산업으로 빠져 나간 탓이다. 업체들은 알선료까지 주면서 인력을 확보하고 있다.

중국 법으로 규정된 양로(국민연금) 실업 의료 공상(재해) 양육 등 5대 보험은 새로운 경영압박 요인이다. 5대 보험 비용은 노동자 평균급여 중 30%에 육박한다. 여기에다 주택 공적금과 공회비 등 보조금까지 합치면 기업이 부담하는 간접 인건비는 전체 급여의 50%선에 이른다. 초과근무를 규정보다 많이 시키고 양로보험에 가입한 직원비율이 낮으면 막대한 벌금을 물기도 한다. 중국에서 공장을 경영했던 한 기업인은 부산으로 돌아오고 싶다고 기자에게 털어놨다. 중국에서 사업하기가 너무 힘들어졌다는 게 이유다. 부산 신항 배후부지가 외국 업체에는 거의 공짜로 공급되고 있는데 우리 업체들이 받을 수 있는 방안은 없느냐는 말도 덧붙였다. 싼 부지와 인건비 때문에 중국으로 갔다가 큰 성과를 올리지 못한 채 쉽게 철수하지도 못하고 있는 기업들이 한 둘이 아니라고 한다.

### 인건비 따먹기

이제 중국은 우리 기업들에게 기회의 땅이 아니다. 인력난이 심해지고 노사분쟁이 증가하며 인건비도 만만찮다. 칭다오에서 봉제공장을 하는 한 업체 관계자는 인력이 없어 애를 먹고 있다고 말했다.

인건비 상승률은 더욱 심하다. 선전시는 2006년 7월부터 월 최저임금을 690위안에서 810위안(한화 약 10만 원)으로 올렸다. 다른 지방정부들도 외자유치를 위해 묶어놨던 최저임금을 잇달아 올리고 있다. 한국보다 절대 임금수준은 여전히 낮지만 가파른 상승률이 문제다. 5대 사회보험 가입 의무도 1990년대에는 사문화됐지만 이제는 지키지 않으면 엄청난 벌금을 물게 된다.

비용 부담은 여기서 끝나지 않는다. 중국 전국인민 대표대회(전인대) 상무위원회는 2006년 3월 20일 경제보상금(퇴직금) 신설과 장기고용 유도, 노동자 권리보호를 골자로 노동계약법(한국의 근로기준법에 해당) 초안을 공개했다.[69] 친 노동정책 강화를 위한 노동계약법이 시행되면 업체 부담은 더욱 불어나 더 이상 저임금 혜택을 기대하기 어렵다. 임금과 5대 보험료, 기숙사 운영비, 식사비, 앞으로 생겨날 퇴직금 부담까지 합치면 노동자 1인에 들어가는 비용은 현재보다 3배 이상 늘어날 것으로 예상된다.

노동시장도 예전과 다르다. 과거에는 취직이 우선이었으나 이제는 작업환경이 중요시된다. 작업 조건에 불만을 터트리는 노동자들이 늘어나면서 분규가 증가하고 있다. 중국에서는 노동자 한두 명의 불만도 노사분구로 인정되고 있다. 한국의 노사분규 개념과는 다소 다르다. 중국에서 일어난 노사분규는 2000년에는 13만여 건에 그쳤으나 지난해에는 31만 건으로 늘어났다. 중국 노동계 연합회인 중화중국 총공회는 공회(노조) 설립률을 23%에서 2007년 말까지 80%로 높이겠다는 계획까지 발표했다.[70]

외국인 투자를 통해 일자리 창출에만 매진했던 중국 정부는 이제 노동자 생활 향상 쪽으로 정책 초점을 맞추고 있다. 더 많은 노동자들이 일할 수 있는 기회를 부여하기 위해 작업장에서는 잔업도 제대로 시키지 못하는 분위기로 바뀌었다.

이뿐만이 아니다. 중국 진출기업에 대한 세제혜택도 점진적으로 줄어들 것으로 전망된다. 중국 최대 상업도시인 상하이에서는 내년부터 외국기업에 대한 법인세율이 10%포인트 높아진다. 중국 재정부는 외국기업 법인세율을 오는 2008년까지 현행 15%에서 25%로 올리는 내용을 골자로 하는 기업 소득세법 초안을 마련, 2006년 10월 전국인민대표대회 상무위원회 심의를 거쳐 2007년 3월 전인대에서 의결할 예정이다. 현재 내자(중국)기업은 33%, 외자(외국)기업은 15%의 법인세율을 적용받고 있다. 전인대 의결을 거쳐 2008년부터 시행하되 외국기업들에 대한 충격을 완화하기 위해 3~5년간 유예기간도 검토되고 있다. 이 법을 전국적으로 시행하기 전 상하이 푸동 지구에 진출한 외국기업에 대한 법인세 혜택을 줄이기 위해 상하이 시정부와 협의하고 있다.[71] 중국 정부는 자국민에게 유리하도록 제도를 바꾸고 있는 바람에 우리 업체들의 경영 환경은 더욱 나빠지고 있는 것이다. 저임금과 세제 혜택이 점차 줄어들고 노사분규는 늘어나고 오염유발 업체에 대한 규제가 심해졌다. 우리 업체들에게는 경영 압박요인이 많아지고 있으나 중국 정부로 봐서는 당연한 정책 전환이다.

### 중국만이 능사 아니다

중국 경제정책은 개혁개방 초기 풍부한 노동력과 저임금을 기반으로 신발 완구 봉제 등 노동집약 산업을 일으킨 뒤 이 자금으로 경제발전을 도모했다. 이어 외국기업들을 유치해 현대적인 제품을 만드는 기술과 비즈니스를 배우며 성장했다.[72] 우리 기업들이 중국에 진출하는 가장 큰 이유는 인건비 절감이다. 중국에 진출한 우리 기업들이 손익분기점에 도달하기 위해서는 평균 40개월 정도가 소요되는 것으로 나타났다. 이들 기업 가운데 흑자 기업은 32%였으며, 손익분기점 수준인 기업은 39%에 달했고 적자기업도 29%에 이르는 것으로 조사됐다.[73]

이 조사 결과는 중국에서 공장을 가동해 이익을 남기려면 40개월 이상은 걸린다는 것을 실증적으로 보여주고 있다. 이 시점에서 중국 진출을 모색하고 있는 기업들이 염두에 둬야 할 점이다. 중국은 빠르게 변하고 있다. 중국은 2006년부터 2020년까지 117조 원을 투입, 생명공학 신소재 우주산업 등 8개 분야에서 27개 첨단기술을 개발해 15년 내에 세계 5위의 과학강국이 되겠다는 중장기 계획을 발표했다.[74]

중국은 저임금 노동집약 산업에서 고부가가치 생산체제로 바꾸는 경제구조 변화에 들어갔다는 반증이다. 이제 오염 유발업종은 중국에 투자할 수 없는 시대로 바뀌었다. 중국은 미국을 제치고 우리나라 최대 교역국가로 부상했다. 지리적으로 가깝고 인구 13억 명을 가진 세계 최대 시장이라는 매력이 있다. 하지만 중국 시장은 세계 주요 업체들의 각축장으로 변해 버렸다. 중국에서 사업이 그리 녹록하지 않다. 국내보다 더 어려울 수 있다.

부산지역 기업들이 해외 투자를 고려할 때 중국 시장을 먼저 노크하지만 상황이 달라졌다는 점을 예의 주시할 필요가 있다. 예전 생각만으로는 낭패를 볼 가능성이 높아졌다. 공장을 짓고 이익을 내기 위해서는 최소 3년 이상이 걸리지만 중국의 경제제도 변화는 어제 오늘이 다르다. 외국기업에 유리한 점은 점차 사라지고 있다. 대부분 대기

중국 경제의 심장부인 상하이 푸동.

업들은 거대한 중국 시장을 공략하기 위해 중국에 들어가지만 중소기업들은 인건비 절감에 중점을 둔다.

거대 시장인 중국에 더 많은 물건을 팔기 위한 투자는 가능하지만 비용 절감 차원의 중국 진출은 실패 확률이 높아지고 있다. 우리나라는 더 이상 저임금을 기반으로 하는 산업으로 경제를 풀어나가서는 경제대국으로 성장할 수 없다. 무분별한 중국 투자보다는 국내에서 높은 기술력으로 고급품 제조에 힘써야 할 시점이 다가왔다. 한국이 선진국에는 기술에서 뒤떨어지고 개도국에는 임금에 밀리는 '넛 크래커' 신세가 되어선 안 된다.

# 09 부산을 인력양성 메카로

부산이 발전하는 방법에는 여러 가지가 있다. 이 가운데 하나가 몇 몇 산업의 인력 양성기능을 담당하는 것이다. 부산에서 발달된 산업으로 항만물류와 수산업이 꼽힌다. 부산에선 이들 산업이 다른 도시에 비해 더 빠르게 성장할 여건이 갖춰져 있고 선점 효과는 물론 국제 경쟁력까지 보유하고 있다. 항만 관련산업이 좋은 예다.

현장에서 근무하는 부산항 종사자들의 역량은 대단히 높고 물류부문에서 수십 년 동안 축적된 노하우를 갖고 있다. 부산지역 대학에는 세계 수준의 항만물류 인력을 가르칠 수 있는 교수들과 전문가들도 부지기수다.

부산은 이 부문에서 국내 어느 도시도 따라올 수 없는 국제 경쟁력을 갖고 있다. 국내 최고의 해양 전문인력 교육기관인 한국해양대학이 있고 부산대 부경대 동명대에는 항만물류 인력을 키워내는 관련 학과가 개설됐다. 수산 부문도 예외가 아니다. 부경대는 국내 수산업 발전에 지대한 공을 끼쳤고 지금도 인력 배출의 거점 역할을 하고 있다.

　부산은 국내뿐만 아니라 동북아 지역에서도 따라올 수 없는 항만 수산부문의 인력양성 노하우를 국내외에 판매하는 정책을 펼쳐 나가야 한다. 부산지역 각 대학에 외국에서 공부하러 온 학생들이 있지만 국제 무역항과 부산항의 지위에 비해서는 미흡하다.

　부산이 이런 역할을 충실히 하려면 동북아 최대 해양수산 인력양성 센터를 세우는 것이 필요하다. 부산에는 남구 용당동 한국해양수산연수원과 항만연수원 부산연수원이 따로 운영되고 있다. 한국해양수산연수원과 항만연수원은 각각 해기사와 하역 근로자 재교육이나 양성에 중점을 두고 있다.

　한국해양수산연수원은 해기사 국가 자격시험을 시행하면서 고객관계관리(CRM) 시스템을 구축했고 실습선 한바다호(3491t)를 통해 이론

부산 남구 용당동에 건립된 항만연수원 부산연수원.

과 체계적인 승선실습 교육을 하고 있다. 2006년 개원 40돌을 넘긴 한국해양수산연수원은 상선 해기사 300여 명과 어선 해기사 100여 명 등 연간 400여 명의 유능한 해양수산 전문 인력을 배출한다. 항만연수원도 각종 실습 기자재를 확보하고 항만인력 재교육에 힘쓰고 있다.

이들 해양 수산부문 유사 기관을 따로 운영하기보다 통합하면 더 큰 시너지 효과를 발휘하고 더 많은 국내외 인력을 부산으로 흡수할 수 있다. 부산이 동북아 해양수산인력 양성센터로 거듭나기 위해서는 이들 기관을 통합한 뒤 시설을 첨단화하고 각 대학과 정부 도움을 받아 세계의 주요 해양수산 인력 양성기관과 경쟁할 수 있어야 한다. 이는 정부와 부산시의 전폭적인 지원이 뒤따라야 가능하다.

수준 높은 이론과 실무를 함께 익힐 수 있는 센터를 출범시키고 국내외에 널리 알려 연수생들을 모집하자. 부산은 중국, 동남아 국가와 가까운 지리적 이점이 있고 훌륭한 화물 처리 기법을 갖고 있다. 동남아 국가들이 항만 수산업을 발전시키기 위해 시설투자와 인력 양성에 나서고 있는 점을 감안하면 이 센터의 시장성은 매우 크다. 부산이 가진 능력을 최대한 살릴 수 있는 동북아 해양수산 인력 양성센터가 출범하면 부산을 찾는 외국인들이 늘어나고 이들이 쓰는 돈도 많아진다.

부산이 가진 항만 수산부문의 장점을 100% 활용하려면 이들 기관을 서둘러 통합해 제대로 된 인력양성센터를 만드는 일이다. 여기에다 국가 균형발전 차원에서 부산으로 이전할 국내 4개의 해양수산 관련 연구기관들이 힘을 보태고 조선인력 양성기능까지 추가하면 더 큰 경쟁력을 확보할 수 있다. 한국해양연구원, 한국해양수산개발원, 한국해양조사원, 수산물 품질검사원은 항만 수산부문의 클러스터를 형성해 부산시 영도구 동삼동에 들어설 예정이다.

정부가 이들 기관을 부산으로 옮기는 것은 국토의 균형발전과 이 부문에 대한 부산의 역량을 극대화하기 위한 것이다. 이들 기관에 소속된 연구원은 국내 최고의 전문가들이다. 이들이 역사상 처음으로 부산에 모여들어 함께 일하게 된다. 이들은 센터를 통해 연구뿐만 아니라 지식을 직접 전수할 수 있는 기회를 가져 일거양득의 효과가 있다.

한국해양대 부경대 등 대학에서 근무하는 교수와 현장에서 일하는 전문가들의 참여도 필수적이다. 부산시 기장군에 위치한 국립수산과학원은 우리나라 수산업 발전에 크나큰 공헌을 하고 있다. 부산만큼 항만 수산이나 조선부문 전문 인력들이 많은 도시도 없다. 부산만이 가진 최고의 경쟁력이요, 강점이다. 우리나라 항만 수산 조선부문 연구소와 대학 및 인력양성센터, 업계가 유기적으로 결합돼 운영되면 부산은 가까운 장래에 명실상부한 국제 해양도시로 발돋움하게 된다.

부산은 조선산업에서도 능력을 발휘하고 있다. 우리나라는 일본을 제치고 세계 1위 조선대국으로 성장했다. 현대중공업 삼성중공업 대우조선해양 현대미포조선 한진중공업 STX조선 등 세계 1위에서 9위 안에 드는 조선소들이 부산을 중심으로 울산 거제 진해에 들어섰다. 울산 거제 진해는 자동차로 1~2시간 안에 갈 수 있는 가까운 거리에 있고 조선소를 지원하는 기자재 업체들도 부산과 경남지역에 대거 포진해 있다. 조선소와 기자재 업체에는 선박 건조나 부품 제조에 일가견을 가진 전문가들이 즐비하다. 이들이 센터에서 강의하고 기술을 전수하는 시스템을 마련하면 부산 발전은 빨라진다.

# 로테르담 STC

## 기능위주 교육

네덜란드 로테르담항은 부산의 좋은 벤치마킹 대상이다. 필자는 2005년 네덜란드 로테르담항을 방문한 적이 있다. 이 항만은 유럽 최대 항구이자 항만물류 산업의 중심지이다. 그 곳에 위치한 에라스무스 대학은 항만물류 부문에서 세계적인 권위를 인정받아 지구촌 각지에서 배우러 온 유학생들로 북적였다.

에라스무스 다리 건너편 로테르담항 입구에 들어선 Shipping And Transportation College(STC). 이 항에 입출항하는 대다수 배들이 이 건물을 볼 수 있는 자리에 STC가 들어섰다. 건물이 ㄷ자 모양으로 특이한 STC는 네덜란드 교육부 산하 비영리 교육기관으로 로테르담 항만공사 등으로부터 재정지원을 받는 해양수산조선 인력 양성센터로 각광받고 있다. 175년 전 설립된 Shipping Transport College가 발전되어 오늘날에는 그룹 형태를 띠고 있다. 직원 425명 가운데 300명이 교수 강사진이다. 연간 수입은 4000만 유로(한화 약 480억 원)에 달하고 예산의 70%는 정부에서 받고 30%는 자체 수입으로 충당해 운영한다.

STC는 단순 장비 운전기사 양성에서부터 석사 학위 과정과 최고경영자(CEO) 과정을 개설해놓고 항만과 물류, 수산, 조선업에 종사하는 우수한 인력을 키워낸다. 자국뿐만 아니라 유럽이나 아시아에서 온 수많은 학생들이 이곳에서 이론 습득과 실전 훈련에 열중한다. 이곳에서는 이론보다는 철저한 훈련과 기술향상 위주의 교육이 실시된다. 우리나라처럼 학위나 학벌 중심 교육과는 판이하게 다르다. 학벌을 중시하지 않는 사회 풍토 때문인지 어린 학생들이 많다. 정규 학생만 4000명이고 자신에 필요한 강의를 수강하는 학생이 8000명에 이른다.

교육과목도 아주 다양하다. STC에서는 갠트리 크레인 기사 양성에서부터 준설, 탱커 시뮬레이터, 수산업, 컨테이너 야드 기획, 터미널 운영, 스트래들 캐리어 조작, 조선, 물류, 선박관제, 안전훈련, 도선사 교육이 연중 실시된다. 항만과 관련된 모든 교육과정이 개설돼 있고 준설학교는 세계에서 규모가 가장 크다고 STC는 밝혔다. 이 때문에 로테르담 항만에서 일하는 인력 대부분이 이곳에서 교육을 받았다.

각종 실습 장비는 우리보다 첨단화돼 있고 다양하다. 마치 항만물류 장비 전시회를 보는 듯했다. 갠트리 크레인을 통해 터미널에서 화물을 싣고 내리는 작업을 부두에서 똑같이 훈련할 수 있는 크레인 시뮬레이터는 400만 유로(한화 약 48억 원)에 달하는 고가 장비다. 최고의 장비와 잘 짜인 교육과정이 STC의 장점이다. 학생들은 이 기기를 통해 20분씩 모두 8차례 교육을 받는다.

STC는 2년 전부터 한국 학생을 유치하고 있으며, 광양항에 분교 설치도 검토하고 있다. STC 관계자는 "한국에서는 이론 교육에 치중하고 집중적인 훈련을 소홀히 하는 것 같다”고 말했다. 21세기 지식 정보화 사회를 살고 있는 우리나라가 적극적으로 받아들여야 할 대목이다. 대학에서 교육을 받고 산업현장에 바로 투입할 수 있어야 하지만 우리나라에서는 그렇지 못하다. 업종에 따라 다소 차이가 있지만 대학 졸업 이후 보통 3~5년 간 재교육을 받아야 실전에서 역량을 발휘할 수 있다고 기업체 관계자들은 얘기한다. 현대는 기술의 시대다. 우수한 기능을 가진 사람들이 사회적으로 대접받는 사회로 점차 바뀌어야 한다.

부산에 사는 사람으로서 STC는 정말 부러운 시설이며, 개설 과목과 훈련 위주의 교육에 감탄을 금치 못했다. 로테르담항이 선진 항만으로 발전한 데는 그만한 이유가 있었다. 우리도 하루 빨리 학위보다는 실무능력을 중시하는 사고방식으로 바꾸고 현장에서 필요로 하는 STC같은 대규모 해양수산 조선 인력 양성센터를 세워야 부산이 세계 최고 수준의 선진 물류도시로 발전할 수 있다.

부산은 항만 수산 조선부문에서 국내 다른 도시와 철저히 차별화할 수 있다. 내륙도시를 닮아선 발전하지 못한다. 네덜란드 STC 같은 교육기관을 국내 어느 도시에 세울 수 있겠는가. 우리나라 최대 무역항인 부산 외에 더 좋은 입지가 있을 수 없다. 동남아 지역 외국인들이 오기 쉽고 풍부한 노하우를 갖고 있으며, 전문가들도 많다. 이만한 조건이면 제대로 된 항만수산 조선인력 양성센터가 부산에 들어서는 게 어렵지 않다. 걸림돌은 대학이나 기관 관계자들의 이해 관계와 정부의 무관심뿐이다.

STC가 광양항에 분교를 설립하겠다는 계획 아래 우리나라를 방문한 사실에 놀라움이 앞섰다. 우리나라도 저들 못지않은 지식과 기술을

학생들이 네덜란드 STC에서 기술을 배우고 있다.

확보하고 있는데도 우리가 할 수 있는 기능을 외국인들에게 안방을 내주는 꼴이다. 부산이 하루 빨리 발전을 위한 열린 마음을 갖고 임하면 못할 게 없다. 해양수산 조선 인력양성 센터와 대학 연구소 및 기업체가 유기적으로 결합되면 기술 발전과 외화 획득 및 부산항 홍보 등 일거삼득의 효과를 거둘 수 있다.

# 금융인력 양성센터와 부산

부산이 해양수산 외에도 금융인력 양성 기능을 떠맡으면 도시 발전에 큰 드움이 된다. 부산에는 국내에 하나밖에 없는 한국선물거래소가 설립돼 독립적으로 운영된 적이 있다. 부산을 선물 금융도시로 발전시킨다는 정부의 비전과 부산 시민들의 유치 노력으로 한국선물거래소가 1999년 4월 13일 부산상공회의소 건물에서 성대한 출범식을 가졌다. 상공인들의 끊임없는 유치노력의 결과다. 서울에 증권거래소가 있다면 부산에는 선물거래소가 입지해야 한다는 논리가 주효했다.

증권과 선물은 자본시장의 꽃이다. 기업들은 기업 공개를 통해 자본시장에서 자금을 조달해 시설투자에 나선다. 선물산업은 미래의 불확실성에 대한 위험회피(헤지) 기능을 이용, 세계적으로 급속히 성장하고 있다. 증권은 현물시장이고 이를 보완하는 것이 선물시장이다. 정부는 당초 서울과 부산을 현물(증권)과 선물시장 중심지로 육성한다는 정책 아래 부산에 선물거래소 설립을 허용했다.

한국선물거래소의 탄생 과정은 순탄치 않았다. 우리나라 자본시장을 장악하고 있는 서울의 반발이 거셌다. 서울 외의 지역에 선물시장의 중심이 되는 선물거래소를 세우는 것이 경제논리에 맞지 않는다는 반대 의견이 만만찮았다. 경제를 정치논리로 푼다는 비난도 받았다. 하지만 부산 시민들의 피나는 유치 노력 끝에 한국선물거래소는 부산에서 둥지를 틀었다. 양도성 예금증서(CD), 금, 달러 등 4개 종목으로 출발했으나 운영성과는 미미했다. 거래물량이 늘어나지 않았고 뒤이어 상장된 국채선물에만 의존했던 이유다.

선물거래소가 제대로 운영되려면 하루 평균 거래량이 3만 계약을 넘어야 하지만 초기에는 1만 계약에도 미치지 못했다. 부산이 미국 시카고처럼 동북아 최대 선물도시로 발돋움하려는 계획이 무산되기에 이르렀다. 서울에 집중된 금융산업 구조 아래선 당연한 결과다. 부산에는 회사채 발행이나 기업공개 등 자본시장 기능이 없고 여수신 업무와 증권 보험상품 판매 및 브로커 영업만이 금융점포에서 이뤄진다.

선물거래소가 부산에 설립됐지만 투자자 대부분이 서울에 있다. 선물회사 본사가 부산에 있는 회사는 부은선물 하나뿐이다. 부은선물은 부산은행이 설립한 선물회사여서 본사가 부산에 있다. 이 회사는 거래물량을 늘리기 위해 서울에 사무소를 설치하고 기관이나 외국인 투자를 이끌어 내는 영업 확대에 주력하고 있으나 서울에 대다수 투자자가 있어 선물 영업을 확대하는데 어려움을 겪었다. 선물 거래는 전산으로 이뤄지고 선물거래소 직원은 100명 안팎에 불과했다. 본연의 자본시장 기능이 없는 부산에서 선물거래소를 통해 선물 금융도시로 발전시키기에는 역부족이었다. 서울에 있는 금융 시스템을 부산으로 옮겨 놓지 않고는 어렵다. 부산에서 외환 거래가 이뤄진다고 해서 외환시장이 형성됐다고 말할 수 없는 것과 마찬가지다. 자본시장은 인위적으로 형성되지 않는다. 서울이 한국의 금융 중심지이지만 런던 뉴욕 도쿄 같은 국제 금융도시로 성장하지 못하고 있다.

### 한국증권선물거래소 출범

부산을 발전시키려는 시민들 요구로 선물거래소가 부산에서 닻을 올렸으나 도리어 거대한 증권거래소에 흡수된 뒤 한국증권선물거래소(KRX)로 통합돼 버렸다. 주가지수선물옵션(KOSPI 200) 상품을 선물거래소로 이관하라는 부산 시민들의 목소리가 높아지자 정부는 선물과 증권거래소를 통합하는 조치를 단행했다. 대신 증권선물거래소 본사를 부산에 두는 당근을 제시했다.

우리나라 선물시장은 곡물이나 금 원유 등 상품 선물 상품이 발달하지 않아 거래량 증가에 한계가 있다. 세계적으로 금융선물 상품 거래량이 폭발적으로 늘어나자 정부는 선물거래소가 세워지기 전인 1996년 증권거래소에

부산시 중구 중앙동에 있는 한국증권선물거래소 본사.

주가지수선물옵션 상품 거래를 허용했다. 선물거래소가 설립되기 전까지 한시적이었다.

주가지수선물은 KOSPI(코스피) 200 지수를 대상으로 거래하는 금융상품이다. 증권사 등 기관 투자가들은 선물과 현물상품을 함께 거래하며 손실을 최소화한다. 선물상품이 갖고 있는 위험회피(헤지) 기능을 적극적으로 활용한 것이다. 선물상품은 '레버리지(leverage) 효과'가 크지만 매일의 거래결과에 따라 정산을 해야 하며 손실이 나면 유지 증거금을 보충해야 한다.

레버리지 효과는 지렛대 효과와 같다. 지렛대는 적은 힘을 이용해 더 무거운 짐을 들 수 있는 도구다. 주식시장에서는 투자금액 100만 원으로 100만 원 어치 주식만 살 수 있다. 이자를 부담하며 3일 내에 청산해야 하는 미수금으로 자신이 가진 종자돈보다 많은 금액을 투자할 수 있지만 미수금을 레버리지 효과라고 말하기 힘들다. 미수금은 증권사에서 짧은 기간 빌려 쓰는 돈에 불과하다.

반면 선물시장에서는 실제 투자금액의 15%만 있으면 된다. 이를 레버리지 효과라고 말한다. 적은 돈으로 많은 선물상품을 살 수 있지만 위험성이 현물에 비해 크다. 현물거래는 주가가 떨어졌다고 해서 자금을 추가로 투입할 필요는 없다. 장부상 손실이 발생했지만 팔지 않으면 손해를 보는 법이 없다. 언젠가 주가가 오르면 이익을 볼 수 있다. 그러나 선물거래는 한쪽이 이익을 보면 다른 쪽은 손해를 보는 제로섬(Zero sum) 게임이다. 높은 위험성 때문에 거래는 주로 기관투자가와 외국인들 중심으로 이뤄진다. 주가지수선물옵션 상품은 복권과 비슷하다. 자신의 예상대로만 되면 적은 돈으로 엄청난 돈을 벌 수 있다. 이 때문에 투기적 성향을 가진 일반 투자자들이 대거 달려들었고 기관과 개인투자자들의 참여가 활발해지면서 증권거래소의 효자상품으로 부상했다.

부산 시민들은 주가지수 선물은 본래 선물상품이기 때문에 부산에 설립된 선물거래소로 넘기라는 운동을 대대적으로 펼치며 선물시장 일원화를 요구했다. 그러나 서울 증권거래소가 완강하게 반대했다. 이 상품이 선물거래소로 넘어가면 증권거래소 수입 감소에 큰 영향을 미치기 때문에 증권거래소는 절대로 이관할 수 없다고 버텼다. 이 과정에서 정부는 증권과 선물거래소를 통합하되 통합거래소 본사를 부산에 두고 선물연구원와 선물연수원을 부산에 건립하는 절충안을 내놓았다. 속이 훤히 들여다보이는 정책이었지만 부산은 이를 수용하기에 이르렀다.

특히 노무현 대통령은 주가지수선물 이관과 관련, 대통령 후보와 당선자 시절에는 호의적인 입장을 보였다. 노 대통령은 2002년 대선 때 주가지수선물상품의 선물거래소 이관을 공약으로 내걸었으며, 당시 민주당도 주가지수선물을 법대로 선물거래소에 넘기겠다고 밝혔다. 노 대통령은 당선자 시절인 2003년 1월 부산에서 가진 상공인 간담회와 토론회를 통해 부산을 동북아 금융 중추도시로 발전시키는데 5년 동안 팍팍 밀어 주겠다고 밝혔다.

# 12 동북아 금융도시 가능한가

부산지역 시민단체들로 구성된 '선물시장 통합 결사저지 범시민 투쟁위원회' 는 법과 원칙대로 주가지수선물을 2004년 1월 선물거래소로 이관하고 운영 성과를 지켜본 뒤 시장통합을 논의하자는 입장을 강력히 주장하며 50여 일 이상 농성투쟁을 벌였지만 허사가 되고 말았다.

부산 시민들의 지속적인 반대에도 불구하고 정부 뜻대로 양 거래소가 통합됐고 본사가 부산에 왔지만 선물연구원과 선물연수원 건립은 여전히 실현되지 않고 있다. 이는 통합의 전제조건이자 부산 시민들에게 했던 정부 약속이었다. 선물시스템 개발, 선물센터 건립, 시장 홍보에 필요한 최소 1000억 원의 선물시장 발전기금 조성과 선물연수원 선물연구원 건립 및 사옥 신축이 주 내용이었다.

부산에 증권선물거래소 본사가 있다 해도 부산이 국제적인 선물 중심지가 되기는 불가능하다. 국내 자본시장이 옮겨올 수 없는 상황에서는 더욱 그렇다. 정부는 아시아를 대표하는 국제 선물중심도시로 부산을 육성한다고 했지만 말잔치에 불과하다. 시카고가 오늘날 선물산업을 꽃피우기까지 150여 년이 걸렸고 어떤 노력을 했는지를 보면 누구나 알 수 있다.

국내 경제상황과 도시 입지 여건을 들여다보면 자본시장이 서울에 있는 게 맞고 이전할 수도 없다. 금융기업 본사가 대부분 서울에 있고 외국인 투자자들이 여의도에 집중돼 있는 마당에 금융 중심지 얘기는 대변혁이 없는 한 힘들다. 대신 부산은 선물이나 증권 등 금융인력 양성업무를 맡는 쪽으로 방향을 바꾸는 게 국가발전 계획과도 일치한다.

정부가 선물연수원과 선물연구원을 건립하겠다고 약속했기 때문에 여건은 더욱 좋다. 증권연구원과 증권연수원도 신설되는 선물연수원 선물연구원과 통합해 부산에 설립하면 시너지 효과를 창출할 수 있어 좋다. 이들 기관이 입주할 선물센터가 부산시 남구 문현동 금융단지에 들어서면 부산시가 계획하고 있는 금융단지 조성사업도 빨라진다. 센터 건립재원은 증권선물거래소 증권예탁원 증권전산 선물협회 등 유관기관의 출연과 정부 보조 및 부산시 지원으로 가능하다.

이 센터에 증권회사 지점이나 선물회사 본점을 입주시키고 국제회의도 자주 개최해 통합거래소가 부산에 있는 장점을 최대한 살려 나가는 쪽으로 부산시 정책 목표를 변경하는 게 합당하다. 정부는 2003년 2월 발표된 '부산의 선물 중심도시 조기 육성방안' 제목의 문건을 통해 증권거래소 자금으로 선물센터를 신축하고 선물협회 부산 이전 및 선물연수원을 설립해 증권연수원과 대등한 교육기관으로 육성하는 것은 물론 가칭 선물연구원 설립도 추진하기로 했다. 또 선물연구원에는 부산지역 전문가의 우선 참여를 유도하겠다는 방안도 제시했다. 그러나 이 같은 발표는 증권선물거래소가 출범한 지 2년이 넘도록 현실화되지 않고 구두선에 그치고 있다. 선물협회조차도 부산으로 이전하지 않고 있다.

부산에 증권 선물인력 양성센터를 두게 되면 참여정부의 지역 균형발전과도 맥을 같이 한다. 서울이 가진 파이를 조금씩 지방에 나눠야 균형발전을 꾀할 수 있다. 수도권 집중화는 우리나라 발전에 도움이 안 된다. 역대 정부는 수도권 비대화를 막기 위해 많은 노력을 기울였지만 번번이 실패했다. 노무현 정권은 한 발 더 나아가 충청남도 연기 공주 일대 7260만㎡에 행정도시를 건설 중이다. 행정수도 이전이 강력한 반대에 부딪치자 행정 중심도시 건설로 후퇴했다. 이 도시에는 정부 부처와 각급 공공기관이 옮겨온다.

서울의 비대화를 어떤 방식으로든지 수술해야 국토의 균형발전을 기할 수 있다. 국민 절반가량이 수도권에 살다보니 주택 교통 일자리 환경 등 수많은 도시문제가 발생한다. 행정중심 복합도시에는 재정경제 교육 문화관광 과학기술부를 비롯한 12부와 기획예산처 국가보훈처 국정홍보처 법제처 등 4처 2청 등을 포함한 49개 중앙 행정기관이 서울에서 옮겨온다. 서울에는 청와대를 비롯해 국회, 대법원 통일 외교 국방 법무 행정자치 등 6개부만 남는다. 우리 역사상 획기적인 지방의 승리다.

이런 상황에서 증권 선물 등 금융인력 양성센터를 부산에 설치하는 것은 국토 균형발전이나 부산 발전에 부합된다. 부산시는 틈만 나면 부산을 동북아 금융 중추도시로 육성한다는 장밋빛 계획만 발표한 채 실현 가능한 일을 찾는 데는 소홀히 하고 있다. 금융 부문에서 도움이 되는 일이 무엇인가를 심각히 고민하고 실행에 옮길 시점이다. 증권연수원과 증권연구원이 굳이 서울에 있을 필요는 없다. 양 거래소가 통합된 마당에 이들 연수원과 연구원을 부산에 두는 방안이 증권선물거래소 본사가 부산에 있는 효과를 살리는 길이다. 정부와 증권선물거래소가 부산이 증권 선물인력 양성의 메카가 될 수 있는 방안을 시급히 내놓아야 하는 이유다.

노 대통령은 재임기간 동안 부산을 동북아 금융 중추도시로 육성하겠다고 밝힌 바 있다. 노 대통령이 부산 시민들에게 했던 약속이 신뢰성을 갖고 부산에 한국증권선물거래소 본사가 있는 최소한의 효과를 가지려면 금융인력 양성 기관이 부산에 와야 한다.

# 13 지역금융기관과 경제

    부산이 선택할 수 있는 금융기능 강화 방안으로는 지역 금융기관들을 시민들 스스로 키워 나가는 자세가 요구된다. IMF 외환위기 이후 국내 금융계는 빅뱅을 거쳐 큰 변화를 겪었다. 시중은행들의 몸집 불리기가 계속되고 외국계 금융자본의 국내 시장 잠식이 가속화됐다. 여러 은행들이 통합된 국민 신한 하나 우리 등 4개 금융회사가 강력한 금융 파워를 발휘하며 국내 금융산업을 지배해 나가는 판도로 바뀌었다. 금융산업은 첨단 정보 통신기기들과 합쳐져 전자금융의 전성시대를 구가하고 있다.

    현금 자동입출금기(ATM)를 비롯한 자동화 기기에서 출발한 전자금융은 영역을 점차 확대하고 인터넷 뱅킹이 보편화되면서 은행 점포의 역할은 줄어들고 있다. 미국은 전자금융이 가장 발달한 나라다. 미국에는 자체 빌딩이나 지점을 갖추지 않은 인터넷 은행이 수없이 많다. 이들 은행은 계좌 개설과 저축예금을 취급하고 신용카드, 할부금융, 투자 상담 등 광범위한 업무를 담당하며 새로운 금융영역을 구축하기에 이르렀다. 이들 은행은 고객들에게 저렴한 수수료를 받고 1년 365일 24시간 금융서비스를 제공한다. 미국에는 인터넷 은행이 3000개가 넘는다. 전자금융은 암호화 기술과 IC칩 등의 정보처리 기술 발달에 힘입어 점차 세력을 넓혀가고 있는 것이다.

국내에도 전자금융 발전 속도가 빨라지고 있다. 이제 웬만한 금융 업무는 은행 지점을 찾지 않아도 사이버 상에서 처리할 수 있게 됐다. 온라인 주식거래가 보편화된 이후 키움증권 등 사이버 증권사들은 많은 고객을 확보하며 시장 점유율을 높여가고 있다. 국내에도 인터넷 은행이 등장할 가능성이 더욱 높아졌다.

전자금융 발달과 대형 금융기관의 시장 잠식, 은행 보험 증권사의 업무 영역이 사라지면서 지역은행의 입지는 갈수록 좁아졌다. 국내에 는 부산 대구 등 6개 지역은행이 있었다. 이 가운데 광주와 경남은행 은 우리금융 그룹에, 제주은행은 신한은행에 소속돼 순수한 의미의 지 역은행으로 볼 수 없다. 부산 대구 전북은행만이 독자적인 지역은행 역할을 수행 중이다.

시중은행들의 중소기업 대출비율은 총 대출의 37.6%에 불과하다. 반면 지역은행은 63.3%를 기록할 만큼 지역 경제 발전과 밀접한 연관 을 갖고 있다.[75] 금융은 경제의 실핏줄과 같다. 원활한 자금 공급 없이 는 지역산업 발전을 기대할 수 없다. 부산에 본사를 둔 금융기관으로 동남은행이 설립돼 운영됐지만 강제 퇴출됐고 고려 항도 등 많은 종합 금융사들이 IMF 외환위기 이후 역사 속으로 사라졌다. 이제는 부산은 행과 12개 상호저축은행, 소규모 새마을 금고가 지역 금융기관으로 남 아 있다.

같은 지역은행인 부산과 대구은행을 비교하면 영업력에서 큰 차이가 난다. 부산은행 시장점유율은 32%에 불과하지만 대구은행은 40%에 이를 정도다. 시민들이 지역금융기관을 이용하고 육성하며 경제발전의 핵심 주체로 키워 나가려는 인식 전환이 요구된다. 과거에는 총칼로 땅을 빼앗고 착취했으나 이제는 돈의 이동이 세계를 지배하는 시대로 변모했다.

외국계 자본들은 교묘한 상술을 통해 국내 금융시장 점유율을 높여 나간다. 선진 금융기법의 허상을 최근에 나온 금융상품에서 찾아볼 수 있다. 미국에는 '옵션 ARM' 이라는 신종 주택담보대출이 선보였다. 이 상품은 연 2.5%라는 낮은 미끼금리로 고객을 유혹한 뒤 기간이 지나면 시중의 평균금리(6%) 수준으로 돌아간다. 많은 고객들이 낮은 금리에 현혹돼 대출을 받았지만 나중에는 금리차이 만큼이 원금에 가산돼 이자금액 상승으로 이어진 것이다. 미국시장에서 2004년부터 2년간 4000억 달러가 팔려나갈 정도로 인기를 끌었다.[76] 대출 초기에는 낮은 금리를 적용했다가 일정 기간 이후 시중 금리 수준으로 환원토록 하는 상품 구조를 소비자들이 제대로 파악하지 못했기 때문이다.

외국계 은행들은 우리나라에 돈을 벌기 위해 투자했기 때문에 턱없이 낮은 금리는 있을 수 없다. IMF 외환위기 직후 외국계 은행들은 대출을 갈아타려는 국내 고객들을 붙잡기 위해 국내 은행보다 낮은 금리로 소비자들을 확보한 뒤 일정 기간 이후 변동금리를 적용해 이자금액이 많아진 고객들로부터 큰 반발을 샀다. 당시 우리나라 고객들은 고정금리 대출상품에 익숙해 3개월마다 고시되는 변동금리 상품을 생각하지 못했다. 대출받은 지 얼마 되지 않아 대출금을 갚으려 하면

중도 해지 수수료를 내야 했고 적은 금액의 계좌에는 계좌유지 수수료도 생겨났다. 외국계 금융기관들은 이처럼 국내 시장에서 합법적인 방법으로 돈벌이에 열을 올렸다. 이젠 우리 금융회사들도 이 같은 수수료를 받고 있다.

글로벌화가 진전되면서 자본의 힘은 더욱 커졌다. 외국계 헤지 펀드들은 국내 은행을 헐값에 인수한 뒤 팔아 막대한 이익을 챙겼다. 국내 금융산업 발전에는 큰 관심이 없다. 오직 자본 투자를 통해 이익 극대화에만 골몰하고 있다. 우리 국민들은 외국계 금융자본의 실상을 똑바로 직시하고 이들과 맞설 수 있는 토종 금융기관 육성에 적극 나서야 하는 이유다. 튼튼한 금융기관 없이는 경제가 제대로 성장할 수 없다.

부산지역 경제가 반석 위에 올라서는 데는 튼튼한 지역은행 육성이 시급하다. 부산은행은 2005년 기준 총자산은 21조 원에 불과하다. 거대 시중은행 총자산의 10%를 조금 웃돈다. 부산은행은 IMF 외환위기 이후 위기를 극복하고 부산시금고를 담당하며 발전을 거듭해왔다. 국내 금융계가 요동쳤던 2000년 7월 심훈 한국은행 부총재가 제9대 부산은행장으로 취임했다. 당시 한국은행 내에서는 부총재가 지방은행장으로 가는 것에 반대하는 목소리도 적지 않았다. 하지만 심 행장은 취임 이후 직위에 연연하지 않고 은행 설립 이래 처음으로 조그만 기업체 사장들과 술잔을 기울이며 중소기업들을 고객으로 맞이하는 지역 밀착 경영을 펼쳤다. 내 평생 은행장과 낮술을 먹어 보기는 처음이라는 업체 대표들의 말이 끊이지 않을 정도로 그의 행보는 파격적이었다. 직원들은 고객들에게 친절하고 신속한 금융서비스로 화답했고 지역사회 공헌활동도 강화됐다. 부산은행은 임직원들의 단합된 노력으로 금융계 빅뱅과도 같은 격랑의 금융기업 재편시기를 슬기롭게 극복했다.

부산은행은 2006년 영업에 정통한 이장호 행장을 중심으로 일사불란하게 움직이며 지역시장 점유율 높이기에 적극 나서고 있으나 국내외 금융기관들의 공세로 지역시장 점유율면에서 대구은행에 뒤쳐져 있다. 부산시민들이 지역은행에 더 많은 애정을 보내고 육성하려는 의지를 보일 때다. 일본과 미국에는 초대형 금융기업들이 즐비하지만 지역 금융기업들도 지역민들의 사랑을 받으며 탄탄한 입지를 구축했다. 시민들과 기업, 은행의 화음이 조화를 이루고 상호 지원체제를 유지해야 지역 금융산업의 개화로 이어진다. 부산의 돈이 지역에서 돌고 외자 유치가 활발해야 부산은 21세기 지식 경제시대에서 살아남을 수 있다.

1) 오원철, 『박정희는 어떻게 경제 강국 만들었나』, 동서동판문화주식회사, 2006, 58p.

2) 통계청, 〈통계로 본 세계속의 한국〉, 2006.8.

3) 유엔인구기금, 〈세계인구 현황 보고서〉, 2006.

4) 스위스 국제경영개발원 발표 자료, 2005

5) 산업자원부, 2015 산업발전전략 발표 자료, 2006.1.18.

6) 일본 경제산업성, 〈일본 경제성장 전략 〉, 2006.6.

7) 중국국가통계국(NBS) 자료, 2005.12.

8) 부산시, 〈10대전략산업육성 마스터플랜〉, 2005, 13~14p.

9) 부산시, 〈10대전략산업육성 마스터플랜〉, 2005, 21~23p.

10) KOTIS, 〈광공업통계 조사보고서〉, 2005.

11) 조순, 『경제학 원론』, 율곡출판사, 1986, 548~550p.

12) 부산시, 〈10대전략산업육성 마스터플랜〉, 2005, 481p.

13) 대통령 자문 고령화 및 미래사회위원회, 〈고령친화산업 활성화 전략〉, 2005.1.21.

14) 앨빈 토플러, 『부의 미래』, 청림, 2006, 59~72p.

15) 부산시 내부자료, 2004.

16) 동북아 물류중심도시 기획단, 〈동북아 물류 중심도시 건설을 위한 부산

의 발전전략과 중점 추진시책〉, 2004, 32p.

부산시, 〈10대전략산업 육성 마스터플랜〉, 2005.

17) 통계청 발표자료, 2005.

18) 국회 동북아 물류연구회, 〈위기의 항만물류〉, 2005, 17p.

19) 부경대 항만물류연구소, 〈부산항 선용품 시장 활성화를 위한 보고서〉, 2006, 6p.

20) 부산항만공사, 북항재개발 시민설명회 자료, 2006.10.26.

21) 시드니 항만 연안공사(SHFA) 자체 자료.

22) PATRICK M. ALDERTON, *Port Management and Operations*, LLoyds of London Pr, 1999, 17~30p.

23) 네덜란드 로테르담 항만공사 자료.

24) 법무부 부산 출입국관리사무소, 2005년 집계 자료.

25) 서양수, 〈우리나라 선박관리업의 구조 고도화 방안에 관한 연구논문〉, 2006, 23p, 41p.

26) 부산시, 〈2006년도 수산해양편람〉, 2006, 19p.

27) 부산시, 〈부산 수산업 및 관련 산업 실태조사를 위한 연구〉, 2005, 8~10p.

28) 해양수산부 어업생산통계.

29) 해양수산부 어업생산통계.

30) 해양수산부, 〈기르는 어업의 잠재력 조사 및 발전방안에 관한 연구〉, 2003, 136p.

31) 해양수산부, 〈기르는 어업의 잠재력 조사 및 발전방안에 관한 연구〉, 2003, 42p.

32) 부산시, 〈2006년도 수산진흥편람〉, 2006, 57p.

33) 일본 가미카츠 인터넷 홈페이지 www.kamikatsu.jp

34) 조선공업협회 자료.

35) 부산조선기자재공업 협동조합 내부 자료.

36) 한진중공업 내부 자료.

37) 부산시 관광협회 통계.

38) 함평군 자체 집계 자료.

39) 바르셀로나 시청 자료.

40) 지삼업, 『해양스포츠 자원론』, 대경북스, 2006, 277~278p.

41) 한국 해양대, 〈국립해양박물관 전시물 확보 및 운영에 관한 연구〉, 2006, 434~439p.

42) 안병화, 『부산의 영화, 부산의 극장』, 국제신문, 2005, 208p.

43) 〈부산발전포럼 통권 99호〉, 2006년, 72~73p.

44) 서울시, 〈한강 르네상스 프로젝트 보고회 자료〉, 2006.9.26.

45) 서울시 시설관리공단, 청계천 방문인원 추산 자료.

46) 부산발전연구원, 낙동강 모니터링 결과, 2005.3.

47) 이유재, 『서비스 마케팅』, 학현사, 2006, 5p.

48) 부산시, 〈부산지역 재래시장의 실태분석 및 활성화 방안 용역 보고서〉, 32p.

49) 부산시, 〈부산지역 재래시장의 실태분석 및 활성화 방안 용역 보고서〉, 45p.

50) 〈중앙일보〉, 2006.3.31.

51) 부산시, 〈부산지역 재래시장의 실태분석 및 활성화 방안 용역 보고서〉, 7p.

52) 한국게임산업개발원, 〈2005년 게임백서〉.

53) 일본게임산업성, 〈게임산업 전략 보고서〉, 2006.8.

54) 넥슨 자체자료, 2006.8.

55) 〈국제신문〉, 2006.1.1.

56) 부산시 자체자료.

57) 한국 컨벤션 전시산업연구원 발표자료.

58) 라스베이거스 관광청 집계 결과.

59) 현대중공업 자체 자료.

60) 부산상공회의소, 매출액 기준 전국 1000대 기업 중 부산기업 현황조사
자료, 2005.

61) 한국신발피혁연구소, 〈신발 피혁산업 통계 및 산업 기술동향〉, 2006.

62) 한국무역협회, KOTIS, 2006년.

63) 〈광공업 통계조사 보고서〉, 2005.

64) 부산테크노파크 전략산업기획단, 〈부산지역 신발산업 기술 로드맵 최
종 보고서〉.

65) 한국경제신문사 외, 『21세기 성장엔진을 찾아라』, 삼성경제연구소,
2000, 197~210p.

66) 부산시, 〈10대 전략산업 육성 마스터플랜〉, 2005, 26p.

67) 제프리 라이커, 『도요타 방식』, 가산, 2004, 36p.

68) 〈조선일보〉, 2006.5.26.

69) 대외경제연구원, 〈중국경제현안분석 2006-11호〉.

70) 〈한국경제신문〉, 2006.7.29.

71) 〈중앙일보〉, 2006.9.6.

72) 팀 하포드, 『경제학 콘서트』, 웅진닷컴, 2006, 319~325p.

73) 대한상공회의소, 중국 현지법인 대상 '중국 진출기업의 경영환경 현지
실태조사' 결과.

74) 〈동아일보〉, 2006. 2.11.

75) 한국은행 부산본부 자체자료(부산지역 기준), 2006.8.

76) 〈조선일보〉, 2006.9.26.

부산시, 〈부산지역 재래시장의 실태분석 및 활성화 방안〉, 2005.

부산시, 〈10대 전략산업 육성 마스터플랜〉, 2005

부산항만공사, 〈부산항 발전을 통한 지역경제 활성화 방안 연구〉, 2005.

니콜라스 네그로폰테, 『디지털이다』, 커뮤니케이션북스, 1999.

앨빈 토플러, 『제3의 물결』, 범우사, 1999.

크리스토퍼 히버트, 『메디치 가 이야기』, 생각의나무, 2000.

『두산 세계대백과 사전』, 두산동아, 2002.

『브리태니커 대백과 사전』, 한국브리태니커, 2001.

PATRICK M. ALDERTON, *Port Management and Operations*, LLoyds of
    London Pr, 1999.

제프리 라이커, 『도요타 방식』, 가산, 2004.

앨빈 토플러, 『부의 미래』, 청림, 2006.

마크 라이너스, 『지구의 미래로 떠난 여행』, 돌베개, 2006.

공병호, 『10년 후 한국』, 해냄, 2004.

지삼업, 『해양스포츠 자원론』, 대경북스, 2006.

헨리 페트로스키, 『디자인이 세상을 바꾼다』, 지호, 1997.

낙동강 공동체, 『낙동강 생명찾기 백서』, 인쇄골, 2004.

로버트 기요사키, 『부자 아빠 가난한 아빠』, 황금가지, 2000.

스티븐 코비, 『성공하는 사람들의 7가지 습관』, 김영사, 2003.

김위찬 · 르네 마보안 공저, 『블루오션전략』, 교보문고, 2005.

이유재, 『서비스 마케팅』, 학현사, 2006.

폴 크루그먼, 『경제학의 향연』, 부키, 1998.

잭 웰치, 『끝없는 도전과 용기』, 청림, 2001.

한스 피터 마르틴 외, 『세계화의 덫』, 영림카디널, 2003.

탄줘잉, 『살아 있는 동안 꼭 해야 할 49가지』, 위즈덤하우스, 2004.

LG경제연구원, 『2010 대한민국 트렌드』, 한국경제신문사, 2005.

부산발전연구원, 〈2020 부산의 비전〉, 2005.

피터 드러커, 『21세기 지식경영』, 한국경제신문사, 2002.

피터 슈워츠, 『미래를 읽는 기술』, 비즈니스북스, 2004.

공병호, 『10년 후 세계』, 해냄, 2005.

피터 드러커, 『Next Society』, 한국경제신문, 2002.

빌 게이츠, 『빌 게이츠@생각의 속도』, 청림, 1999.

팀 하포드, 『경제학 콘서트』, 웅진닷컴, 2006.

부경역사연구소, 『시민을 위한 부산 인물사』, 선인, 2004.

사공일, 『세계 속의 한국경제』, 김영사, 1993.

오원철, 『박정희는 어떻게 경제 강국 만들었나』, 동서동판문화주식회사, 2006.

부경대 항만물류연구소, 〈부산항 선용품 시장 활성화를 위한 보고서〉, 2006.

한국은행 부산본부, 〈부산지역 기업환경 변화와 향후 과제〉, 2005.

김효철 외, 『한국의 배』, 지성사, 2006.

한국경제신문사 외, 『21세기 성장엔진을 찾아라』, 삼성경제연구소, 2000.

동북아 물류중심도시 기획단, 〈동북아 물류 중심도시 건설을 위한 부산의 발전전략과 중점 추진시책〉, 2004.

부산발전연구원, 〈부산발전포럼 5~6월호〉, 2006.

부산발전연구원, 〈부산발전포럼 1~2월호〉, 2006.

〈부산 수산업 및 관련 산업 실태조사를 위한 연구〉, 부산시, 2005.

『2005 원양어업 통계연보』, 한국원양어업협회, 2005.

해양수산부, 〈기르는 어업의 잠재력 조사 및 발전방안에 관한 연구〉, 2003.

부산시, 〈2006년도 수산진흥편람〉, 2006.

부산시, 〈2006년도 수산해양편람〉, 2006.

부산 테크노파크 전략산업 기획단, 〈부산지역 신발산업 기술 로드맵 최종보고서〉, 2006.

한국은행 부산본부, 〈부산 경제의 서비스화 현황과 이의 시사점〉, 2005.

국회 동북아 해양물류연구회, 〈위기의 항만물류〉, 2005.

서양수, 〈우리나라 선박관리업의 구조 고도화 방안에 관한 연구논문〉, 2006.

한국해양대 국제해양문제연구소, 〈국립해양박물관 전시물 확보 및 운영에 관한 연구〉, 2006.

벤저민 양, 『덩샤오핑 평전』, 황금가지, 2004.

양창호, 〈해운항만물류 환경변화와 부산 신항 경쟁력 제고 과제〉, 2006.

안병화, 『부산의 영화 부산의 극장』, 국제신문, 2005.

부경역사연구소, 『부산, 역사 향기를 찾아서』, 부산은행, 2005.